THÉATRE FRANÇAIS

DESTOUCHES.

THÉATRE FRANÇAIS

RÉPERTOIRE COMPLET.

DESTOUCHES.

TOME II.

PARIS.

IMPRIMERIE DE A. BELIN.

1821.

LE DISSIPATEUR,

OU

L'HONNÊTE FRIPONNE,

COMÉDIE EN CINQ ACTES ET EN VERS,

DE

NÉRICAULT DESTOUCHES;

Représentée, pour la première fois, en 1753.

PERSONNAGES.

LE BARON , père de Julie.
GÉRONTE, oncle de Cléon.
CLÉON.
LE MARQUIS , fils du baron.
LE COMTE ,
FLORIMON , } amis de Cléon.
CARTON ,
JULIE, jeune veuve.
CIDALISE , rivale de Julie
ARSINOÉ ,
ARAMINTE , } amantes de Cléon.
BÉLISE,
PASQUIN , valet de Cléon.
FINETTE , femme-de-chambre de Julie.
PLUSIEURS CONVIVES DE CLÉON.

La scène est à Paris , dans la maison de Cléon.

LE DISSIPATEUR,

COMÉDIE

ACTE PREMIER.

SCÈNE Ire.

FINETTE, PASQUIN.

FINETTE.

Bonjour, monsieur Pasquin.

PASQUIN.

Très-humble serviteur.

FINETTE.

Cléon est-il levé ?

PASQUIN.

Depuis long-temps, mon cœur.

FINETTE.

Pourrais-je lui parler ?

PASQUIN.

Cela n'est pas possible :
D'un bon quart-d'heure au moins il ne sera visible.

FINETTE.

Eh ! pourquoi donc ?

PASQUIN.

Avec le comte du Guéret
Au moment que je parle il tient conseil secret.
Il a cent mille écus, et cherche la manière

De dépenser dans peu la somme toute entière;
Cet argent-là lui pèse, il veut s'en dessaisir.

FINETTE.

Eh bien! qu'il me le donne, il ne peut mieux choisir.
Je suis fille, il me faut un mari : cette somme
Pourrait entre mes mains tenter un galant homme.
L'argent et le mari me viendraient à propos,
Je ne m'en cache point.

PASQUIN.

C'est-à-dire en deux mots

Que vous êtes pressée?

FINETTE.

Oui.

PASQUIN.

Vos yeux le font croire

FINETTE.

Ma foi, Cléon ferait un acte méritoire.

PASQUIN.

C'est par cette raison qu'il ne le fera pas.
La générosité pour lui n'a point d'appas ,
C'est on pour son plaisir, ou par vanité pure,
Qu'il prodigue son bien sans raison ni mesure :
Très-souvent le caprice excite ses bienfaits ;
Et jamais à coup sûr ils n'ont de bons effets.
Aussi ses faux amis, dont grande est l'abondance,
Loin de lui savoir gré de sa folle dépense,
Ici pour le flatter font de communs efforts,
Et se moquent de lui sitôt qu'ils sont dehors.

FINETTE.

Et Pasquin peut souffrir un semblable manége?
Tu ne profites pas de l'ample privilége
Que Cléon t'a donné depuis un si long temps
De lui pouvoir sur tout dire tes sentimens,
Pour chasser de chez vous tous ces flatteurs avides,
Que l'on ne voit jamais en sortir les mains vides?
Morbleu! si ma maîtresse avait ce faible-là ,
Je périrais plutôt que de souffrir cela !

Jamais ces faux amis ne deviendraient nos maîtres,
Et je les ferais tous sauter par les fenêtres.

PASQUIN.

Dans les commencemens je me suis tout permis
Pour bannir de céans ces dangereux amis ;
Sortis par une porte, ils rentraient par une autre.
Mon maître quelque temps a fait le bon apôtre ;
Il suivait mes conseils, s'en faisait une loi :
A la fin les flatteurs l'ont emporté sur moi.
J'allais être chassé pour toute récompense,
Et vingt coups de bâton m'ont imposé silence.
Moi, qui me plais céans et qui m'y trouve bien,
Je me suis radouci : j'ai fait comme ce chien
Qui portait à son cou le dîner de son maître,
Et, trouvant d'autres chiens qui voulaient s'en repaître,
Quand il crut ne pouvoir le sauver du hasard,
Leur livra le dîner pour en manger sa part.

FINETTE.

D'un fidèle valet est-ce donc là l'office ?

PASQUIN.

Eh ! morbleu ! que chacun se rende ici justice !
Ta maîtresse Julie en use-t-elle mieux ?
Cléon de jour en jour en est plus amoureux :
Il prétend l'épouser, et cette aimable veuve
De son pouvoir sur lui fait chaque jour l'épreuve ;
Ne devrait-elle pas empêcher que Cléon
N'achève de ses biens la dissipation ?
Mais, bien loin de sauver son amant du pillage,
C'est elle qui s'y porte avec plus de courage.

FINETTE.

Il est vrai qu'elle est vive, et qu'elle fait sa main :
Malgré tous mes avis, elle va son chemin.

PASQUIN.

Eh ! tu suis son allure avec assez d'adresse,
Et te voilà vêtue ainsi qu'une princesse ;
De même que Julie ardente à nous piller...

FINETTE.

Oh ! pour moi, je ne fais encor que grapiller ;

Si tu voulais m'aider, je ferais mieux mon compte.

PASQUIN.

Tout dépend à présent de ce monsieur le comte
Qui gouverne Cléon et s'en est emparé ;
C'est lui qu'il faut gagner. C'est ce flatteur outré
Qui, par une servile et basse complaisance,
A subjugué mon maître et règle sa dépense :
Son pouvoir est sans borne ; on n'obtient rien sans lui.

FINETTE.

L'avis n'est pas mauvais : je veux dès aujourd'hui
En faire usage. Adieu, car voici ma maîtresse.

PASQUIN.

Je voulais te glisser quelques mots de tendresse ;
On m'en ôte le temps, mais tu n'y perdras rien.

FINETTE.

J'y compte, et nous pourrons renouer l'entretien.

SCÈNE II.

JULIE, FINETTE.

JULIE.

Eh bien ! qu'a dit Cléon du dessein de mon père ?

FINETTE.

Je n'ai pu lui parler : une importante affaire
L'empêche de donner audience aujourd'hui.

JULIE.

Mon père me désole, et veut rompre avec lui,
Voyant qu'à nos avis il ne veut point se rendre.

FINETTE.

Votre père a raison... Mais il devrait attendre :
Cléon n'a pas encor dissipé tout son bien :
Nous romprons avec lui quand il n'aura plus rien.
Encor deux ou trois mois sa ruine est complète :
Voudriez-vous laisser la chose à demi-faite ?

JULIE.

Hélas !

FINETTE.

Vous soupirez?

JULIE.

Eh! n'ai-je pas raison?
Tu sais que Cléon m'aime et que j'aime Cléon ;
Mais à le corriger en vain je me fatigue :
Je ne puis mettre un frein à son humeur prodigue.

FINETTE.

Puis-je sans vous fâcher vous parler franchement?
Cléon vous aime peu, vous l'aimez faiblement.
Si pour lui vous aviez une ardeur bien sincère,
S'il était animé du desir de vous plaire,
Pourriez-vous accepter ses prodigalités?
Et lui vous ferait-il cent infidélités?
Loin de le corriger vous briguez ses largesses ;
Cléon fait chaque jour de nouvelles maîtresses :
Vous ruinez sa bourse, il promène ses vœux,
Et vous ne travaillez qu'à vous tromper tous deux.

JULIE.

Quelque jour tu verras si ma tendresse est feinte.
Je permets, il est vrai, sans faire aucune plainte,
Que de nouveaux objets il paraisse charmé ;
Mais je sens que mon cœur n'en est point alarmé.
C'est par vanité pure et non par inconstance,
Que Cléon me trahit souvent en apparence ;
Et pourvu qu'une intrigue ait beaucoup éclaté,
Il n'y recherche point d'autre félicité.

FINETTE.

Mais de sa vanité sa bourse est la victime,
Et c'est par-là surtout que votre amant s'abîme.

JULIE.

J'arrêterai le cours de ce déréglement.

FINETTE.

Vous?

JULIE.

Oui ; mais ce n'est pas l'ouvrage d'un moment :
Je ne puis le guérir de son erreur extrême
Qu'en le livrant encor quelque temps à lui-même.

FINETTE.

Du moins commencez donc par n'en rien recevoir.

JULIE.

Au contraire, je veux employer mon pouvoir
Pour m'attirer encor des dons plus magnifiques.

FINETTE.

Voilà d'un tendre amour des preuves héroïques!
C'est l'amour à la mode. Avouez-moi tout net
Que ruiner Cléon est votre unique objet;
D'un si noble dessein faites-moi confidente,
Car pour vous seconder j'ai la main excellente.

JULIE.

J'accepte ton secours. Oui, mon intention
Est d'avoir, si je puis, ce qui reste à Cléon.

FINETTE.

La chose étant ainsi, me voilà toute prête,
Et je vais commencer par un coup de ma tête.
Si nous pouvions gagner le comte du Guéret...
Heureusement je crois qu'il vous aime en secret.

JULIE.

Oui, Finette, j'en suis à présent trop certaine.
Par de fortes raisons je lui cache ma haine;
Mais autant que je puis je fuis son entretien,
Et je veux avertir Cléon...

FINETTE.

    N'en faites rien.
Il trahit son ami; c'est un fripon : n'importe;
On peut tirer parti d'un homme de sa sorte.
Feignez de vous laisser un peu persuader,
Et dans tous nos projets il va nous seconder.
C'est sans vous engager et sans lui rien promettre,
Qe je veux...

JULIE.

    Je vois bien qu'il faut te le permettre.
Mais songe que Cléon a mon cœur et ma foi;
Que je mourrais plutôt...

FINETTE.

        Reposez-vous sur moi.
Dans votre appartement vous n'aurez qu'à m'attendre,
J'ai deux projets en tête, et veux les entreprendre...
Le comte vient... Je vais entamer le premier.
Sortez vite.

              (Julie sort.)

SCÈNE III.

LE COMTE, FINETTE.

FINETTE, *à part.*

   Avec nous il faut l'associer.
Oui, oui, fourber un fourbe est une œuvre louable :
J'en fais gloire... Il me voit.

LE COMTE, *à part.*

            L'instant est favorable ;
    (Haut.)
Tâchons de la gagner... Finette, vous rêvez ?

FINETTE.

Ah ! ah ! c'est vous, monsieur ? Je songeais...

LE COMTE.

                 Vous avez

Quelque affaire de cœur qui vous occupe ?

FINETTE.

              A l'âge
Où je suis parvenue, on ne serait pas sage
Si l'on ne suivait pas les mouvemens du cœur.
Le vôtre est-il tranquille ? On vous trouve rêveur
Depuis un certain temps ; et je gage ma tête
Que quelque aimable objet a fait votre conquête.

LE COMTE.

Ma foi ! tu gagnerais, car je suis amoureux.

FINETTE.

Tout de bon ?

LE COMTE.

Tout de bon.

FINETTE.

Par conséquent heureux ?
Qui vous résisterait ?

LE COMTE.

Ton ingrate maîtresse.

FINETTE.

Il est vrai que Cléon a toute sa tendresse ;
Et vous vous exposez à soupirer long-temps.

LE COMTE.

On peut faire changer les cœurs les plus constans ;
Et celui d'une femme est toujours variable.

FINETTE.

J'en juge par le mien... Vous êtes fort aimable,
Encor jeune, et d'un rang qui se fait respecter :
A de moindres appas on se laisse tenter.
D'ailleurs quand l'intérêt parle pour le mérite,
C'est rarement en vain qu'il presse et sollicite.

LE COMTE, *l'embrassant.*

Tu me charmes, Finette ; et si j'ai ton secours,
J'espère te devoir le bonheur de mes jours.

FINETTE.

Est-ce de bonne foi que vous aimez Julie ?
Là, parlez franchement.

LE COMTE.

Je l'aime à la folie ;
Et j'entreprendrais tout pour mériter son cœur.

FINETTE.

Eh bien ! il faudra voir jusqu'où va cette ardeur.

LE COMTE.

Commençons par savoir si l'aimable Finette
Voudra parler pour moi.

FINETTE.

Tout ce qui m'inquiète
C'est que, si je vous sers, je vous donne moyen
De trahir votre ami.

LE COMTE.

                    Bon ! cela ne fait rien :
Cléon est un ami si fou, si ridicule,
Que l'on peut le berner sans le moindre scrupule.

FINETTE.

Je croyais, moi, jugez de ma simplicité,
Que l'on devait rougir de la duplicité ;
Que trahir son ami c'était faire un grand crime,
Et que rien n'assurait plus de gloire et d'estime
Que de s'immoler même aux droits de l'amitié.

LE COMTE.

Morale surannée.

FINETTE.

            Oui ?

LE COMTE.

                    Cela fait pitié.
On suivait autrefois cette fade méthode ;
Aujourd'hui les amis ne sont plus à la mode.
Les hommes sont unis par le seul intérêt :
L'amitié n'est qu'un nom.

FINETTE.

                    Cette mode me plaît ;
Et de là je conclus, en dépit des scrupules,
Que les honnêtes gens sont de francs ridicules…
Çà, venons donc au fait.

LE COMTE.

                    Le fait est que j'adore
Ta charmante maîtresse, et je dis plus encore,
C'est que me voilà prêt à la servir en tout,
Si de m'en faire aimer tu peux venir à bout.

FINETTE.

Sans vous promettre rien, je ferai mon possible.
Mais comme à l'intérêt elle est un peu sensible,
Le moyen de gagner son inclination,
C'est que vous nous aidiez à ruiner Cléon ;
Je veux dire, monsieur, à placer dans nos coffres
Son argent, ses bijoux…

LE COMTE.

                 Vous prévenez mes offres :
S'il ne tient qu'à cela, Julie est à moi.

FINETTE.

                        Bon !
Je vais donc attaquer la bourse de Cléon :
Secondez mon adresse ; et ma reconnaissance
Ne sera pas long-temps languir votre espérance....
Il vient ; souvenez-vous.....

LE COMTE, *bas.*

              Je suis homme réel.
               (*Finette sort.*)

SCÈNE IV.

CLÉON, LE COMTE, PASQUIN.

CLÉON, *à Pasquin qui le suit.*
Qu'on dise de ma part à mon maître d'hôtel
Que je ne trouve plus ma dépense assez forte,
Que cela déshonore un homme de ma sorte,
Que le ménage ici ne convient nullement,

LE COMTE.

Il est vrai.

CLÉON, *à Pasquin.*
       Parlez-lui très-sérieusement.
Je prétends que chez moi tout soit en abondance.

LE COMTE.

A quoi sert le bon goût sans la magnificence ?
On lui fait mal sa cour en épargnant son bien.

CLÉON, *à Pasquin.*

Oui, pour me faire honneur je ne plains jamais rien ;
Et mon plus grand plaisir est d'exciter l'envie.

LE COMTE.

Rien n'est si bas, si vil qu'un air d'économie.
Si cet homme s'en pique, il se fera chasser.

CLÉON, *à Pasquin.*

C'est à moi de fournir, à lui de dépenser.

PASQUIN.

Il ne mérite point cette mercuriale ;
Car il prodigue tout, et sans cesse il régale.

LE COMTE.

Tant mieux !

PASQUIN, *à Cléon.*

    Comptez de plus qu'il en prend bien sa part.
Il est gros comme un muid ; vos gens sont gras à lard.
A tous venans beau jeu : votre seule desserte
Nous met tous en état de tenir table ouverte :
Chacun a sa chacune ; et, dès le point du jour,
Nos amis et les leurs nous aident tour-à-tour ;
Et je puis vous jurer qu'à vous mettre en dépense
Chacun ici, monsieur, travaille en conscience.

CLÉON.

Cela me fait plaisir... Mais je vois cependant
Qu'on se relâche un peu.

PASQUIN.

    C'est monsieur l'intendant
Qu'il en faut accuser : il dit que les fonds baissent,
Et que vous maigrissez quand les autres s'engraissent ;
Il crie à tous momens : ses lamentations
Nous causent jour et nuit des indigestions ;
Car pour bien digérer il faut être tranquille,
Et ce vilain censeur nous échauffe la bile.

CLÉON, *au comte.*

Défaites-moi, mon cher, de ce malheureux-là.

LE COMTE.

Fiez-vous en à moi, je travaille à cela :
Mais il me faut du temps ; car je veux faire en sorte
Qu'il rende gorge avant que de passer la porte.
C'est un maître fripon qui fait le ménager
Pour couvrir ses larcins.

CLÉON.

    Vous m'y faites songer.

Telle est de ses pareils la manœuvre ordinaire.
Je ne sais point compter ; je hais la moindre affaire :
Pour vaquer au plaisir, je lui livre mon bien,
Dont il fait ce qu'il veut, et peut-être le sien ;
Et, fier de ma paresse et de mon ignorance,
Pour mieux faire sa main il rogne ma dépense !
Oh ! parbleu, nous verrons.

PASQUIN.

Mais il manque d'argent.

CLÉON.

Qu'il vende deux contrats qui lui restent.

PASQUIN.

L'agent
Dont il se sert toujours pour ce petit négoce
Dit qu'ils perdent moitié.

CLÉON.

Qu'importe ?... Mon carrosse
Est-il prêt ?

PASQUIN.

Oui, monsieur... Mais plusieurs créanciers
De fort mauvaise humeur, et de tous les métiers,
Vous attendent là-bas pour avoir audience.

CLÉON, *en colère.*

Moi, de les écouter j'aurais la patience ?
Qu'on me chasse d'ici cette canaille-là !

PASQUIN.

Je vais les enivrer : je ne sais que cela
Pour les endormir.

CLÉON.

Soit, pourvu qu'on m'en délivre.

PASQUIN.

Cet auteur si fameux vous apporte son livre,
Et voudrait vous l'offrir.

CLÉON.

Il peut s'en retourner :
A ces sortes de gens je n'ai rien à donner.
Ils me cherchent partout, partout je les évite.

PASQUIN, *à part.*

Il prodigue aux fripons , et refuse au mérite.

CLÉON.

Va-t-en.

(*Pasquin sort.*)

SCÈNE V.

CLÉON, LE COMTE, FINETTE.

CLÉON.

C'est toi, Finette?

FINETTE, *d'un air triste.*

Eh! vraiment, oui, c'est moi.

CLÉON, *en riant.*

Qu'as-tu donc?

FINETTE, *les yeux baissés.*

Rien, monsieur.

CLÉON.

Tu soupires, je crois?

FINETTE.

Il est vrai.

CLÉON.

Quel sujet t'inspire la tristesse?

FINETTE.

Je m'afflige, monsieur, pour ma pauvre maîtresse...
Elle est au désespoir.

CLÉON.

Eh! par quelle raison?

FINETTE.

Je ne puis vous la dire.

CLÉON.

Oh! je la saurai.

FINETTE.

Non...

Cela m'est défendu.

CLÉON.

Quoi ! pour moi du mystère ?
Cela me pique au moins.

FINETTE.

Je n'y saurais que faire ;
Mais on me chasserait.

CLÉON, *lui présentant une bague.*

Tiens, prends ce diamant.

FINETTE, *mettant la bague à son doigt.*

Vous me perdez, monsieur.

CLÉON.

Parle-moi promptement.

FINETTE.

Le moyen avec vous de garder le silence !
J'ai le cœur si sensible à la reconnaissance !...

CLÉON.

Ne me fais plus languir, et dis-moi...

FINETTE, *en pleurant.*

Depuis peu...
Ma maîtresse a perdu... vingt mille écus au jeu.

CLÉON.

Vingt mille écus ?

FINETTE, *en sanglottant.*

Autant.

CLÉON.

La somme est un peu forte.

LE COMTE, *à Finette*

Quoi ! faut-il pour un rien s'affliger de la sorte ?

FINETTE.

Mais elle doit ce rien, et voudrait l'acquitter.
Tous ses fonds sont placés ; il faut bien emprunter...
On la presse... D'ailleurs elle craint que son père
Ne vienne à découvrir cette fâcheuse affaire...
  (*A Cléon.*)
J'ai fait ce que j'ai pu pour la résoudre enfin
A recourir à vous dans ce mortel chagrin...

« Peux-tu, m'a-t-elle dit, me parler de la sorte?
« Ote-toi de mes yeux. » Vainement je l'exhorte
A vous faire avertir de son besoin urgent.

CLÉON.

Elle a, ma foi raison, car je n'ai point d'argent.

FINETTE.

Enfin, voyant un peu sa fougue ralentie :
    (*D'un ton ferme.*)
« Madame, ai-je ajouté, je viens d'être avertie
« Que Cléon hier soir toucha cent mille écus;
« Je l'ai su de bon lieu : craignez-vous un refus
« Quand Cléon est nanti d'une si grosse somme?
« Non, madame, il vous aime; il est si galant homme
« Que, pouvant vous tirer d'un cruel embarras,
« Je gage mon honneur qu'il n'y manquera pas :
« Vous connaissez son cœur généreux, magnifique. »

CLÉON.

Qu'a-t-elle répliqué?

FINETTE.

          Rien... Je suis politique,
Et je juge par là qu'en cette occasion
Vous pourriez vaincre enfin son obstination.

CLÉON.

Le crois-tu?

FINETTE.

        J'en réponds.

CLÉON.

          Je connais ta maîtresse,
Elle refusera.

FINETTE.

      Non, pourvu qu'on la presse.

CLÉON, *au comte.*

Qu'en dites-vous?

LE COMTE, *affectant un air indifférent.*

              Eh! mais... qu'il faut faire un effort...
Ces vingt mille écus-là vous feront peu de tort.

Destouches. T. II.   2

CLÉON , *en souriant.*

Cependant vous savez...

LE COMTE, *à Finette.*

Va lui dire , Finette,
Que je lui porterai de quoi payer sa dette.

FINETTE , *à Cléon et au comte.*

Madame aura l'honneur de vous remercier.

LE COMTE, *à part.*

La friponne est adroite , et fait bien son métier.

(*Finette sort.*)

SCÈNE VI.

CLÉON , LE COMTE.

CLÉON , *en riant.*

AMI , que dites-vous d'un semblable message ?
Julie avec Finette est de concert , je gage.

LE COMTE, *d'un air froid.*

Non, je ne le crois pas... Mais je suis assuré
Qu'elle a perdu beaucoup , et doit vous savoir gré
D'un secours aussi prompt pour la tirer d'affaire ,
Et lui sauver l'ennui d'importuner son père ,
Dont elle recevrait cent reproches fâcheux ;
Car il est dur, hautain, prompt, entêté, quinteux ,
Brutal , emporté...

CLÉON , *bas , en voyant paraître le baron.*

Chut...

LE COMTE, *bas et avec surprise.*

C'est lui-même , je pense.

CLÉON , *bas.*

Il gronde entre ses dents.

SCÈNE VII.

LE BARON, CLÉON, LE COMTE.

LE BARON, *à part, au fond du théâtre.*
O la belle alliance.
(*A Cléon et au comte qui le saluent.*)
D'un flatteur et d'un fou!... Serviteur, serviteur.

CLÉON, *en souriant.*
Qu'avez-vous? Vous voilà d'assez mauvaise humeur,
Ce me semble?

LE BARON.
Oui, morbleu!

CLÉON.
Pourquoi ce ton sévère?

LE BARON.
J'étais intime ami de défunt votre père...

CLÉON.
Je sais cela. Passons.

LE BARON.
Je puis même ajouter
Qu'il connaissait mon rang, savait le respecter;
Que, loin de se piquer d'une haute naissance,
Il mettait entre nous beaucoup de différence
Et que, reconnaissant de mes égards pour lui,
Il n'en abusait pas comme vous aujourd'hui.

CLÉON.
Ah! vous voulez prêcher, et me faire comprendre
Que vous m'honorez trop en me prenant pour gendre?

LE BARON.
Si je vous le disais... je ne mentirais point...
Mais il ne s'agit pas à présent de ce point.
Je viens me plaindre à vous de vos folles dépenses.
Quoi! je serai témoin de tant d'extravagances,
Et je les souffrirai?

CLÉON.
Mais, monsieur le baron,

Vous le prenez ici sur un fort plaisant ton ;

LE BARON , en fureur.

Mon ton n'est n'est point plaisant.

CLÉON , au comte , en riant.

C'est celui de mon père...

Je crois l'entendre encor.

LE BARON.

Il avait bien affaire
De suer , de veiller , d'entasser pour un fils
Qui prodigue des biens si durement acquis !
(Cléon et le comte rient.)

CLÉON.

Voilà comme il parlait... Ma foi , je vous admire !
Si mon père vivait , il ne pourrait mieux dire ;
Mais le pauvre bonhomme était très-ennuyeux...
Asseyez-vous , baron , vous prêcherez bien mieux.

LE BARON , s'asseyant brusquement.

Ah ! parbleu ! volontiers... Ouvrez bien vos oreilles.

CLÉON , au comte.

Asseyons-nous aussi, nous entendrons merveilles.
(Cléon et le comte s'asseyent.)

CLÉON.

(Au comte , en riant.)

Eh bien ! vous dites donc ?... Ne l'interrompons point.

LE BARON.

Que vous êtes un fou. Voilà mon premier point.

CLÉON.

(Au comte.)

Continuez , bonhomme... Il radote , le sire.

LE BARON.

Et voici mon second : Votre folie attire
Chez vous mille flatteurs qui mangent votre bien,
Et vous planteront là quand vous n'aurez plus rien :
Ils vous vendent bien cher de basses flatteries,
Tandis qu'ils font de vous cent fades railleries.

LE COMTE.

Eh ! qui sont ces flatteurs ?

LE BARON.

                    Qui? Vous, tout le premier

LE COMTE.

Je pardonne à votre âge ; autrement...

LE BARON.

                              Sans quartier
Je dis la vérité .. c'est ce qui vous étonne ;
Mais je suis homme encor à ne craindre personne.

LE COMTE, *en souriant*.

Avec des cheveux blancs on peut bien risquer tout.

CLÉON, *au baron*.

Votre discours est long... Quand serez-vous au bout ?

LE BARON.

M'y voici.

CLÉON.

        Je respire.

LE BARON.

                En faveur de Julie
Changerez-vous, ou non, votre genre de vie?
Songez qu'à votre perte il vous mène à grands pas.

CLÉON.

Non, monsieur le baron, je n'en changerai pas.
Je n'ai que trop souffert de l'indigne avarice
D'un père qui faisait son bonheur de ce vice :
Entassant jour et nuit un bien prodigieux,
Il me laissait languir dans un état honteux ;
Je n'avais point d'argent, de valets, d'équipage ;
J'étais contraint à fuir tous les gens de mon âge.
Il est mort... Grace au ciel, tout son bien est à moi :
En faire un noble usage est mon unique loi.
Il haïssait l'éclat ; et la magnificence
Est mon plus grand plaisir : il fuyait la dépense ;
Je la cherche, et me fais estimer et chérir
Autant qu'il se faisait mépriser et haïr.

LE BARON, *à part*.

Oh ! la belle leçon pour la plupart des pères!

Ils se plaignent souvent des choses nécessaires:
Pour qui ? Pour des ingrats, pour des extravagans
Qui défont en un an l'ouvrage de trente ans

CLÉON.

Mais vous, qui prétendez faire ici le capable,
Le marquis votre fils est-il plus raisonnable ?

LE BARON.

Il en est bien puni... Le voilà ruiné,
Et par son père même il est abandonné :
L'exemple est fait pour vous ; tâchez d'en faire usage.

CLÉON.

Eh bien ! dans quarante ans je deviendrai plus sage.

LE BARON, *se levant brusquement.*

Dans quarante ans ? Bonjour ! Voici mon dernier point ;
Vous recherchez ma fille, et vous ne l'aurez point.

CLÉON, *en riant.*

Dépend-elle de vous ? Songez-vous qu'elle est veuve,
Maîtresse de son sort ?

LE BARON.

       Ah! vous ferez l'épreuve
Que j'en suis maître encor !.,. Je vous donne huit jours ;
Et si dans ce temps-là , prenant un autre cours,
Vous ne chassez d'ici tout ce train qui vous pille :
Je quitte la maison et j'emmène ma fille.
Elle m'obéira ; n'en doutez nullement...
Adieu... J'ai parlé net ; songez-y mûrement.

SCÈNE VIII.

CLÉON, LE COMTE.

CLÉON.

Il m'embarrasse au moins, car j'adore Julie,
Et je sacrifierais...

LE COMTE.

Vous feriez la folie

De bannir vos amis , de renoncer à tout
Pour une femme ? Eh fi ! nous viendrons bien à bout
D'adoucir le bonhomme , et j'en fais mon affaire.

CLÉON, *l'embrassant.*

Que vous m'obligerez !

LE COMTE.

Allez : laissez-moi faire ;
Nous irons notre train et nous épouserons :
Il veut faire le fier , mais nous le réduirons.
Je réponds de Julie , et je sais la manière
de l'obtenir.

CLÉON.

Comment ?

LE COMTE.

Ah ! j'aperçois son frère.

SCÈNE IX.

LE MARQUIS, CLÉON , LE COMTE.

LE MARQUIS, *en courant embrasser Cléon.*
Bonjour , mon cher Cléon.

CLÉON.

Bonjour , mon cher marquis.
Te voilà bien brillant.

LE MARQUIS.

Tu vois... à ton avis ,
Penses-tu qu'à mon âge avec cette figure ,
Cette taille , ces traits , cet air , cette encolure ,
On n'ait pas des secours toujours prêts au besoin ?
Me montrer , m'étaler est mon unique soin ;
L'amour fait tout le reste : il me nourrit , m'habille ,
Me fournit de l'argent ; c'est par lui que je brille ,
A la cour , à la ville , aux spectacles , aux cours :
Riche sans aucun fonds , je passe d'heureux jours.
Va , mon cher , on a tout quand on a du mérite.

CLÉON.

Le tien rend à merveille , et je t'en félicite.

LE MARQUIS.

Je suis sec, abîmé, ruiné ; mais, parbleu !
J'ai deux bons appui.

CLÉON.

Quels ?

LE MARQUIS.

Les femmes et le jeu.
Depuis que je suis gueux je vis dans l'abondance.
Si comme toi j'étais au sein de l'oppulence,
Je me délivrerais d'un si sot embarras.
Ruine-toi donc vite, et tu m'imiteras...
Que me donneras-tu pour la bonne nouvelle
Que je t'apporte ici ?

CLÉON.

Nous verrons. Quelle est-elle ?

LE MARQUIS.

Tu vas être charmé.

CLÉON.

De quoi donc ? Dis-le moi.

LE MARQUIS.

Premièrement.. je viens m'enivrer avec toi ;
De plus j'amène ici nombreuse compagnie,
Mais moins nombreuse encor que finement choisie...
(*Au comte.*)
Votre cousine en est.

LE COMTE.

Cidalise ?

LE MARQUIS.

Oui, parbleu !
C'est un friand morceau !... Quel enjoûment! Quel feu !
J'en suis fou.

LE COMTE.

(*A Cléon*)
Je le crois... Je vous réponds d'avance

Que vous serez ravi de cette connaissance.

CLÉON.

Je la connais : ce sont les plus piquans attraits !

LE MARQUIS.

Son esprit est encor plus brillant que ses traits.
Du reste, cher ami, chacun de nous se flatte
De faire ici grand'chère, et chère délicate.
prends donc soin d'ordonner un somptueux repas :
Que le vin de Champagne au moins n'y manque pas ;
Du mousseux... J'aime à voir dans un verre qui brille
Un vin qui porte au nez un bouquet qui pétille...
Mais qu'as-tu, mon enfant ? Tu parais inquiet.

CLÉON.

Oui, je le suis ; ton père en est le seul sujet.

LE MARQUIS.

Bon ! c'est un vieux rêveur. Est-ce que tu l'écoutes ?

CLÉON.

Il me fait des sermons...

LE MARQUIS.

Fadaises ! tu redoutes
Un censeur envieux des plaisirs que tu prends ?

CLÉON.

Mais il m'ôte ta sœur.

LE MARQUIS.

Et moi je te la rends.
J'ai du crédit sur elle ; et malgré le bonhomme,
Elle m'aime toujours. Je veux que l'on m'assomme
Si tu n'es son époux dans huit jours au plus tard.
Tiens-toi gai, buvons frais, et, nargue du vieillard !
Compte sur ma parole ; elle est très-positive...
Mais à propos, avant que notre monde arrive,
Écoute un mot.

(*Il le tire à l'écart.*)

CLÉON.

Eh bien ?

LE MARQUIS.

Prête-moi cent louis.

CLÉON, *lui donnant sa bourse.*

J'ai mille écus sur moi.

LE MARQUIS.

Bon! je m'en réjouis...

C'est autant d'avance sur le présent de noce.

CLÉON.

Quelqu'un entre céans.

LE COMTE.

Oui; j'entends un carrosse.

LE MARQUIS.

Que je vais m'en donner!

CLÉON.

Oh! je n'en doute pas.

LE MARQUIS, *prenant Cléon sous le bras.*

Allons, vive la joie! et faisons grand fracas.

FIN DU PREMIER ACTE.

ACTE II.

SCÈNE Ire.

JULIE, FINETTE.

FINETTE.

Vous faussez compagnie?

JULIE.

O Ciel! quelle cohue!

Je n'y puis plus tenir.

FINETTE.

Vous voilà bien émue?

JULIE.

Qui ne le serait pas? C'est un tas de joueurs,

De joueuses, de fous, de libertins. Mes pleurs
Auraient fait remarquer la douleur qui m'accable:
Je me suis éclipsée.

FINETTE.

On n'est donc pas à table?

JULIE.

Non, Finette; on attend six convives nouveaux.

FINETTE.

Eh! qui sont, s'il vous vous plaît, tous ces originaux?

JULIE.

Le premier, c'est mon frère.

FINETTE.

Oh! le bon personnage!
Je crois qu'il fait beau bruit?

JULIE.

Il assomme.

FINETTE.

Je gage
Que la vieille Araminte est céans?

JULIE.

Oui, vraiment.
Elle lorgne Carton, son insipide amant,
Qui se croit adorable, et qui lorgne sa bourse.
Il joue, et perd toujours; la vieille est sa ressource,
Et scandaleusement se ruine pour lui.

FINETTE.

A soixante ans passés!

JULIE.

pour augmenter l'ennui,
Mon frère a fait venir l'orgueilleuse Bélise,
La prude Arsinoé, la jeune Cidalise,
Coquette impertinente et folle au par-dessus,
Qui soutient que la mode est de ne rougir plus.
Elle agace Cléon, lui, selon sa coutume,
Prend feu d'abord pour elle. On ferait un volume
Des portraits singuliers de tous ceux qu'aujourd'hui

Cléon se fait honneur de régaler chez lui,
Surtout de Florimon, dont je hais la présence,
Et qui ne sais briller que par son impudence.

FINETTE.

Ah! Florimon, ce gros magistrat débauché,
Qui porte en un beau corps un esprit ébauché,
Du Cuisinier français fait son unique livre,
Et de vin de Langon dès le matin s'enivre;
Parasite effronté, menteur comme un laquais
Vivant toujours d'emprunt, et ne payant jamais?
Grand homme! et pour Cléon utile connaissance!

JULIE.

Il vient de lui prêter deux mille écus.

FINETTE.

                      Je pense

Que Cléon devient fou.

JULIE.

                 Depuis quelques instans
Il a distribué quinze où vingt mille francs.
Sa vanité triomphe et tient sa bourse ouverte
A tous venans.

FINETTE.

            Cet homme est tout près de sa perte.

JULIE.

Il y court tant qu'il peut.

FINETTE.

               Ne le ménageons plus...
A propos, avez-vous touché vingt mille mile écus?

JULIE.

Oui; le Comte tantôt m'a remis cette somme.

FINETTE.

Ah! tant mieux! Vous voyez que c'est un galant homme.

JULIE.

Ou plutôt un indigne.

FINETTE.

             Il le faut ignorer.

Donnez-lui tout au moins quelque lieu d'espérer.

JULIE.

Je l'ai moins maltraité : c'est ce que j'ai pu faire.

FINETTE.

Il croit vous acquérir.

JULIE.

Il verra le contraire.
Mais je ne puis penser, sans un chagrin cuisant,
Que Cléon, me croyant en un besoin pressant,
Loin de venir m'offrir une ressource prompte,
Pour s'y déterminer ait consulté le comte.

FINETTE.

Belle délicatesse! Encor si vous l'aimiez,
Ce serait à bon droit que vous vous plaindriez;
Mais, aimant son argent bien plus que sa personne,
Qu'importe que son cœur ou sa main vous le donne?

JULIE.

Que tu me connais mal!

FINETTE.

Je jurerais que non.

JULIE.

Malgré tes faux soupçons, j'aime toujours Cléon;
C'est l'amour le plus vif...

FINETTE.

Oui, l'amour des pistoles.
On ne m'éblouit point par de belles paroles.

JULIE, *vivement*.

Oh! tu me fâcheras, si tu ne me crois point.

FINETTE.

Eh bien! cela posé, traitons un autre point.
Je ne m'étonne point si céans l'argent roule,
Et si des emprunteurs il attire la foule...

JULIE.

Comment?

FINETTE.

Pour mériter encor mieux notre amour,

Cléon vient, par ma foi ! de jouer un beau tour !
Il a vendu sous main une terre à Dorante ;
Terre qui vaut au moins dix mille écus de rente.
Ce marché s'est conclu sans qu'on en ait su rien ;
Mais Pasquin m'a tout dit... Vous sauriez ? Eh bien !
Qu'en dites-vous ?

JULIE.

          Je dis... que l'affaire est très-bonne.

FINETTE,

Oui, pour les emprunteurs... Votre sang-froid m'étonne.

JULIE.

Je sais le fait.

FINETTE.

          Comment ! et quand l'avez-vous su ?

JULIE.

J'ai conduit le marché : c'est moi qui l'ai conclu.

FINETTE.

Qui ? vous, autoriser la plus haute sottise ?...

JULIE.

Le reste va bien plus augmenter ta surprise.

FINETTE.

Quoi ?

JULIE.

          Dorante n'a fait que me prêter son nom ;
En achetant sous main la terre de Cléon.
Cette terre est à moi, car je l'ai bien payée ;
Mais Cléon n'en sait rien.

FINETTE.

          Je suis extasiée.

Qui vous avait fourni tant de deniers comptans ?

JULIE., *en riant.*

C'est le vendeur.

FINETTE.

Cléon ?

JULIE.

          Oui, par ses dons fréquens.

FINETTE.

Le trait est tout nouveau.

JULIE.

Ne m'en fais point la guerre.

FINETTE.

Des deniers du vendeur vous achetez sa terre?

JULIE.

Pouvais-je mieux, Finette, employer ses effets?
Je te dirai bien plus, mais garde mes secrets :
J'ai déjà retiré mon argent en partie;
J'en veux tirer encor, et je ne suis sortie
Que pour donner l'alarme à mon prodigue amant.
Il viendra me chercher.... Je vais feindre un moment
Que je romps avec lui : tu verras sa faiblesse,
Il va m'offrir..., Il vient... Seconde mon adresse,
Et de l'argent compté pour l'acquisition
Nous sauverons encor une autre portion.

SCÈNE II.

CLÉON, JULIE, FINETTE.

CLÉON.

Madame, vous avez bien peu de complaisance.
Quoi! me laisser ainsi? Vous devriez, je pense,
M'aider à recevoir...

JULIE.

Moi, Cléon, vous aider
A vous perdre? Chez vous on vient vous obséder;
On vous pille à mes yeux, et je serais tranquille?
Non, non, j'ai fait sur vous un effort inutile;
Il faut rompre.

CLÉON.

Il faut rompre?

FINETTE.

Oui, monsieur, à l'instant.
Madame parle juste, et j'en ferais autant.

CLÉON, *à Julie.*

Est-ce donc là le prix d'une amour si parfaite ?

FINETTE

(*A Julie.*)

Chansons que tout cela !... Vite, faisons retraite.

CLÉON.

Finette est contre moi ?

FINETTE.

Si je suis contre vous ?

Comme un tigre.

CLÉON.

Eh ! pourquoi ?

FINETTE.

Prendra-t-elle un époux

Qui prodigue ses biens, qui les met au pillage ?
Ce serait de quoi faire un fort joli ménage !

CLÉON, *à Julie.*

Souffrez...

FINETTE, *à Julie, en voulant l'emmener.*

Point de quartier.

CLÉON, *à Julie.*

Je vous promets qu'un jour...

FINETTE.

Promettez, promettez ; mais adieu sans retour.

CLÉON, *à Julie.*

Voulez-vous que je meure ?

FINETTE, *entraînant Julie.*

A vous permis.

CLÉON, *retenant Julie.*

Madame...

FINETTE, *à Julie qui s'arrête.*

Fuyez : il vous séduit.

CLÉON, *à Julie.*

Un moment.

FINETTE, *en voyant que Julie regarde Cléon.*

Quelle femme!

JULIE.

Voulez-vous mériter et mon cœur et ma foi ?

CLÉON.

Si je le veux !

JULIE.

Eh bien ! vivez seul avec moi :
Allons à votre terre... Un séjour si tranquille
Vous dédommagera des plaisirs de la ville,
Si le don de ma main, si mon fidèle amour...

FINETTE, *à Cléon.*

Votre terre est, dit-on, un si charmant séjour !
C'est un château superbe, un parc d'une étendue
Surprenante, des eaux, et la plus belle vue ;
Bref, c'est une merveille ; outre les revenus
Qui vont, bon an, mal an, à dix bons mille écus.
Oui, oui, si vous voulez que nous allions y vivre,
Nous vous épouserons, et nous allons vous suivre.

JULIE, *à Cléon.*

Mais partons dès demain.

FINETTE.

Soit.

JULIE, *à Cléon.*

Vous ne dites mot.

CLÉON, *à part.*

Dorante m'a trahi : je suis pris comme un sot.

JULIE.

Vous avez bonne grace à garder le silence,
Au lieu de me marquer votre reconnaissance.

FINETTE.

Il me vient un soupçon : le dirai-je tout haut ?

JULIE.

Parle.

FINETTE.

Sur mon honneur, la terre a fait le saut ;

Et cette maison-ci sera bientôt vendue :
Ainsi, mariez-vous pour coucher dans la rue !

    JULIE, *à Cléon.*

Insensé !

     CLÉON.

   Je vois bien que Dorante me perd ;
Et le traître qu'il est vous a tout découvert.

     JULIE.

Oui, cruel ! je sais tout, et je vais à mon père
Découvrir au plutôt cet odieux mystère.

     CLÉON.

Ah ! s'il en est instruit il vous emmènera,
Et mon oncle à coup sûr me déshéritera.

     FINETTE.

Mais comment voulez-vous qu'une femme se taise ?
Quand je garde un secret, j'ai les pieds sur la braise.

    JULIE, *à Cléon.*

Puis-je me dispenser de lui faire savoir ?…

     CLÉON.

Si vous me décelez craignez mon désespoir.

     FINETTE.

Que ferez-vous ?

     CLÉON.

   Je veux me percer à sa vue.

     FINETTE.

Vous ? Vous n'en ferez rien.

     CLÉON.

    Que la foudre me tue,
Si mon bras à l'instant ne termine mon sort !
  (*A Julie.*)
Je remplirai vos vœux si vous voulez ma mort

  FINETTE, *à Cléon, en se mettant entre eux deux.*

Doucement !… Nous pouvons ajuster cette affaire.
Je ne vois qu'un moyen qui nous force à nous taire :
Combien pour cette terre avez-vous eu d'argent ?

CLÉON.

Deux cent mille écus.

FINETTE.

Bon! Est-ce en argent comptant?

JULIE.

Oui, j'en suis sûre.

CLÉON, *à Finette.*

Eh bien?

FINETTE.

Monsieur est économe,
Et sûrement encore il a toute la somme?

CLÉON.

Mais à peu près.

FINETTE, *montrant Julie.*

Oh çà! combien lui donnez-vous
Pour enchaîner sa langue et calmer son courroux?

CLÉON.

Tout ce qu'elle voudra.

FINETTE.

Cent mille francs. La faute
Mériterait sans doute une amende plus haute:
C'est marché donné; mais nous avons le cœur bon.

CLÉON.

Je reviens à l'instant.

FINETTE, *l'arrêtant.*

Une fille, dit-on,
Se tait malaisément... J'ai le malheur de l'être;
Et je crains...

CLÉON, *en riant.*

Je t'entends,

(*Il sort.*)

SCÈNE III.

JULIE, FINETTE.

(Elles rient dès que Cléon est sorti.)

FINETTE.

De pareils coups de maître
N'appartiennent qu'à vous.

JULIE.

Tu vois bien que Cléon
Ne me soupçonne point de l'acquisition ?

FINETTE.

Et vous voyez aussi qu'avec assez d'adresse
Je sais, quand il le faut, seconder ma maîtresse.

JULIE.

Il est vrai ; mais Cléon va te récompenser...

FINETTE.

De l'avoir attrapé... Qu'il sait bien dépenser
Son argent !

JULIE.

Tu le vois.

FINETTE.

Il faut peu de science
Pour en tirer de lui... Ma foi ! c'est conscience.
Ne vous sentez-vous point quelque secret remord ?

JULIE.

Pas le moindre.

FINETTE.

Tant mieux... Nous voilà donc d'accord
Pour le bien pressurer ?

JULIE.

C'est à quoi je m'occupe.

FINETTE.

Ma foi ! vive un amant quand il est aussi dupe !

JULIE.

S'il ne l'est que de moi je plains peu son malheur.

SCÈNE IV.

CLÉON , JULIE , FINETTE.

CLÉON, *à Julie.*

Voici cent mille francs en billets au porteur.

FINETTE, *à Julie.*

Ils sont bons ?

JULIE.

Oui , très-bons , et j'en suis satisfaite.

CLÉON, *à Finette en lui donnant une bourse.*

Et voici de quoi rendre une fille muette.

FINETTE, *prenant la bourse.*

La dose est-elle forte ?

CLÉON.

Oui , cent louis.

FINETTE.

                        Enfin ,
J'ai trouvé pour mon mal un savant médecin...
Prenons donc son remède... Ah je me sens guérie ;
Et vous, madame ?

JULIE.

Eh ! mais...

CLÉON.

                        Oh çà ! sans raillerie,
Sommes-nous bons amis ?

JULIE.

Il le faut bien, Cléon.

CLÉON.

Vous ne direz donc rien à monsieur le baron ?

JULIE.

Soyez tranquille.

CLÉON, *à Finette.*

Et toi ?

FINETTE.

Moi, je n'ai plus de langue...

Permettez-moi pourtant une courte harangue :
A vous guérir vous-même employez tout votre art.

CLÉON.

J'y ferai mes efforts.

JULIE.

     Mais ce sera trop tard
Si vous ne vous hâtez.

CLÉON.

      Oh ! j'ai double ressource.

FINETTE.

Tout le monde s'empresse à vous couper la bourse.

CLÉON.

Eh ! peut-on l'épuiser ? Je suis seul héritier
De mon oncle.

JULIE.

    Il est vrai.

CLÉON.

      C'est un vieux usurier
Qui ménage pour moi des richesses immenses,
Et sa mort va bientôt relever mes finances.
Au surplus, feu mon père a mis sur un vaisseau
Plus de cent mille écus.

FINETTE.

     C'est de l'argent sur l'eau ;
La mer est bien perfide !

CLÉON.

     Oui, mais à pleine voile
Mon trésor vient guidé par mon heureuse étoile.

JULIE.

Elle peut se lasser.

CLÉON.

    Plus de moralité,
J'achète noblement un peu de liberté ;
Pour m'en laisser jouir, que votre complaisance
Du moins soit de mes dons la douce récompense.

JULIE.

Si vous voulez vous perdre il faut bien le souffrir.

CLÉON, *lui prenant la main.*

M'aimez-vous ?

JULIE, *tendrement.*

C'est un mal dont je ne puis guérir.

CLÉON.

Un mal ?... Vous me charmez et me faites outrage.

JULIE, *attendrie.*

Adieu... Je ne veux pas vous fâcher davantage.

CLÉON.

Quoi ! vous ne rentrez pas ?

JULIE.

Dans un petit instant.

FINETTE, *à Cléon.*

Doublez toujours la dose, et vous serez content.

(*Julie et Finette sortent.*)

CLÉON, *seul.*

Au fond je ne sais plus que penser de Julie :
En combien de façons son esprit se replie !
Tantôt douce, attrayante, elle charme mon cœur,
Et tantôt ses froideurs m'accablent de douleur.

SCÈNE V.

LE COMTE, CLÉON.

LE COMTE.

Qu'avez-vous ?

CLÉON.

Je rêvais

LE COMTE.

A quoi donc ?

CLÉON,

A Julie.

LE COMTE, *en riant.*

Et cela vous excite à la mélancolie ?

CLÉON.

Je l'avoue.

LE COMTE.

Eh ! pourquoi ?

CLÉON.

Je soupçonne, entre nous,
Qu'elle veut me tromper.

LE COMTE.

Sur quoi le croyez-vous ?

CLÉON.

Je l'accable de bien , et rien ne la contente.

LE COMTE.

Écoutez donc, la chose est assez apparente ;
On veut vous ruiner , et puis vous planter là :
L'insulte du baron me fait croire cela.
Que voulez-vous ? souvent je vous plains , je murmure ;
Mais je n'ose parler.

CLÉON,

Parlez , je vous conjure :
Je vous croirai peut-être , et je romprai tout net.

LE COMTE.

Pouvez-vous différer un si sage projet ?

CLÉON.

Oui , je me crains moi-même , et connais ma faiblesse ;
Je romps toujours mes fers et j'y rentre sans cesse ;
Mais je veux me punir de mon aveuglement
En quittant un objet aimé trop tendrement.
Appuyez mon dépit , et prêtez-moi votre aide.

LE COMTE.

Cidalise pour vous est le plus sûr remède :
Aimez-la.

CLÉON.

Je m'y sens vivement disposé :
J'ai voulu lui parler et ne l'ai pas osé.

LE COMTE.

Parlez-lui... Cidalise est d'une humeur charmante,

Très-désintéressée, et ma proche parente ;
Elle ne dépend plus que de son vieux tuteur !
Dont je puis disposer.

CLÉON.

Que n'ai-je sur mon cœur

Un empire absolu !

LE COMTE.

Plus il vous tyrannise,

Moins il faut lui céder... Ah ! voici Cidalise !...
Voyez si son abord est sombre et sérieux.

CLÉON.

Tout me paraît en elle aimable et gracieux.

SCÈNE VI.

CIDALISE, CLÉON, LE COMTE.

CIDALISE.

MESSIEURS, la compagnie est complète et nombreuse ;
Mais, franchement, sans vous je la trouve ennuyeuse,
Et je viens vous chercher. Quel est donc le sujet
Qui vous tient à l'écart ?

LE COMTE.

Nous formons un projet.

CIDALISE.

Quel projet ?

LE COMTE.

Nous voulons vous marier.

CIDALISE.

Chimère !

LE COMTE.

Pourquoi donc ?

CIDALISE, *regardant Cléon.*

Oh ! pourquoi ? c'est que je désespère
D'être unie à celui que je voudrais avoir.

LE COMTE, *bas, à Cléon.*

L'entendez-vous ?

Destouches. T. II.   4

CLÉON.

(*Bas.*)   (*A Cidalise.*)

Fort bien. Vos yeux ont tout pouvoir.

CIDALISE.

Point du tout ; jugez-en. Le seul homme que j'aime
Aime une autre que moi. Mon malheur est extrême,
Comme vous le voyez ; et je puis vous jurer
Que je le pleurerais si je savais pleurer :
Mais ne le pouvant pas, je ris de ma sottise.
Que je suis ridicule !

CLÉON.

Ah! cessez, Cidalise,
De faire tant d'outrage à vos divins appas.
Vous, vous aimez quelqu'un qui ne vous aime pas ?

CIDALISE, *riant.*

Oui.

CLÉON.

Quel est donc l'objet de ce joyeux martyre ?

CIDALISE, *prenant un air sérieux.*

Vous êtes l'homme à qui je voudrais moins le dire.

CLÉON.

Vous le pourriez : je suis un confident discret.

CIDALISE, *d'un air tendre.*

A quoi vous servirait de savoir mon secret ?

CLÉON.

A vous désabuser, à vous faire connaître
Que l'on vous aime plus que vous n'aimez peut-être.

CIDALISE.

On pourrait me le dire, et je n'en croirais rien.

CLÉON.

Pourquoi ?

CIDALISE.

Celui que j'aime est pris dans un lien
Dont il ne peut sortir : je n'en suis que trop sûre,
C'est dommage pourtant ; car au fond, la nature,
En nous formant tous deux, forma la même humeur.

Il aime le fracas : je l'aime à la fureur ;
Il est gai, complaisant, libéral, magnifique :
Je vous en offre autant ; égal, doux, pacifique :
Ce sont mes qualités. Bien loin que l'avenir
Occupe son esprit, il fait tout son plaisir
De jouir du présent sans en craindre la suite ;
Morale qui me charme, et règle ma conduite.
Beau joueur, bon convive, aimant à dépenser,
Et prêtant son argent sans jamais balancer ;
Faiblesse d'un bon cœur, d'une ame généreuse
Qui cadre avec la mienne, et me rendrait heureuse ;
Enfin cet homme-là me ressemble si bien,
Qu'en faisant son portrait, je crois faire le mien.

LE COMTE.

Oui ; voilà de quoi faire un parfait assemblage !

CIDALISE, *en riant.*

L'entreprendriez-vous ?

LE COMTE.

C'est à quoi je m'engage.

CIDALISE.

Chimère encore un coup !

LE COMTE, *montrant Cléon.*

Voici ma caution.

CIDALISE.

Monsieur vous répondra que l'homme en question
Est si bien engagé qu'il n'ose s'en dédire.

CLÉON.

Vous vous trompez : sur lui vous prenez tant d'empire,
Que, pour peu que vos yeux daignent l'encourager,
Sous vos aimables lois il viendra se ranger.

CIDALISE, *tendrement.*

Il se trompe, et jamais il n'aura ce courage.

CLÉON, *lui baisant la main.*

Il l'aura : j'en réponds.

CIDALISE.

Eh bien ! qu'il se dégage.

Et me rapporte un cœur qu'il avait mal placé;
Et nous pourrons finir le projet commencé.

CLÉON.

Vous lui promettez donc ?...

CIDALISE.

Oh! j'ai dit, ce me semble,
(Montrant le comte.)

Tout ce qu'il fallait dire... Ajustez-vous ensemble:
Vous pourrez bien, sans moi, poursuivre l'entretien;
Vous avez de l'esprit, et vous m'entendez bien.
Sans adieu.

(Elle sort.)

SCÈNE VII.

LE COMTE, CLÉON.

LE COMTE.

QUEL rapport et quelle sympathie!

CLÉON.

Cidalise doit être une femme accomplie.

LE COMTE.

N'est-il pas vrai?

CLÉON.

Sans doute. Il faut que vous m'aidiez...

LE COMTE.

Qu'exigez-vous de moi?

CLÉON.

Que vous me dégagiez...

Allez trouver Julie, et lui faites comprendre
Que d'un nouvel amour je n'ai pu me défendre;
Que comme nos humeurs...

LE COMTE.

Ne me prescrivez rien:

Je sais ce qu'il faut dire, et je le dirai bien.
En cette occasion usons de politique...
Envoyez à Julie un présent magnifique

Pour lui faire agréer que vous rompiez tous deux ,
Et qu'il vous soit permis de former d'autres nœuds.
Vous savez à quel point elle est intéressée?

CLÉON.

C'est bien dit.

LE COMTE.

Le hasard seconde ma pensée...
(Il tire de sa poche un écrin.)
Voici les diamans que vous lui destiniez.
Le fameux usurier de qui vous empruntiez
Les avait pris en gage , et vient de me les rendre :
Je les porte à Julie , et les lui ferai prendre
Comme un prix éclatant de votre liberté.

CLÉON.

Ce projet me paraît assez bien concerté :
Je m'abandonne à vous.

LE COMTE.

Je vais trouver Julie.
Rentrez ; je rejoindrai bientôt la compagnie ,
Et je vous rendrai compte à l'oreille, en deux mots ,
De ce que j'aurai fait.

CLÉON, *l'embrassant.*

Je vous dois mon repos !
(Il rentre dans l'intérieur de son appartement.)

SCÈNE VIII.

JULIE, LE COMTE, FINETTE.

JULIE, *à Finette , dans le fond.*
OUI , je reviens chez lui , quoique avec répugnance ;
Mais il faut lui montrer un peu de complaisance.

FINETTE.

Il vous la paiera bien.

JULIE, *en riant.*
C'est mon intention.
*(Elle aperçoit le comte , et double le pas pour rentrer
dans l'appartement de Cléon.)*

LE COMTE, *à Julie.*

Madame, où courez-vous?

JULIE.

On m'a dit que Cléon
M'attendait.

LE COMTE.

Non, madame; et même il vous conjure
De ne le plus revoir.

JULIE.

Moi?

LE COMTE.

Vous... je vous assure.

JULIE.

Vous vous moquez, je crois.

LE COMTE.

C'est lui qui m'a chargé
Du compliment.

FINETTE.

Comment! on nous donne congé?

LE COMTE.

Congé très-absolu, s'il faut que je le dise.

JULIE.

D'où lui vient ce caprice?

LE COMTE.

Il aime Cidalise.

JULIE, *riant, et voulant encore avancer.*

Oh! n'est-ce que cela?

LE COMTE.

Le fait est sérieux,
Et c'est un parti pris... Faut-il le prouver mieux?
Je vous apporte ici ce présent magnifique...
Pour vous en consoler.

FINETTE, *voulant prendre l'écrin.*

Donnez.

ACTE II, SCENE VIII.

LE COMTE, *à Julie.*

    Mais... je m'explique :
C'est à condition que vous lui permettrez
De suivre son penchant.

  JULIE, *d'un air noble et fier.*

     Monsieur, vous lui direz
Que mon intention n'est point de le contraindre
Sur nos engagemens qu'il souhaite d'enfreindre ;
Que je l'en rends le maître, et que je fais des vœux
Pour qu'une autre que moi puisse le rendre heureux,
Quoique j'ose en douter ; et qu'au surplus j'accepte
Le présent qu'il me fait.
  (Elle prend l'écrin qu'elle donne à Finette.)

  FINETTE.

    Bon cela !... Le précepte
Qu'on m'a le plus prêché, que j'ai le mieux suivi,
C'est qu'il faut toujours prendre.

  LE COMTE, *à Julie.*

     Il sera très-ravi
D'un procédé si doux... Oserais-je vous dire
Que l'unique bonheur pour lequel je soupire,
C'est que son inconstance et son aveuglement
Vous fassent écouter un plus fidèle amant ?
Je sais bien que, toujours circonspecte et sévère,
Votre vertu vous tient soumise à votre père :
Consentez-y, madame, et je vais lui parler.

  JULIE, *d'un air froid.*

Vous le pouvez, monsieur.

  LE COMTE.

    Mais, sans dissimuler,
Si je puis obtenir que le baron prononce
En ma faveur...

  JULIE.

  Pour lors je vous ferai réponse.

  LE COMTE.

Cela suffit, madame ; et je n'oublirai rien,
Comptant sur votre aveu, pour obtenir le sien.
    (Il sort.)

SCÈNE IX.

JULIE, FINETTE.

JULIE, *en souriant.*

Ah ! s'il peut l'obtenir, je consens qu'il m'épouse...
Le perfide !

FINETTE.

Après tout, n'êtes-vous point jalouse
De Cidalise ?

JULIE, *en riant.*
Moi ? Non, Finette ; à coup sûr.

FINETTE.

Un congé cependant est un morceau bien dur !
Au fond j'en suis piquée, et j'en rougis de honte.

JULIE.

Moi, j'en ris de bon cœur : c'est un des tours du comte

FINETTE.

Mais enfin si Cléon...

JULIE.
Dès que je le voudrai,
En esclave à mes pieds je le rappellerai :
Tel est de la vertu l'ascendant légitime ;
L'amour est tout-puissant s'il règne avec l'estime.

FINETTE, *ouvrant l'écrin.*
En tous cas nous avons de quoi nous soutenir.

JULIE.
Alllons chercher mon père. Il faut le prévenir
Sur les offres du comte, et dicter sa réponse,
Qui doit être pesée avant qu'il l'a prononce.

FINETTE.
Oui, oui ; trompons celui qui trahit son ami :
Il faut avec un fourbe être fourbe et demi.

FIN DU SECOND ACTE.

ACTE III.

SCÈNE Ire.

PASQUIN , *seul.*

QUEL éclat ! quel fracas , quelle diable de vie !
Quoi ! quarante couverts, et la table remplie
Des vins de tous pays ; tant de mets délicats
Qu'une ville, je crois , ne les mangerait pas.
Trente musiciens, symphonistes avides ,
Qui sont entrés céans la bourse et le corps vides ,
Qui , convoitant les plats , font jurer leur archet,
Et s'en vont tour-à-tour s'enivrer au buffet.
Des galans pleins de vin qui déclarent leurs flammes,
Par-dessus tout cela le caquet de vingt femmes ;
Et Cléon transporté qui ne s'occupe à rien,
Qu'à provoquer les gens à dévorer son bien.

SCÈNE II.

FINETTE, PASQUIN.

FINETTE.

Ah ! te voilà , Pasquin ! Que fais-tu?

PASQUIN.

                    Je médite
Sur les faits de mon maître... O cervelle maudite !

FINETTE.

Comment ! cela t'afflige ?

PASQUIN.

                  Eh ! puis-je sans douleur
Voir périr tous les biens de ce dissipateur ?
Les trésors de Crésus ne pourraient y suffire.

FINETTE.

Crois-moi, profitons-en, et n'en faisons que rire.
L'exemple de ce chien que tu citais tantôt

M'a frappée ; et je vois que c'est un grand défaut
Que de s'embarrasser des sottises des autres.
Vos affaires vont mal , et nous faisons les nôtres :
C'est ce qui me console.

PASQUIN.

Oh ! le bon petit cœur !

FINETTE.

Les scrupules avaient suspendu mon ardeur ;
Mais je m'en suis guérie.

PASQUIN.

Aussi fait ta maîtresse...
Qu'elle a bon appétit !

FINETTE.

Elle dévore. Adresse ,
Complaisance , rigueurs , ruptures et retours ,
Elle met tout en œuvre , et profite toujours.
Mais le meilleur de tout, c'est que monsieur le comte
S'intéresse pour nous très-vivement.

PASQUIN.

Je compte
Que vous n'y perdrez pas.

FINETTE.

Tu sais bien que Gripon,
Votre honnête intendant, est un maître fripon ?

PASQUIN.

Le fait est clair. Eh bien ?

FINETTE.

Le comte le menace
De le faire danser au milieu d'une place ,
Si de son brigandage il ne fait pas raison :
Gripon, qui sent son cas digne de pendaison ,
Vient de nous apporter , par les ordres du comte ,
Soixante mille écus dont on lui tiendra compte
Sur ce qu'il doit lâcher par restitution.
Sa taxe étant payée , on portera Cléon ,
Par l'appât toujours sûr d'une modique somme ,
A signer que Gripon est un très-honnête homme :

Tel est le marché fait entre le comte et lui.

PASQUIN.

Quel est le plus fripon de vous tous ?

FINETTE.

Aujourd'hui

Pareille question est un peu trop subtile :
On passe sur l'honnête, et l'on songe à l'utile.

PASQUIN.

Ta maîtresse à coup sûr s'occupe du dernier,
Et laisse aux sots le soin de songer au premier.

FINETTE.

Ma maîtresse prétend que rien n'est plus honnête
Que sa façon d'agir, et se fait une fête
De ruiner Cléon, afin de lui garder
Ce qu'elle sauvera.

PASQUIN.

Pour me persuader,

Il me faut des effets : ils vont bientôt paraître ;
Le dénoûment approche.

FINETTE.

Il approche !

PASQUIN.

Oui ; mon maître,

Sans s'en apercevoir, est ruiné tout net.
Il brille ; mais, ma foi ! c'est en faisant binet.
On va, pour l'achever, jouer un jeu terrible ;
Mon maître taillera : crois-tu qu'il soit possible
Qu'il évite sa perte ? Il joue étourdiment,
Tient tout et ne voit rien : tu juges aisément
Que sa banque se fond en jouant de la sorte,
Et que ce qu'il y met tout le monde l'emporte.

FINETTE.

Il faut que ma maîtresse en tire aussi sa part ;
Car elle sait à fond tous les jeux du hasard,
Et son bonheur au moins égale son adresse.

PASQUIN.

Mais Cléon, m'a-t-on dit, rompt avec ta maîtresse ?

FINETTE.

Cette rupture-là nous inquiète peu.
D'ailleurs, pour son argent chacun se met au jeu :
C'est la règle.

PASQUIN.

   Courage ! achevez le pauvre homme :
Les autres l'ont blessé, ta maîtresse l'assomme.
Encor si son cher oncle avait la charité
De se laisser mourir ! Cléon ressuscité
Reprendrait son éclat ; mais, morbleu ! le vieux traître
A déjà si souvent attrapé mon cher maître...

FINETTE.

Les lois devraient défendre à ces vieux opulens
Qui ne sont bons à rien de passer soixante ans ;
Mais ces oncles malins sont cloués à la vie.

PASQUIN.

Le nôtre est tous les ans deux fois à l'agonie :
Un courrier diligent vient nous en avertir ;
Pour aller l'enterrer nous songeons à partir,
Quand un autre courrier, qui jusqu'au cœur nous frappe,
Arrive et nous apprend que le traître en réchappe,
Malgré deux médecins qui ne le quittent pas.

FINETTE.

Deux médecins n'ont pu lui donner le trépas !
Il ne mourra jamais

PASQUIN.

   Je ne suis point tranquille :
On vient de m'avertir qu'il est en cette ville.
Ah ! si ce vieux avare allait venir céans,
Pendant tout le fracas que l'on fait là-dedans,
Lui qui mène une vie et misérable et dure,
Il déshériterait son neveu.

FINETTE
     Chose sûre.
Tu devrais prévenir...

PASQUIN, *voyant paraître Géronte*.
    Morbleu ! tout est perdu.

Voici l'homme lui-même... Il n'est point attendu...
Oh ! le malin vieillard ! il s'est mis dans la tête
De venir nous surprendre et de troubler la fête.
Que lui dire ? Aide-moi.

FINETTE.

J'y ferai de mon mieux...

Il se parle, écoutons.

SCÈNE III.

GÉRONTE, PASQUIN, FINETTE.

GÉRONTE, *se croyant seul.*

Oui, je suis curieux
De voir si mon neveu, comme le dit sa lettre,
S'est si bien réformé ; car tenir et promettre ,
Ce sont deux.

PASQUIN, *à part.*

Vraiment oui.

GÉRONTE.

Si je l'en crois pourtant,
Il vit comme un Caton... Que je serais content
S'il m'avait mandé vrai !

PASQUIN, *bas, à Finette.*

Bon ! voilà notre texte ;
Il faut broder dessus, et sous quelque prétexte
Éloigner ce fâcheux.

FINETTE, *bas.*

Commence : j'appuirai.

GÉRONTE.

S'il me trompe, jamais je ne le reverrai ;
Et de tous mes grands biens je ferai le partage
Entre gens qui sauront en faire un bon usage.

PASQUIN, *bas, à Finette.*

Ne te l'ai-je pas dit ?

FINETTE, *bas.*

Le péril est pressant.

PASQUIN, *bas.*

Abordons le, et prenons l'air tendre et caressant...
    (*A Géronte.*)
Ah ! monsieur, est-ce vous ?

FINETTE, *à Géronte, en lui prenant les mains.*
                Quel bonheur ! quelle joie
De vous revoir !

PASQUIN.
              Monsieur, il suffit qu'on vous voie
Pour sentir des transports...

GÉRONTE.
               Bonjour... et mon neveu,
Comment se porte-t-il ?

PASQUIN.
               Assez bien depuis peu.

GÉRONTE.
Depuis peu ? Comment donc ! A-t-il été malade ?

PASQUIN.
Oui... L'étude, à mon sens, est un plaisir bien fade ;
Cependant c'est le seul auquel il s'est réduit ;
La lecture à présent l'occupe jour et nuit.

GÉRONTE.
Tout de bon ? La nouvelle est pour moi bien charmante,
Mais, à dire le vrai, je la trouve étonnante.

PASQUIN.
Trop d'application l'a fort incommodé ;
Mais sa santé revient.

GÉRONTE.
            Il ne m'a point mandé
Qu'il eût été malade.

PASQUIN.
Hélas ! il n'avait garde !

GÉRONTE.
Pourquoi ?

PASQUIN.
Vous affliger !... Voulez-vous qu'il hasarde

Une santé, l'objet de son attention ?
Car il se sent pour vous une inclination,
Un amour, un respect !... Demandez à Finette.

FINETTE.

Tenez, monsieur, depuis qu'il vit dans la retraite,
Son amitié pour vous s'est augmentée encor,
Ma foi ! c'est un neveu qui vaut son pesant d'or...
Demandez à Pasquin.

GÉRONTE.

      Vous me comblez de joie ;
Enfin, le voilà sage et dans la bonne voie !

FINETTE.

On n'y peut être mieux... C'est une gravité,
C'est une modestie, une docilité,
Une discrétion !...

GÉRONTE.

      Fort bien, ma douce amie ;
Mais vous ne parlez point de son économie :
C'est le point capital.

FINETTE.

      Bon ! Il est trop mesquin,
Trop dur.

GÉRONTE.

    Me dis-tu vrai ?

FINETTE.

      Demandez à Pasquin.

PASQUIN.

Son ménage à présent va jusqu'à l'avarice.

GÉRONTE.

Oh ! le brave garçon !... On dit que c'est un vice...

FINETTE.

Fi donc !

GÉRONTE.

    Mais, à mon sens, le plaisir d'amasser
Surpasse infiniment celui de dépenser.

PASQUIN.

Voilà ce qu'il nous dit.

GÉRONTE.

Mais c'est donc un autre homme ?

PASQUIN.

Oui, Monsieur. Savez-vous qu'à présent on le nomme
Le petit Harpagon ?

GÉRONTE.

Vous me flattez.

FINETTE.

Qui ? nous ?
Je vous jure qu'il est aussi ladre que vous :
C'est tout dire.

PASQUIN.

Oui , ma foi.

GÉRONTE.

Sur mon honneur , je pleure
De surprise et de joie .. Il faut que tout-à-l'heure
Je l'embrasse

PASQUIN , *l'arrêtant.*

Ah ! monsieur , n'entrez pas…

GÉRONTE.

Eh ? pourquoi ?

PASQUIN.

Demandez à Finette ; elle sait mieux que moi…

FINETTE.

Monsieur… C'est qu'il s'est fait une étrange habitude…
Pendant toutes les nuits… il s'applique à l'étude ,
Et ne s'endort jamais… qu'après qu'il a dîné.

GÉRONTE.

Parbleu ! plus vous parlez , plus je suis étonné :
Un pareil changement ne saurait se comprendre.
Mon neveu, qui jamais n'a voulu rien apprendre ,
Qui haïssait l'étude à la mort , maintenant
Passe les nuits à lire ?

PASQUIN.

Il est plus surprenant
De l'avoir vu prodigue et de le voir avare.

FINETTE, *à Géronte.*

L'homme est un animal si changeant , si bizarre !

GÉRONTE.

Mais l'éveiller pour moi n'est pas un grand malheur…
Je veux le voir… entrons.

FINETTE, *le retenant.*

Auriez-vous bien le cœur
D'interrompre son somme ?

GÉRONTE.

Oui.

PASQUIN, *le retenant à son tour.*

Souffrez qu'on vous dise
Qu'un réveil en sursaut…

GÉRONTE, *se débarrassant de lui.*

Tarare.

FINETTE, *le rattrapant.*

La surprise
Peut le rendre malade. Attendez à ce soir.

GÉRONTE.

Non , ma joie est trop grande, et je prétends le voir.

PASQUIN.

Puisque vous résistez à ce qu'on vous conseille ,
Pour le surprendre moins , souffrez que je l'éveille.

GÉRONTE.

Eh bien ! va l'avertir que je l'attends ici.

(*Pasquin passe dans l'appartement de Cléon.*)

SCÈNE IV.

GÉRONTE , FINETTE.

GÉRONTE.

Mais j'entends un grand bruit !… Que veut dire ceci ?

FINETTE.

Comme votre neveu donne dans les sciences ,
Il fait venir ici pour des expériences
Grand nombre de savans , esprits vifs , pointilleux ,

Gens qui sur un fétu jasent une heure ou deux,
En dissertations fièrement se répandent,
Et font un si grand bruit que les voisins l'entendent.

GÉRONTE.

Des savans ?

FINETTE.

Ici près le cercle est assemblé.

GÉRONTE.

Le sommeil de Cléon doit en être troublé ?

FINETTE.

Oh ! point ; car, pour se mettre à l'abri du tapage,
Il monte prudemment jusqu'au troisième étage.
Il s'endort, il s'éveille, il descend ; on lui dit
Ce que l'on a conclu, dont il fait son profit.
Il faut voir quelquefois comme il les contrarie !

GÉRONTE.

Mais à propos, quand donc est-ce qu'il se marie ?
Julie est un parti qui lui convient très-fort :
S'il ne l'épousait pas, il aurait très-grand tort.
Je veux tout au plus tôt faire ce mariage ;
Et c'est là proprement l'objet de mon voyage.
Voilà le frein qu'il faut donner à mon neveu.

FINETTE.

C'est bien dit, et cela se peut faire dans peu :
Nous touchons à la fin des deux ans de veuvage.

GÉRONTE.

D'ailleurs, puisque Cléon est devenu si sage,
Je ne vois plus d'obstacle à cet engagement.

SCÈNE V.

CLÉON, GÉRONTE, PASQUIN, FINETTE.

CLÉON.

Je revois mon cher oncle!... Ah ! quel ravissement !

GÉRONTE.

Venez, embrassez-moi... Ce que j'apprends me charme.

Grace au ciel, me voilà hors de crainte et d'alarme !
Vous n'êtes plus le même, à ce que l'on me dit?
Quel heureux changement !

CLÉON.

J'ai bien fait mon profit
De vos sages discours, de vos lettres prudentes.

PASQUIN, *à Géronte.*

Oh! oui.

CLÉON.

Des jeunes gens les passions ardentes
Les entraînent souvent dans des égaremens ;
Mais pour les bons esprits il est de bons momens....
Après beaucoup d'efforts j'ai reformé ma vie.
Vous imiter, vous plaire, est toute mon envie :
J'ai pris le bon chemin, et j'y veux demeurer.

PINETTE, *à Géronte.*

Vous voyez.

PASQUIN, *à Géronte.*

Comme vous cela me fait pleurer...
N'êtes-vous pas touché d'une telle reforme ?

GÉRONTE.

(*A Cléon.*)

Oui... Mais pendant la nuit la santé veut qu'on dorme ;
On s'échauffe à veiller.

CLÉON.

Oh! je ne veille plus.

GÉRONTE.

On m'assure pourtant...

CLÉON.

C'est un mensonge.

PASQUIN.

Abus
De prétendre cacher la mauvaise habitude
Que vous avez.

CLÉON.

De quoi ?

PASQUIN, *lui faisant des signes.*

De donner à l'étude

Toutes les nuits, au lieu de les passer au lit...
Monsieur sait votre train, et nous avons tout dit.

CLÉON, *à Géronte.*

Il faut vous l'avouer, jour et nuit j'étudie.

GÉRONTE.

Je ne m'étonne plus de votre maladie.

CLÉON, *surpris.*

Je ne suis point malade, et ne l'ai point été.

FINETTE, *lui faisant des signes.*

Quoi! les veilles n'ont pas troublé votre santé?
Vous n'avez pas senti de certaines atteintes?...

PASQUIN, *à Cléon.*

Eh! que diable, monsieur, mettons bas toutes feintes :
Oserez-vous nier que l'application?...

CLÉON, *à Géronte.*

Il est vrai, j'ai senti... quelque altération...
Par l'excès du travail, et n'osais vous le dire,
De peur de vous fâcher; mais...

PASQUIN.

Moi, pour un empire
(*A Géronte.*)
Je ne mentirais pas... Avec tons ses efforts,
Mon maître se ruine et l'esprit et le corps.

GÉRONTE, *à Cléon.*

Je ne veux point cela.

CLÉON.

Mon oncle, la science
A des attraits si vifs!

GÉRONTE.

J'ai fait l'expérience,
Mon neveu, qu'un docteur est souvent un grand sot.
L'étude appesantit, et n'est point votre lot.
On peut, par-ci, par-là, vaquer à la lecture;
Mais c'est folie à vous de forcer la nature.
A gouverner vos biens soyez très-diligent;
Mangez peu, dormez bien, et comptez votre argent
Quand vous vous ennuyez.

CLÉON.

                    J'en fais tous mes délices.

GÉRONTE.

Plus on aime l'argent, et moins on a de vices :
Le soin d'en amasser occupe tout le cœur ;
Et quiconque s'y livre y trouve son bonheur.
Un ami qu'on implore, ou refuse ou chancèle ;
L'argent est un ami toujours prompt et fidèle.
Le plaisir d'entasser vaut seul tous les plaisirs.
Dès qu'on sait que l'on peut remplir tous ses desirs,
Qu'on en a les moyens, notre ame est satisfaite...
De tout ce que je vois j'en puis faire l'emplette,
Et cela me suffit. J'admire un beau château...
« Il ne tiendrait qu'à moi d'en avoir un plus beau »,
Me dis-je... J'aperçois une femme charmante...
« Je l'aurai si je veux »; et cela me contente,
Enfin ce que le monde a de plus précieux
Mon coffre le renferme, et je l'ai sous mes yeux,
Sous ma main ; et par là, l'avarice, qu'on blâme,
Est le plaisir des sens et le charme de l'ame.

CLÉON.

Que c'est bien dit, mon oncle ! Aussi, mon plus grand soin
Est de thésauriser.

PASQUIN, à *Géronte*.

                    J'en suis un bon témoin...
C'est un charme de voir comme mon maître amasse !

CLÉON, à *Géronte*.

J'ai beaucoup dépensé, mais à la fin tout lasse :
Je n'ai plus de plaisir qu'à compter de l'argent.

FINETTE, à *Géronte*.

Et qu'à le dépenser... comme un homme prudent.

GÉRONTE, à *Cléon*.

Fort bien !

CLÉON.

            Je ne veux plus manger mon bled en herbe.

GÉRONTE.

Vous portez là pourtant un habit bien superbe.

CLÉON.

J'achève de l'user, au lieu de le donner.

GÉRONTE.

Bon!... Quand il sera vieux faites-le retourner ;
Puis il vous durera cinq ou six ans encore.

CLÉON, *lui faisant la révérence.*

Je n'y manquerai pas.

GÉRONTE.

Le faste...

CLÉON.

Je l'abhorre.

GÉRONTE.

Est toujours ruineux.

CLÉON.

Sans doute.

GÉRONTE.

Voyez-moi :
Je porte cet habit depuis dix ans, je croi,
Et je veux le porter encor plus de dix autres.

PASQUIN, *bas, à Cléon.*

Dieu nous en garde !

GÉRONTE.

Quoi !

PASQUIN.

Je lui dis que les nôtres
Sont riches à l'excès, et qu'il faut nous garder
Désormais de ce luxe... Ah! qu'on va brocarder
Sur notre économie !

FINETTE.

Eh! qu'importe qu'on raille !
Accumulez toujours.

GÉRONTE.

C'est bien dit... La canaille,
Quand je passe, m'insulte et me siffle souvent :

J'entre, j'ouvre mon coffre, et puis mon cher argent
Me console... J'en ai de quoi remplir deux pipes...
Outre cet argent-là, mes meubles et mes nippes,
J'ai de revenu clair trois cent bons mille francs,
Et n'en dépense pas trois mille tous les ans :
Aussi mon tas s'accroît, il se renfle.

PASQUIN.

Le nôtre
Ne se renfle pas tant ; mais nous visons au vôtre,
Et nous y parviendrons.

FINETTE, à Géronte.

Dans peu je vous réponds
Que votre cher neveu sera si bien en fonds
Qu'il ne comptera plus.

CLÉON, à Géronte.

Oui, toute mon envie
Est d'atteindre à vos biens.

GÉRONTE.

Que j'ai l'ame ravie
De voir qu'il tienne enfin de son père et de moi !...
Continuez, mon cher : vous irez loin.

PASQUIN.

Ma foi,
C'est très-bien dit.

GÉRONTE.

D'honneur, à la fin je me pique ;
Et je m'en vais vous faire un présent magnifique
Pour vous récompenser de tout ce que j'apprends...
(Il tire de sa poche une petite bourse de cuir.)
Tenez, mon cher neveu, voilà quatre cents francs
Que je vous donne.

CLÉON.

A moi ?

GÉRONTE.

Faites-en bon usage...
Je serai libéral tant que vous serez sage.

CLÉON.

Vos libéralités sont touchantes.

PASQUIN, *bas.*

Prenez.

CLÉON, *donnant la bourse à Pasquin.*

Tiens, Pasquin.

PASQUIN, *bas.*

Grand merci.

GÉRONTE, *à Cléon.*

Comment! vous lui donnez

Mon argent?

PASQUIN.

Oui, monsieur; mais c'est pour sa dépense:
Comme c'est en moi seul qu'il met sa confiance,
Il me charge du soin d'acheter, de payer.

GÉRONTE.

Mais n'es-tu point fripon?... Songe à bien employer
Cette somme... Après tout, elle est considérable.

PASQUIN.

Aussi servira-t-elle à défrayer sa table
Pendant plus d'un grand mois.

GÉRONTE, *à Cléon, en l'embrassant.*

Ah! je suis enchanté!

SCÈNE VI.

LE BARON, GÉRONTE, CLÉON, PASQUIN, FINETTE.

GÉRONTE, *au baron.*

Mon ami, prenez part à ma félicité;
Souffrez qu'entre vos bras mon transport se déploie.

LE BARON.

Bonjour, mon cher Géronte.

PASQUIN, *bas, à Finette.*

Ah! voici rabat-joie:

Avec ses vérités il s'en va tout gâter...
Comment le prévenir?

FINETTE, *bas.*

Je m'en vais le tenter...

(*Bas au baron.*)

Monsieur, un petit mot.

LE BARON.

(*A Géronte,*)

Paix !... Sachons, je vous prie,

D'où naissent vos transports.

GÉRONTE.

Mon ame est attendrie

De voir que mon neveu...

LE BARON.

La mienne l'est aussi ;

Et je compatis fort aux chagrins...

GÉRONTE.

Dieu merci,

Je n'ai plus de sujet d'en avoir.

LE BARON.

Moi, je pense

Que si jamais...

FINETTE, *bas.*

Monsieur, un moment d'audience :

Nous avons...

LE BARON.

(*A Géronte.*)

Ote-toi... Je...

PASQUIN, *tirant le baron dans un coin.*

Deux mots à l'écart.

LE BARON, *fort haut.*

Eh ! plait-il ?

PASQUIN, *bas.*

Écoutez.

LE BARON.

Que me veut ce pendard ?

PASQUIN, *bas.*

Monsieur, c'est que...

LE BARON.

Tais-toi.

PASQUIN, *à part.*

                    Que la peste te crève!...

(*Bas à Cléon.*)
Aidez-nous... Il s'agit d'empêcher qu'il n'achève,
Ou vous êtes perdu.

LE BARON, *à Géronte.*

                    Je suis très-étonné
De vous voir si joyeux.

CLÉON.

                    Il m'a tout pardonné,
Monsieur; laissons cela.

LE BARON, *à Géronte.*

                    Vous êtes bien facile!...
Ah! si vous m'en croyiez...

CLÉON.

                    Vous venez de la ville:
Que dit-on de nouveau?

LE BARON.

                    Ce qu'on dit?... Ah! vraiment,
On parle assez de vous.

GÉRONTE.

                    C'est sur son changement?

CLÉON.

Sans doute.

GÉRONTE.

                    Tout le monde est bien surpris, je pense?

LE BARON.

En doutez-vous? Chacun fronde sur sa dépense.

PASQUIN, *à Géronte.*

Qu'il vient de retrancher... Rien n'est plus étonnant.

LE BARON, *à Cléon.*

Vous l'avez retranchée?

CLÉON.

                    Ah! monsieur maintenant

Je suis bien revenu de mes erreurs passées ;
Et mes dépenses sont tellement compassées,
Je suis si réformé....

LE BARON.

Me prend-on pour un fou,
Quand on me parle ainsi ? Vous, réformé ? Par où ?
Depuis quand ?

CLÉON, *faisant des signes au baron.*

Il suffit que mon oncle le croie ;
Et vous avez grand tort d'interrompre sa joie ;
Enfin il est content, très-content.

LE BARON.

En effet,
Le bonhomme a tout lieu d'être très-satisfait.

GÉRONTE.

Aussi suis-je, et ma joie égale ma surprise.

LE BARON,

Allez, vous radotez ; il faut que je le dise....
(*On entend dans l'intérieur de l'appartement le bruit
  de plusieurs hommes et de plusieurs femmes qui parlent et qui rient.*)
Entendez-vous le bruit que l'on fait là-dedans ?

GÉRONTE.

Oui... Mon neveu chez lui rassemble des savans,
Qui, disputant entre eux...

LE BARON.

Des savans ? La cervelle
Vous tourne assurément.... Vous me la donnez belle
Avec vos savans !

GÉRONTE.

Mais...

LE BARON.

Suivez-moi, vous verrez
Des docteurs avec qui vous vous divertirez,
Et qui font rude guerre à la mélancolie.

CLÉON, *bas, à Géronte.*

Mon oncle, vous voyez jusqu'où va sa folie.

GÉRONTE, *bas.*

Il me fait grand'pitié.

LE BARON, *en riant.*

Parbleu ! vous en tenez
Avec vos savans !... Ah !

GÉRONTE.

Pourquoi me rire au nez ?

PASQUIN, *bas.*

Eh ! ne l'irritez point ; il est dans son délire.

CLÉON, *bas*, *à Géronte.*

Souvent dans ses accès il se pâme de rire.

LE BARON, *riant à gorge déployée.*

Des savans !... Le bon tour que l'on vous joue ici !
Des savans !

GÉRONTE, *à Cléon.*

Sur mon ame, il me fait rire aussi !...
(*Au baron.*)
Oui, baron, des savans !

(*Il rit de tout son cœur.*)

LE BARON ! *riant de plus en plus.*

La scène est excellente !

GÉRONTE, *riant comme lui.*

Par ma foi, notre ami, vous la rendez plaisante !
(*Le baron et Géronte rient en se moquant l'un de
l'autre.*)

PASQUIN, *bas*, *à Cléon.*

Ils vont crever tous deux.

CLÉON, *bas.*

Plût à Dieu !... Mais du moins
Tâche à m'en délivrer.

PASQUIN, *bas.*

J'y vais mettre mes soins.

LE BARON, *à Géronte.*

Oh çà, c'est assez ri... Je vois qu'on vous abuse,
Et que votre neveu vous prend pour une buse...

Pour finir la dispute, entrons. Bientôt, ma foi,
Vous verrez qui radote ou de vous ou de moi.

SCÈNE VII.

LE MARQUIS, *ivre, et entrant en tenant une ser-*
viette à la main; CLÉON, GERONTE, LE BA-
RON, PASQUIN, FINETTE.

LE MARQUIS.

Eh! Cléon!

CLÉON, *à part.*

Le bourreau !

PASQUIN, *bas*, *à Finette.*

Le marquis!... Comment faire ?

LE BARON.

Ah ! c'est monsieur mon fils !

LE MARQUIS.

Eh ! c'est monsieur mon père !..
(*A Cléon.*)

Comment vous portez-vous?... Que fais-tu donc ici
Avec ces bonnes gens ?

CLÉON, *bas.*

Eh ! tu me perds.

LE BARON , *à Géronte.*

Voici
Un des savans...

GÉRONTE, *à part.*

O ciel !

LE BARON.

Que céans on rassemble.

LE MARQUIS.

Nous sommes là-dedans plus de quarante ensemble.

GÉRONTE.

Plus de quarante?

LE MARQUIS, *frappant sur l'épaule de Géronte.*

Oui... Bonjour , vieux roquentin!

Vous me voyez bien rond... Quand on a de bon vin,
On boit à ses amours... Cela grimpe à la tête...
Et le cœur s'attendrit... Mon cher Cléon, ta fête
Te coûtera bon... mais elle te fait honneur.

LE BARON, à Géronte.

Faites la révérence à monsieur le docteur.

GÉRONTE, à Cléon.

Ah! ah! c'est donc ainsi qu'on me berne!

CLÉON, à part.

J'enrage.

LE MARQUIS, à Géronte.

Entrez, vous allez voir un fort joli ménage.

GÉRONTE, à Pasquin.

Eh bien! maître fripon!

PASQUIN, s'esquivant avec Finette.

Très-humble serviteur...
Nous allons prendre aussi le bonnet de docteur.

GÉRONTE.

Quoi! l'on me raille encor!
(Il poursuit Pasquin et Finette qui sortent.)

SCÈNE VIII.

CLÉON, GÉRONTE, LE BARON, LE MARQUIS.

LE MARQUIS, à Géronte, en l'arrêtant.

Respectez le beau sexe,
Et modérez un peu votre pas circonflexe.
Comme vous n'avez plus l'appétit sensitif,
Le sexe à vos fureurs n'est pas un correctif.
Mais moi qui le révère et qui le trouve aimable...
Allons, point de chagrin; venez vous mettre à table
Vous verrez un festin aussi bien entendu...

GÉRONTE.

Si j'en goûte un morceau je veux être pendu.

LE MARQUIS.

Je veux vous enivrer.

GÉRONTE.

Qui, moi?

LE MARQUIS.

                    Vous... et j'espère
Choquer aussi le verre avec monsieur mon père.

SCÈNE IX.

CLÉON, GÉRONTE, LE BARON, LE MAR-
QUIS, BÉLISE, FLORIMON, ARSINOÉ,
CIDALISE, ARAMINTE, LE COMTE, CAR-
TON, *et plusieurs autres convives.*

FLORIMON, *à Cléon.*

Comment donc t'éclipser au milieu d'un repas?

LE COMTE.

Nous venons vous chercher.

GÉRONTE, *à part.*

                    Ah! bon Dieu! quel fracas!

LE BARON.

Le cercle est assez beau.

ARAMINTE, *à Cléon.*

                    J'étais impatiente
De voir où vous étiez.

CIDALISE.

                    Peut-on être contente
Où l'on ne vous voit pas.

ARSINOÉ.

                    On se plaint fort de vous:
Qui peut donc si long-temps vous séparer de nous?

BÉLISE.

Vous nous donnez, Cléon, un festin magnifique;
Et vous nous plantez là!... Ce procédé me pique.

CARTON.

Tu nous fais trop languir : il faut nous mettre au jeu ;
Le temps est précieux.

GÉRONTE.

Courage, mon neveu.
La réforme est complète et très-édifiante.

FLORIMON, *au marquis.*

Quel est cet homme-là ?

LE MARQUIS, *à tous les convives, en prenant la main de*
Géronte.

Messieurs, je vous présente
La fleur de la contrée ; un oncle gracieux,
Prévenant, libéral, et qui fait de son mieux
Pour soutenir Cléon dans sa magnificence.

CIDALISE, *à Géronte.*

Il veut bien recevoir notre humble révérence,

(*Toutes les dames saluent Géronte.*)

LE COMTE, *à Géronte en l'embrassant.*

Monsieur, en vérité, j'avais un grand desir
De faire connaissance avec vous.

FLORIMON, *à Géronte.*

Quel plaisir
De l'embrasser !

CARTON, *à Géronte en l'embrassant aussi.*

Monsieur veut bien me le permettre ?

LE MARQUIS.

Parbleu ! j'aurai mon tour, et j'ose me promettre
Que monsieur sentira, dans cet embrassement,
L'excès de l'amitié...

GÉRONTE, *se débarrassant d'entre ses bras.*

Doucement ! doucement !

LE MARQUIS, *à Cléon.*

Allons, à toi, Cléon ; une tendre accolade.

CLÉON, *à Géronte, en l'embrassant avec transport.*

Mon oncle ! mon cher oncle !...

GÉRONTE, *le repoussant.*

Ah ! j'en serai malade !...

Retire-toi, bourreau !... Tu me fais outrager :
Mais, avant qu'il soit peu, je saurai m'en venger.

CLÉON.

Quoi ! lorsque mes amis s'empressent à vous plaire...

GÉRONTE.

Dissipe, mange, bois ; ce n'est plus mon affaire :
Je t'abandonne.

LE COMTE, *à Géronte.*

Au fond, de quoi vous plaignez-vous ?

GÉRONTE.

De quoi je me plains ?

LE COMTE.

Oui.

GÉRONTE.

J'ai tort d'être en courroux !

LE COMTE.

Vous ménagez pour lui : votre sage vieillesse
Réparera bientôt les fautes de jeunesse.

GÉRONTE.

Bientôt ?

LE MARQUIS.

Assurément... A parler de bon sens,
C'est une honte à vous de vivre si long-temps,
Et d'un pauvre héritier lasser la patience.

LE BARON.

Insolent !... Tout au moins respectez ma présence.

LE MARQUIS.

On cherche à quereller ? je n'aime point le bruit ;
Je m'en retourne à table, et qui m'aime me suit.
(Il rentre dans l'intérieur de l'appartement.)

SCÈNE X.

CLÉON, GÉRONTE, LE BARON, BÉLISE, FLO-
RIMON, ARSINOÉ, CIDALISE, LE COMTE,
ARAMINTE, CARTON, *et plusieurs autres con-
vives.*

CLÉON.

Je suis mortifié, mon oncle...

GÉRONTE.

                         Point d'excuse.
Je n'écoute plus rien... On m'insulte, on m'abuse,
On m'outre... C'en est fait, je ne te connais plus.

CARTON, *à Cléon.*

Puisque pour l'appaiser tes soins sont superflus,
Compte sur des amis de qui la bourse ouverte
Sera prête au besoin à réparer ta perte.

ARAMINTE.

Sans doute.

BÉLISE, *à Cléon.*

         J'en réponds.

ARSINOÉ.

               Je m'en ferais honneur.

CIDALISE.

J'en ferais mon plaisir.

FLORIMON.

               Sois sûr d'un serviteur
Pénétré de tendresse et de reconnaissance.
Va, tu m'éprouveras quelque jour.

LE COMTE, *en montrant Cléon.*

                       Il m'offense
S'il ne regarde pas ce que j'ai comme à lui.

CLÉON, *à Géronte.*

Vous entendez ?

GÉRONTE.

Fort bien !

LE BARON, *à Cléon.*

On vous flatte aujourd'hui,
Et jusques au besoin on vous promet merveilles:
Mais s'il vient, parlez-leur : ils n'auront plus d'oreilles.

CIDALISE, *à tous les convives.*

Messieurs, m'en croirez-vous? Rejoignons le marquis.

ARAMINTE.

Je me rends volontiers à ce prudent avis.
(*Araminte, Bélise, Cidalise, Arsinoé, Florimon, le*
comte, Carton et les autres convives rentrent dans
l'intérieur de l'appartement.)

CLÉON, *a Géronte.*

Mon oncle, sans rancune, et sans cérémonie,
Voulez-vous prendre place avec la compagnie?

GÉRONTE.

Va trouver ta cohue, et me laisse en repos.

CLÉON, *lui faisant la révérence.*

Je me retire donc sans un plus long propos.
(*Il rentre dans l'intérieur de son appartement.*)

SCÈNE XI.

JULIE, *entrant et écoutant d'abord dans le fond;*
GÉRONTE, LE BARON.

GÉRONTE, *au baron.*

ALLONS, passons chez vous. Qu'on appelle un notaire.

LE BARON.

Un notaire?

GÉRONTE.

A l'instant.

LE BARON.

Et que voulez-vous faire?

GÉRONTE.

Je vais déshériter mon indigne neveu.

LE BARON.

Un si cruel dessein n'aura point mon aveu.

JULIE, *à Géronte.*

Ah ! qu'entends-je ? Monsieur, vous sera-t-il possible
D'avoir tant de rigueur ?

GÉRONTE.

               Il est incorrigible :
Je suis inexorable, et je veux le punir.

JULIE.

Je demande sa grace, et je dois l'obtenir.
Excusez les transports de sa folle jeunesse ;
Ayez pitié de moi qui l'aime avec tendresse.

GÉRONTE.

Je sais que vous l'aimez ; mais ce dissipateur
Ne doit point de mes biens devenir possesseur.
Pour vous en assurer la jouissance entière,
Je m'en vais vous nommer mon unique héritière.

JULIE.

Qui ? moi, monsieur ?

GÉRONTE.

              Oui, vous. Je veux que, dès ce soir,
Le sort de mon neveu soit en votre pouvoir.
Dès long-temps je connais votre prudence insigne ;
Vous le rendrez heureux s'il s'en rend moins indigne,
Sinon à son malheur vous l'abandonnerez,
Et du fruit de mes soins seule vous jouirez.
Vous êtes après lui ma plus proche parente ;
De plus, vous êtes sage, économe, prudente :
C'est un double motif pour vous laisser mon bien.

JULIE.

Songez....

GÉRONTE.

        Vous aurez tout : et l'ingrat n'aura rien.

Allons , mon cher Baron , terminer cette affaire ;
Du dessein que j'ai pris rien ne peut me distraire.
J'assure à la vertu sa rétribution ,
Et me venge en faisant une bonne action.

FIN DU TROSIÈME ACTE.

ACTE IV.

SCÈNE Ire.

GÉRONTE, LE BARON , JULIE.

GÉRONTE, *à Julie.*

En vertu de mon seing , et du seing du notaire ,
Vous voilà de mes biens unique légataire.
Que le ciel me punisse et m'abîme à l'instant,
Si dans mes volontés je ne suis pas constant,
Et si du testament je révoque une ligne !

JULIE.

Je sais par quel moyen je dois m'en rendre digne ,
Monsieur; et je vous jure aussi de mon côté...

GÉRONTE.

N'achevez pas. Je veux qu'en pleine liberté
Vous possédiez mes biens , sans que rien vous engage
Envers qui que ce soit au plus petit partage ;
Et que mon neveu même apprenne le premier
Qu'il ne doit plus compter d'être mon héritier.

LE BARON.

Vous avez très-grand tort. S'il n'a plus rien à craindre,
Dans ses égaremens qui pourra le contraindre?
Vous étiez le seul frein qui le retint un peu :
Otez-lui ce frein-là , vous allez voir beau jeu.

JULIE.

Tant mieux pour lui.

LE BARON.

Tant mieux|?

JULIE.

Oui ; car pour moi j'opine.

Que, pour se corriger, il faut qu'il se ruine.
Alors ses faux amis, ses lâches séducteurs
Le laisseront en proie aux remords, aux douleurs;
Il ouvrira les yeux, il connaîtra les hommes;
Et s'étant convaincu que le siècle où nous sommes
N'est que corruption, intérêt, fausseté,
Lui-même il blâmera sa prodigalité.
On redoute l'écueil quand on a fait naufrage ;
Et le malheur d'un fou sert à le rendre sage.

GÉRONTE.

Cette sagesse-là lui coûtera bien cher.

JULIE.

Ses pertes désormais doivent peu vous toucher.
Il est presque abîmé : j'en suis trop avertie ;
Et j'ai de ses débris la meilleure partie,

GÉRONTE.

La meilleure partie?

JULIE.

Oui, sa terre est à moi,
Ses bijoux, son argent : j'ai presque tout.

GÉRONTE.

Ma foi !

J'en suis charmé, ravi.

JULIE.

J'ai bien conduit ma barque,
Et je la conduirai dans le port.

GÉRONTE.

Je remarque

Qu'une femme prudente, et qui se donne au bien,
Vaut cent fois mieux qu'un homme.

LE BARON.

Oui.

GÉRONTE.

Mais par quel moyen

Avez vous pu ?...

JULIE.

Tantôt vous saurez notre histoire ;
Elle vous surprendra... Mais, voulez-vous me croire,
En cachant à Cléon qu'il est déshérité,
Quand vous le reverrez traitez-le avec bonté ;
Et laissez-lui penser qu'un excès de tendresse
Calme votre corroux, excuse sa jeunesse,
Et daigne se prêter à ses égaremens.
Vous donnerez matière à des événemens
Qui précipiteront ses regrets et sa perte,
Et qui rendront bientôt cette maison déserte.

GÉRONTE.

Volontiers.... A mon tour, je m'en vais le berner,
Et c'est un vrai plaisir que je veux me donner.

LE BARON.

Je vous seconderai, quoique peu propre à feindre,
Mais il est des momens où l'on doit se contraindre,
Et je sens comme vous que Julie a raison.

SCÈNE II.

CLÉON, GÉRONTE, JULIE, LE BARON.

CLÉON, *à part, en entrant avec précipitation.*

Je veux voir si mon oncle... Encor dans ma maison
Le baron et Julie !... Ah ! que je vais entendre
De beaux sermons !... Je suis en train de me défendre
Et de leur dire à tous leur fait en quatre mots.

GÉRONTE, *d'un ton doux.*

Approchez, mon neveu.

CLÉON, *d'un ton fier.*

Point d'ennuyeux propos ;
J'ai du sens, de l'esprit, et je sais me conduire.

GÉRONTE.

Sans doute.

CLÉON.

          A me gêner rien ne peut me réduire,
J'aime ma liberté plus que mon intérêt ;
Et mon unique loi c'est tout ce qui me plaît.

LE BARON.

Ah ! c'est parler cela !

JULIE.

          Qui songe à vous contraindre ?

CLÉON.

Qui ? Vous trois ; et j'étais assez sot pour vous craindre.
Sous le poids de mes fers mon cœur a trop gémi ;
Mais contre ma faiblesse on m'a bien affermi.

GÉRONTE.

Vertubleu ! mon neveu, comme vous êtes brave !

CLÉON.

Oui, je lève le masque et cesse d'être esclave.

LE BARON, à Géronte.

Il prend le mors aux dents.

CLÉON.

                    Vous aurez beau pester :
Je veux voir mes amis, jour et nuit les traiter,
Inventer cent moyens d'augmenter ma dépense,
Et me rendre fameux par ma magnificence,
Rien ne me coûtera pour me mettre en crédit,
Dussent tous les censeurs en crever de dépit !...
Vous m'entendez, messieurs ?

GÉRONTE.

                    Ah ! fort bien !

LE BARON.

                              Il s'explique

En termes éloquens ; et...

CLÉON.

                    Plus de politique,
C'est un art dont jamais je ne me piquerai.

(*A Géronte.*)
J'en ai fait avec vous un malheureux essai ;
Pour y bien réussir j'ai le cœur trop sincère.

(*Regardant Julie.*)
Il faut être né faux pour aimer le mystère,
Pour aller à ses fins sous un masque trompeur ;
La finesse est toujours l'effet d'un mauvais cœur.
Vous m'entendez, madame ?

JULIE, *en souriant.*

Oui, j'entends à merveille.

GÉRONTE.

Je vois bien, mon neveu, que le vin vous éveille.

CLÉON.

Je serais un grand fou de me régler sur vous.

GÉRONTE.

J'en demeure d'accord.

CLÉON.

Car, mon oncle, entre nous,
Est-il quelque défaut plus bas que l'avarice ?
Il suffit de paraître entiché de ce vice
Pour être regardé comme un homme sans cœur.
A quoi servent les biens que pour s'en faire honneur ?
Le faste nous tient lieu d'une haute noblesse ;
Les plus fiers, les plus grands adorent la richesse ;
Quiconque en fait usage avec eux va de pair ;
Et, pour paraître grand, il faut prendre un grand air.
Ainsi, loin de blâmer mon humeur libérale,
Mon oncle, savourez ma prudente morale ;
Et, sans me fatiguer d'inutiles raisons,
Prenez-moi pour modèle, et suivez mes leçons.

GÉRONTE, *en riant.*

Il n'est pas fort aisé de les suivre à mon âge.

CLÉON.

On n'est jamais trop vieux pour devenir plus sage.

GÉRONTE, *au baron.*

Il parle comme un livre, et raisonne si bien
Que j'ai honte d'avoir amassé tant de bien.

CLÉON.

C'est un pesant fardeau dont je veux vous défaire.

GÉRONTE.

Non ; je vous en dispense, et j'en fait mon affaire,
Puisqu'à se ruiner on se fait tant d'honneur,
Corbleu ! j'y vais aussi travailler de bon cœur.

CLÉON.

Ah! vous me plaisantez.

GÉRONTE.

            Non , mon cher , je vous jure.
En vous croyant un fou je vous faisais injure,
Et c'est moi qui l'étais.

LE BARON.

            Il faut en convenir;
Et de mes préjugés il me fait revenir.

CLÉON.

Parlez-vous tout de bon , ou si c'est raillerie ?

LE BARON.

Tout de bon.

GÉRONTE, *à Cléon.*

            Agissez sans façon , je vous prie.
De tout votre fracas bien loin d'être alarmé ,
Plus vous prodiguerez, plus je serai charmé.
Vous ne pouvez jamais épuiser la fortune...
Embrassez-moi, mon cher, et vivons sans rancune...
Adieu , mon doux neveu ; tenez-vous en gaîté ;
Coupez, taillez, rognez en pleine liberté :
Comptez toujours sur moi comme vous devez faire,
Et que votre plaisir soit votre unique affaire.

CLÉON.

Quoi ! sérieusement vous n'êtes point fâché ?

GÉRONTE.

Plus du tout ; vos discours m'ont vivement touché.
Je vois votre sagesse et mon extravagance ,
Et veux vous surpasser par la magnificence.
J'étais un idiot, un buffle , un animal ;

Dès demain je régale, et je donne le bal.

LE BARON, *à Cléon.*

Et j'y danserai.

JULIE, *à Cléon.*

Moi, j'en veux être la reine.

GÉRONTE.

C'est comme je l'entends... Ma présence le gêne,
Laissons-le à ses amis... Touchez-là, mon neveu ;
Et, sans cérémonie, allez vous mettre au jeu :
La compagnie attend. Jouissez de la vie,
Et bravez comme moi la censure et l'envie.

(*Il sort avec le baron.*)

SCÈNE III.

CLÉON, JULIE.

CLÉON.

Par un ton si nouveau je suis déconcerté.

JULIE.

Eh quoi! vous fâchez-vous de votre liberté ?

CLÉON.

Cette liberté-là me paraît bien suspecte.

JULIE.

Vous voyez qu'à la fin votre oncle vous respecte.

CLÉON.

Êtes-vous de concert pour vous moquer de moi ?

JULIE.

Non, Cléon, je vous parle ici de bonne foi :
Votre oncle vous blâmait, il reconnaît sa faute ;
Vous aviez un tyran, et c'est moi qui vous l'ôte.
J'ai corrigé son ton. Sans aigreur, sans courroux,
Votre oncle va vous voir vous livrer à vos goûts :
Je l'en ai tant prié qu'à la fin il m'a crue.
Moi-même, qui sur vous voulais être absolue,
Je suivrai son exemple ; et mon cœur désormais
Veut se montrer par là sensible à vos bienfaits.
Je vous ai rebuté par mon humeur austère ;

Quand vous vous en vengez c'est à moi de me taire :
De votre volonté je me fais une loi,
Et vous ne recevrez nul reproche de moi.

          CLÉON, *embarrassé.*

Cet excès de bonté...

          JULIE.

          L'inconstance est permise
Lorsqu'elle est bien fondée. Après tout, Cidalise
Vous convient mieux que moi, je le dois avouer ;
Et d'un choix si prudent chacun va vous louer.

          CLÉON.

Vous êtes bien piquée, et de mon inconstance...

          JULIE.

Je la vois, je vous jure, avec indifférence.

          CLÉON.

Mais au fond vous m'aimiez ?

          JULIE.

          Eh ! mais oui ; je le crol.

          CLÉON.

Et vous aviez de même un ascendant sur moi,
Que je vaincrai bientôt.

          JULIE, *en soupirant.*

          Vous aimez Cidalise ?

          CLÉON.

Ma résolution n'était pas trop bien prise...
Mais vous la confirmez, et cela me suffit :
Au défaut de l'amour je suivrai le dépit.

          JULIE.

Et l'amour le suivra ?

          CLÉON.

          C'est ce que je souhaite.

          JULIE.

Je le souhaite aussi.

          CLÉON.

          Vous serez satisfaite.

SCÈNE IV.

CIDALISE, CLÉON , JULIE.

CIDALISE.

On vous attend, Cléon : que faites-vous ici ?
Un raccommodement ?

JULIE.

Noe... puisque vous voici ,
Je dois me retirer et vous céder la place.

CIDALISE.

On ne peut mieux agir, ni de meilleure grace.

JULIE.

Vous voyez : je suis bonne.

CIDALISE.

Eh! pas trop... Entre nous,
Est-ce ma faute à moi si je plais mieux que vous ?

JULIE.

Ah! mon Dieu ! point du tout: je sais que c'est la mienne.
Je n'ai qu'un cœur fidèle , et rien qui le soutienne.
Pour vous , dont les attraits ont un si grand éclat ,
Vous n'avez pas besoin d'un cœur si délicat.

CIDALISE.

Si l'on nous veut ici comparer l'une à l'autre ,
Sans nulle vanité mon cœur vaut bien le vôtre ,
Il ne balance pas , il suit ce qui lui plaît ;
Mais il aime du moins sans aucun intérêt.

CLÉON , *en se mettant entre elles.*

Eh ! mesdames , cessez...

JULIE, *a Cidalise.*

Je ne suis point blessée
Que vous me soupçonniez d'une ame intéressée ;
Mes actions un jour sauront ouvrir les yeux
A qui me connaît mal , et vous connaîtra mieux.

CIDALISE.

Plus on me connaîtra , plus j'aurai l'avantage

De l'emporter sur vous, qui vous croyez si sage.
Si les dons de Cléon....

CLÉON.

Madame, croyez-moi,
Ne poussez pas plus loin ce discours.

CIDALISE.

Mais je croi
Que je puis lui répondre?

CLÉON.

Oui; mais je vous supplie
De marquer moins d'aigreur et d'épargner Julie.

CIDALISE.

Comment! vous exigez?...

CLÉON.

Moi? je n'exige rien....
Je voudrais seulement rompre cet entretien.

CIDALISE.

Je puis comme elle ici dire ce que je pense.

JULIE.

Oui; vous y pouvez tout, grace à son inconstance.
Votre triomphe est beau; chacun vous l'envira;
Mais vous n'en jouirez qu'autant qu'il me plaira.

(*Elle rentre dans l'intérieur de l'appartement.*)

SCÈNE V.

CLÉON, CIDALISE.

CIDALISE.

Qu'autant qu'il lui plaira? Je la trouve plaisante.
On ne saurait tenir à sa gloire insolente,
Et je vais la rejoindre.

CLÉON.

Ah! de grace, arrêtez.

CIDALISE.

Quoi donc! je souffrirai toutes ses duretés?

CLÉON.

Daignez me témoigner un peu de complaisance ,
Et ne lui faites pas la plus légère offense.

CIDALISE.

La prière sans doute a de quoi me flatter...
Si bien que pour vous plaire il faut la respecter ?

CLÉON.

Je ne m'en cache point , quoique je vous adore ,
Je sens bien que mon cœur la révère et l'honore.
N'en soyez point jalouse ; et l'amour qui nous joint...

SCÈNE VI.

CARTON, CLÉON, CIDALISE.

CARTON, *à Cléon*.

Toujours des pour parlers ? Nous ne joûrons donc point ?
La table est entourée , et Julie a pris place.

CLÉON.

Julie ?

CARTON.

Elle t'attend.

CIDALISE , *à Cléon*.

A-t-elle encor l'audace
De venir me braver ?... Mais...

CLÉON.

On l'en punira ;
Et de tous ses mépris le jeu nous vengera.

CIDALISE.

Oui , vengeons-nous ainsi de qui nous importune ,
Et , guidés par l'amour, courons à la fortune.
(*Elle lui donne la main , et elle passe avec lui et
    Carton dans l'intérieur de l'appartement.*)

FIN DU QUATRIÈME ACTE.

ACTE V.

SCÈNE Iʳᵉ.

FINETTE, *seul.*

O ciel ! vit-on jamais un revers plus funeste ?
Pauvre Cléon, tu viens de jouer de ton reste ;
Te voilà ruiné sans ressource ! .. Le sort
Paraît avec l'amour être aujourd'hui d'accord
Pour punir l'inconstance, et pour venger Julie.

SCÈNE II.

LE BARON, FINETTE.

LE BARON.

Eh bien ! a-t-on fini cette grande partie ?
Ma fille en était-elle ?

FINETTE.

Oui, monsieur, sûrement.

LE BARON.

A-t-elle eu du bonheur ?

FINETTE.

Épouvantablement.

LE BARON.

L'expression est neuve.

FINETTE.

Et conforme à l'histoire.
Je l'ai vue arriver et j'ai peine à la croire :
Quand vous en douteriez vous m'étonneriez peu.
Ma maîtresse attendait que l'on se mît au jeu ;
En entrant Cidalise et Cléon l'ont brusquée :
Et par cent traits malins l'ont vivement piquée.
Plus elle était tranquille et plus on la raillait ;
Mais sans rien répliquer, comme Cléon taillait,

Elle s'en est vengée en tentant la fortune.
L'inconstant, qui trouvait sa présence importune,
Et voulait s'en défaire en la poussant à bout,
L'excitait à risquer, offrant de tenir tout.
« Eh bien ! a dit Madame, il faut vous satisfaire :
» Ruinez-moi, monsieur, si cela peut vous plaire :
« Je mets mille louis sur ces trois cartes-là. »
Elle gagne d'abord. Très-piqué de cela,
Cléon pour réparer une perte si dure,
Lui fait autre défi : toujours même aventure.
Jusqu'au trente et le va leur fureur les conduit :
Plus Cléon risque et tient, plus le malheur le suit.
D'un sang-froid merveilleux ma prudente maîtresse
Pour le mettre au néant épuise son adresse :
Enfin, elle a gagné tout ce qu'elle a risqué,
Et jusqu'à quatre fois elle l'a débanqué.

LE BARON.

La fortune aujourd'hui paraît bien équitable.

FINETTE.

Cléon jure, il fulmine, il renverse la table ;
Et jetant sur Julie un regard furieux :
« Barbare, lui dit-il, ôtez-vous de mes yeux! »
Elle, sans s'émouvoir, fait emporter sa proie,
Et la suit sans marquer ni tristesse ni joie.
A peine sommes-nous dans votre appartement
Que l'on vient la prier avec empressement
De la part de Cléon d'excuser sa furie,
Et de rentrer chez lui. Ma maîtresse, attendrie,
Ne sait quel parti prendre, et balance long-temps.
Un messager pressant vient d'instans en instans.
Elle rejoint Cléon, lui parle, le console :
« Madame, lui dit-il, je vous donne parole
« Que quand sur moi le sort épuiserait ses coups,
« J'expirerais plutôt que de m'en prendre à vous :
« Mon respect en répond, l'honneur me le commande ;
« Mais je veux ma revanche, et je vous la demande. »

LE BARON.

Ciel !

FINETTE.

Pour s'expédier, il lui propose un jeu,
Dont l'inventeur, je crois, mériterait le feu.

LE BARON.

De quel jeu parles-tu ?

FINETTE.

       C'est au trente et quarante
Que Cléon a trouvé la fortune constante
A le faire périr. Argent, billets, contrats,
Meubles, carrosse, hôtel, tout a passé le pas,
Devant trente témoins consternés de sa perte,
Et tous prêts à laisser cette maison déserte,
Où pour plumer leur dupe ils n'ont plus nul moyen :
Car tout est à madame, et Cléon n'a plus rien.

SCÈNE III.

JULIE, LE BARON, FINETTE.

LE BARON, *à Julie.*

Ce que j'apprends ici me paraît incroyable :
Y dois-je ajouter foi ?

JULIE.

      Rien n'est plus véritable,
J'ai ruiné Cléon. Ma rivale en fureur
Est encore plus que lui sensible à son malheur :
Elle pleure, elle crie, elle se désespère.
Moi, pour ne point aigrir leur haine et leur colère,
Je viens de les laisser en proie à leurs transports.
Toute la compagnie a fait de vains efforts
Pour adoucir l'excès de leur douleur profonde,
Ils n'écoutent plus rien, et brusquent tout le monde.
Enfin, graces au ciel, mon triomphe est parfait.
Il faut voir maintenant quel en sera l'effet :
Si tous ces grands amis, qu'attirait la fortune,
Voudront avec Cléon faire bourse commune,
Comme ils l'en ont flatté quand il était heureux,
Et si j'ai, de tout temps, bien ou mal jugé d'eux.

Cidalise surtout est ce qui m'intéresse ;
Elle peut à présent lui prouver sa tendresse.
Le bonheur nous expose à des dehors trompeurs ;
Mais c'est dans le malheur qu'on éprouve les cœurs.

LE BARON.

Cléon devrait mourir de douleur et de honte...
Je sors pour informer le bonhomme Géronte
De cet évènement, et je reviens ici
Pour voir quelle sera la fin de tout ceci.

SCÈNE IV.

JULIE, FINETTE.

FINETTE.

Comment prétendez-vous user de la victoire ?

JULIE.

Je n'en sais rien encor.

FINETTE.

Ma foi ! j'ai peine à croire
Qu'il reste à votre amant d'autres amis que vous.

JULIE.

Et c'est ce qui rendra mon triomphe plus doux.

FINETTE.

Plus doux ? Vous me semblez bien âpre à la vengeance !
Voulez-vous de Cléon augmenter la souffrance ?
Il vous doit tout au moins faire compassion,
Et vous ne me marquez aucune émotion.

JULIE.

Le temps amène tout.

FINETTE.

Tout franc, je vous admire.
Se peut-il que sur vous vous ayez tant d'empire ?
Pouvez-vous d'un amant savourer le malheur ?

JULIE.

Je veux voir quel effet il fera sur son cœur.
Son sort va désormais dépendre de lui-même :

S'il est digne de moi, tu verras si je l'aime.

FINETTE.

Il est assez puni, madame, en vérité.

JULIE, *en souriant.*

Il ne sait pas encor s'il est déshérité;
Et, pour l'éprouver mieux, je prétends qu'il l'apprenne.

FINETTE.

De votre bouche ?

JULIE.

Non, Finette, de la tienne.
Saisis l'occasion de l'informer du fait,
Et devant Cidalise. On verra par l'effet
Que, loin qu'à son égard je sois dure, insensible,
J'use pour le guérir d'un secret infaillible.

FINETTE.

Je commence, madame, à penser comme vous.
Employer pour cela des remèdes trop doux,
Ce serait tout gâter. Il faut, d'une main sûre,
Tailler, couper, percer, pour achever la cure.
Je vais armer mon cœur d'un peu de dureté,
Et tâcher d'opérer avec dextérité.
Pour éloigner d'ici la troupe qui nous lasse,
Je veux à votre amant donner le coup de grace.
Laissez-moi faire : il vient.

SCÈNE V.

CLÉON, JULIE, FINETTE.

CLÉON, *d'un air furieux, parlant à quelqu'un dans la coulisse.*

Non, ne me suivez pas :
Je veux lui parler seul.

FINETTE, *bas, à Julie.*

Fuyez, doublez le pas ;
Il est hors de lui-même..

CLÉON, *à Julie, qui voulait l'éviter.*

Un moment d'audience.

Eh quoi ! d'un malheureux vous fuyez la présence ?
Barbare ! ingrate !... Eh bien ! me voilà ruiné.
De votre propre main je suis assassiné.
Vous triomphez !

JULIE.

Le sort...

CLÉON.

                        Vous triomphez, ingrate !
Oui, malgré vous, je sens que ma fureur vous flatte.
Ce qui me désespère est un charme pour vous !
J'écoute mon respect : il retient mon courroux ;
Mais je veux une fois vous dire ma pensée :
Vous n'avez jamais eu qu'une autre intéressée !
Vous n'aimiez point Cléon ; vous adoriez son bien :
Son malheur vous l'assure, et Cléon n'est plus rien !
J'irais à mes amis demander un asile,
En vous laissant chez moi triomphante et tranquille :
Tandis que mes malheurs combleront vos souhaits,
Je ferai mon bonheur de ne vous voir jamais !
Dans mon désastre affreux, c'est ce qui me console,
Et j'espère...

(Julie fait à Cléonte une profonde révérence et sort.)

SCÈNE VI.

CLÉON, FINETTE.

CLÉON.

ELLE sort... Sans dire une parole !
Voilà son dernier coup, l'outrage et le mépris !

FINETTE.

Ne vous emportez point, et calmez vos esprits,

CLÉON.

Moi, je me calmerais, lorsque sa barbarie,
Son sang-froid insultant rallument ma furie ?

SCÈNE VII.

CLÉON, CIDALISE, FINETTE.

CLÉON, *à Cidalise.*

Ah ! madame, venez soulager ma douleur,
Et rendez-vous enfin maîtresse de mon cœur !
Il brûle d'être à vous ; achevez votre ouvrage.
Ne lui permettez plus un indigne partage ;
Sauvez-le de lui-même ; il s'offre à vos attraits.
Et se livre en vos mains pour n'en sortir jamais.

CIDALISE.

Quoi ! vous doutiez encor que j'en fusse maîtresse !
Sentez-vous pour Julie un retour de tendresse ?
Elle l'a mérité.

CLÉON.

Je vais la détester...
Désormais tout à vous, j'ose vous protester...
(*Voyant que Cidalise a un air contraint.*)
Vous ne m'écoutez point ?

CIDALISE, *montrant Finette.*

Non, car on nous épie.

FINETTE.

Moi ?... Tout ce que je vois me fait haïr Julie ;
Et, pour vous mieux prouver à quel point je la hais,
Je vais vous découvrir les beaux tours qu'elle a faits...
Mais, je n'ose.

CIDALISE.

Pourquoi ?

FINETTE.

Si je vous le révèle
Je m'en vais vous causer une douleur mortelle :
Vous aimez trop Cléon, vous devez trop l'aimer
Pour soutenir ce choc.

CIDALISE.

Achève,... il faut s'armer

De courage... Quel coup va l'accabler encore ?

FINETTE.

Il peut le supporter parce qu'il vous adore ,
Et qu'il retrouve en vous le généreux appui
D'un bon cœur déjà prêt à s'immoler pour lui.
Que ferait-il sans vous ? son oncle l'abandonne.

CLÉON, *à Cidalise.*

Ah ! ne le croyez pas ; je sais qu'il me pardonne.

FINETTE.

Non , il vous a trompé pour se venger de vous ;
Et ses feintes douceurs vous cachaient son courroux.

CLÉON.

Quoi donc ?

FINETTE.

          Le méchant oncle !... Ah ! quelle ame traîtresse !
Quel fourbe ! il assassine au moment qu'il caresse !
Oui , monsieur , dans l'instant que cet oncle malin
Vous disait cent douceurs d'un air tendre et benin ,
Il venait de signer votre ruine entière ,
En vous déshéritant d'une indigne manière ;
Car il vous ôte tout , et même a fait serment
De ne jamais changer un mot au testament.
Votre disgrace est pleine , infaillible , authentique ;
Et Julie est , monsieur , sa légataire unique.

CLÉON.

Julie !... A-t-elle pu pousser l'indignité ?...

FINETTE.

Rien ne peut échapper à son avidité.
Et votre terre aussi que vous avez vendue...

CIDALISE.

Il a vendu sa terre ?

FINETTE.

          Et même il l'a perdue...
Je veux dire le prix qu'il en avait touché.
   (*A Cléon.*)
Mais , si vous saviez tout , que vous seriez fâché ,

Monsieur, et que pour vous l'aventure est piquante!
Ma maîtresse....

CLÉON.

Poursuis.

FINETTE.

Sous le nom de Dorante...

CLÉON.

Eh bien?

FINETTE.

A fait sous main cette acquisition.
Votre terre est, monsieur, en sa possession.

CLÉON.

La perfide! au moment qu'elle m'en fait reproche,
Et que, pour l'apaiser...

FINETTE.

Ah! c'est un cœur de roche :
Elle convoite tout, et sait tout obtenir.
Elle a vos biens présens et vos biens à venir.
C'est son bonheur outré qui vous rend misérable,
Et qui vient d'accomplir votre sort déplorable.
Adieu... J'ai trop de peine à retenir mes pleurs,
Et madame aura soin d'adoucir vos malheurs.

SCÈNE VIII.

CLÉON, CIDALISE.

CLÉON.

Eh bien! vous le voyez, ma disgrace est complète.

CIDALISE.

Oh! rien n'y manque!

CLÉON.

Allons ; il faut faire retraite.
Quittons une maison où tout m'est odieux,
Où tout exciterait mes transports furieux...
Juste Ciel! Ah! sans vous que je serais à plaindre,

Madame!... A mon malheur rien ne saurait atteindre ;
Mais puisque vous m'aimez, mon sort me paraît doux ,
Et mon cœur est flatté de n'espérer qu'en vous ,
D'avoir en vos bontés un glorieux asile ,
Et de pouvoir compter...

CIDALISE.

Il serait inutile
De vous tromper, Cléon. Je plains votre malheur ;
Mais je ne suis pas libre , et dépend d'un tuteur
Qui , dès qu'il apprendrait vos disgraces diverses ,
Vous ferait essuyer les plus rudes traverses.
Nous attendrons la mort de ce tuteur fâcheux ,
Et peut-être qu'alors...

CLÉON.

Le trait est généreux !
Il m'ouvre votre cœur , et je sens ma folie
De l'avoir cru plus sûr que celui de Julie...
Je ne vois que des cœurs doubles , intéressés ,
Perfides , séducteurs...

CIDALISE.

Ah ! Cléon , finissez...
Le malheur vous aigrit , la hauteur m'importune ;
Et l'on doit prendre un ton conforme à sa fortune.

SCÈNE IX.

LE MARQUIS , CLÉON , CIDALISE.

LE MARQUIS.

Bonsoir, Cléon : j'accours pour te féliciter.
Ton oncle vient , dit-on, de te déshériter.
L'oncle , le jeu , l'amour , la table , les largesses ,
Te sauvent pour jamais l'embarras des richesses.
Comme un sage de Grèce , en méprisant le bien ,
Te voilà vraiment libre et vis-à-vis de rien.
Parbleu ! j'en suis ravi !... Même sort nous rassemble,
Mon cher , et nous allons philosopher ensemble.

CLÉON , *d'un ton de colère.*

Viens-tu pour m'insulter ?

LE MARQUIS.

　　　　　　　　　Non , Cléon , sur ma foi !
Un revers t'a rendu tout aussi gueux que moi...
Mais ne t'afflige point , mon ami , je t'en prie,
Et je vais t'enseigner à vivre d'industrie.
Tu vous prêtais ? Ton tour est venu d'emprunter :
Pour y bien réussir tu n'as qu'à m'imiter.

CLÉON.

Les hommes tels que moi tombent dans la misère,
Mais ne dégradent point leur noble caractère.
J'ai des amis encor que je puis implorer ,
Et ce sera toujours sans me déshonorer...
C'est à quoi je me fixe ; ou , si tout m'abandonne ,
La mort est ma ressource et n'a rien qui m'étonne.

LE MARQUIS.

Tu te piques de gloire au comble du malheur ?

CLÉON.

Est-ce être glorieux que d'avoir de l'honneur ?

LE MARQUIS.

De l'honneur ? On n'en a qu'autant qu'on fait figure.
Ah ! je vois ce que c'est : Madame te rassure ;
Tu crois...

CLÉON.

　　　　　　Non ; mon malheur a produit son effet ,
Et me rend à ses yeux un méprisable objet.
J'attendais de sa part une main secourable ;
Mais son cœur , effrayé du sort d'un misérable,
Oppose à mon espoir l'obstacle d'un tuteur
Qui ne souffrirait pas qu'elle fît mon bonheur.

LE MARQUIS.

Qui ? lui , te traverser ?... Pitoyable défaite !
C'est un vieux idiot , un homme qui végète,
Qui ne sait ce que c'est que de rien refuser,
Et dont comme il lui plaît elle peut disposer,

CLÉON , *à Cidalise.*

Voilà donc ce tuteur pour moi si redoutable ?

CIDALISE.

Écoutez-vous un fou ?

LE MARQUIS.

                    C'est un fou raisonnable ,
Du moins par intervalle... Ah ! je vous connais bien...
Vous le croyez perdu , parce qu'il n'a plus rien ;
Mais j'ai trente moyens pour le tirer d'affaire.

CIDALISE.

Il n'a qu'à se former sur votre caractère ,
Il ne saurait manquer.

LE MARQUIS.

                    Rien ne lui manquera
Lorsque de vos liens il se délivrera ;
Et les avis d'un fou pourraient le rendre sage.

CIDALISE.

Eh bien ! pour son repos je romps son esclavage,
Et je lui rends un cœur qu'il m'offrit à regret.

CLÉON.

Vous ne l'eûtes jamais ! et toujours en secret
Il a penché pour celle à qui votre artifice
Avait su m'enlever sans l'en rendre complice.
Le ciel m'en est témoin ; ce ciel qui me punit
D'avoir cru les flatteurs et suivi mon dépit.
Vous m'aviez aveuglé ; vous me rendez la vue ,
Et tout mon malheur vient de vous avoir connue.

CIDALISE.

J'aime ce ton tragique ; il vous sied à ravir !
Dans vos besoins urgens , il pourra vous servir.
Il ne vous reste plus que l'art de la parole,
Et je vous laisse en paix méditer votre rôle.

                              (*Elle sort.*)

SCÈNE X.

CLÉON , LE MARQUIS.

LE MARQUIS.

CETTE scène m'a plu, t'a dévoilé son cœur ;

Et je vais sur-le-champ en informer ma sœur.

CLÉON, *le retenant.*

C'est un soin superflu, je l'ai trop offensée.

LE MARQUIS.

Les femmes ont toujours quelque arrière-pensée :
Et je veux pénétrer si ma sœur en effet
N'a point encor pour toi quelque retour secret.

(Il sort.)

CLÉON, *seul.*

Son cœur intéressé ne m'en croira plus digne.

SCÈNE XI.

CLÉON, BÉLISE, ARSINOÉ, ARAMINTE,
CARTON, FLORIMON, *et plusieurs autres
convives.*

ARSINOÉ, *à Bélise en montrant Cléon.*

A son mauvais destin il faut qu'il se résigne :
Il ne peut faire mieux.

BÉLISE.

Mais quoi ! déshérité,
Après qu'il s'est perdu ? C'est trop en vérité.

ARAMINTE.

Ah ! mon pauvre Cléon, que venons-nous d'apprendre ?
J'en ai presque pleuré.

BÉLISE.

Je n'ai pu m'en défendre ;
Et votre sort me fait vraiment compassion.

CLÉON, *attendri.*

Je n'attendais pas moins de votre affection.

CARTON, *à Cléon.*

La fortune sur toi semble épuiser sa rage :
Le remède à cela c'est d'avoir bon courage.

FLORIMON.

En effet, mon enfant, pour soutenir ce choc,

Il faut s'armer de fer, avec un cœur de roc...
Où donc est Cidalise?

CLÉON.

Elle est déjà partie.

ARSINOÉ.

Quand on est en malheur on quitte la partie.

BÉLISE.

C'est jouer bassement.

ARAMINTE.

Il le faut avouer,
Un pareil procédé n'est pas fort à louer.

ARSINOÉ.

Pour moi je la croyais tendre et compatissante ;
Mais je me trompais bien. Je serai plus constante.

(A Cléon.)

Je plains votre malheur, sans cesse le plaindrai,
Et de mes vœux ardens je vous seconderai ;
N'en doutez point... Je sens que votre sort me tue,
Et je ne saurais plus soutenir votre vue.

(Elle sort.)

BÉLISE.

J'ai pour vous à coup sûr les mêmes sentimens,
Et vos peines pour moi deviennent des tourmens.
D'un cœur trop généreux vous êtes la victime :
Mais vous aurez toujours ma plus parfaite estime.
Adieu... Consolez-vous.

(Elle sort.)

CARTON.

Oui, oui, console-toi ;
C'est le meilleur parti.

ARAMINTE.

Comptez toujours sur moi.

(Elle donne la main à Carton, et sort précipitam-
     ment avec lui ; elle est suivie des autres convives,
     excepté Florimon.)

SCÈNE XII.

CLÉON, FLORIMON.

CLÉON.

Comment ! dans mon malheur voilà donc ma ressource ?
On me fait compliment, et puis on prend sa course.
Ah ! mon cher Florimon, n'es-tu pas consterné
De ce que tu vois ?

FLORIMON.

   Non... Chacun est prosterné
Devant les gens heureux. Sont-ils dans la misère ?
On les plaint tout au plus ; et l'on croit beaucoup faire.

CLÉON.

Ce sont là les amis qu'on espère trouver ?
Tu m'as dit qu'au besoin je pourrais t'éprouver...

FLORIMON, *brusquement.*

Tu m'éprouves aussi... Je m'en vais.

      (*Il sort.*)

CLÉON, *seul.*

     Ah ! le traître !
Avec quelle imprudence il ose méconnaître
Un ami toujours prêt à l'aider... Quelle horreur !
Sont-ils donc tous d'accord pour me percer le cœur ?

SCÈNE XIII.

LE COMTE, CLÉON.

CLÉON, *allant au-devant du comte.*

Cher ami, savez-vous jusqu'où va ma disgrace ?
Déjà de mon malheur tout le monde se lasse :
Je n'ai plus d'amis.

LE COMTE, *en souriant.*

    Quoi ! pensiez-vous en avoir ?

CLÉON.

Ah, que je m'abusais !... J'en suis au désespoir !

LE COMTE.

Modérez, croyez-moi, cette douleur profonde :
Ce qui se passe ici n'est que le train du monde.
Vous vous êtes trompé jusqu'à ce triste jour,
En vous imaginant qu'on vous faisait la cour :
Ce n'était point à vous, c'était à vos richesses ;
On voulait partager vos plaisirs, vos largesses ;
On trouvait tout chez vous ; on n'y trouve plus rien ;
Et l'on perd ses amis en perdant tout son bien.
Le monde est fait ainsi, j'en ai l'expérience :
Suivez donc le torrent, et prenez patience.

CLÉON.

Étiez-vous donc aussi de ces amis trompeurs ?

LE COMTE.

Moi ? j'étais, comme un autre, au rang de vos flatteurs ;
Mais vous n'en aurez plus. Grace à votre misère,
Chacun à votre égard va devenir sincère.

CLÉON.

Eh quoi ! m'attendiez-vous à cette extrémité
Pour m'oser librement dire la vérité ?

LE COMTE.

On ne se fait aimer que par les complaisances...
Mais ne vous plaignez plus des fausses apparences.
Si ce qu'on dit est vrai, je ne suis pas un sot...
On m'a berné pourtant comme un franc idiot...
Les plus fins sont trompés ; et cette indigne veuve,
Qui vous a tout ravi, m'en fait faire l'épreuve.

CLÉON.

Comment ?

LE COMTE.

Je l'adorais. Sur un espoir flatteur
J'ai tâché, par vos dons, de m'acquérir son cœur :
Je les sollicitais de concert avec elle ;
Mais ils ne m'ont acquis qu'une haine mortelle ;
Et l'indignation, les rebuts, les mépris,
Des efforts que j'ai faits viennent d'être le prix.
Je vous en fais l'aveu, pour vous faire connaître

Que le cœur le plus faux, le plus dur, le plus traître,
Le plus intéressé que le ciel ait formé,
Est celui de l'objet dont vous étiez charmé.
L'ardeur de s'enrichir est tout ce qui l'occupe,
Et j'ai la rage au cœur de me trouver sa dupe.
Êtes-vous donc surpris si vous l'avez été,
Comme de vos amis? Tout n'est que fausseté :
Qui croit s'en garantir grossièrement s'abuse ;
Elle règne partout, et voilà mon excuse...
Adieu.

CLÉON, seul.

Je ne dis rien, car je suis confondu.

SCÈNE XIV.

CLÉON, PASQUIN, *entrant d'un air affligé.*

CLÉON.

Que viens-tu m'annoncer?

PASQUIN.

Que vous êtes perdu...
Ce fripon d'intendant, pour consommer l'ouvrage,
Avec tous vos effets vient de plier bagage,
Et n'a laissé chez lui que ce billet ouvert.

CLÉON, *prenant le billet.*

(*A part.*)
Donne... Pour me trahir tout paraît de concert...
(*Ouvrant le billet, et le parcourant des
yeux.*)
Lisons... C'est à Gripon que ce billet s'adresse;
Il est daté de Brest, et ceci m'intéresse...
Peut-être est-ce à mes maux un doux soulagement :
Ah! qu'il vient à propos en ce fatal moment!
(*Il lit.*)
« Voici pour votre maître une triste nouvelle:
« Le vaisseau qui pour lui rapportait un trésor,
    « Par une aventure cruelle,
« Vient de faire naufrage en approchant du port. »

(*A part.*)
Tous les malheurs sont donc enchaînés sur ma tête !
Et mon dernier espoir périt dans la tempête !
Mer barbare et perfide, autant que mes amis !
Que vais-je faire ? ô ciel !

PASQUIN.
                    Me serait-il permis
De vous dire deux mots ?

CLÉON.
                    Va-t'en trouver Julie
De ma part.

PASQUIN.
    Oui, monsieur.
CLÉON.
                        Dis-lui que je la prie
De payer tous mes gens et de les renvoyer.
PASQUIN, *sanglotant.*
L'affaire est faite; on vient de les congédier.
CLÉON.
Et toi ?

PASQUIN.
    Je ne sais point ce que l'on me destine...
Mais qu'on me chasse ou non, mon pauvre cœur s'obstine
A ne vous point quitter ; et jusques à la mort
Je suis bien résolu de suivre votre sort.

CLÉON.
Que feras-tu de moi ?... Je suis un misérable !
PASQUIN.
Le peu que je possède...
CLÉON, *à part.*
                    Ah ! ce trait-là m'accable !
Voilà le seul ami qui me demeure !... Ingrats !
Et cet exemple-là ne ne vous confondra pas !
    (*A Pasquin*)
Va-t'en... Laisse-moi seul au fond du précipice...
Donne-moi ce fauteuil... c'est le dernier service
Que j'exige de toi.

PASQUIN, *lui prenant la main et la lui baisant.*

Mon cher maître !

CLÉON.

Va, sors,

Et tu m'obligeras.

(*Pasquin lui approche un fauteuil, et se retire.*)

CLÉON, *se jetant dans le fauteuil.*

Inutiles remords !
Pourquoi me tourmenter ?... O raison trop tardive !
Que ne prévenais-tu le malheur qui m'arrive ?

SCÈNE XV.

JULIE, *entrant doucement, et écoutant dans le fond.*
CLÉON.

CLÉON, *se croyant seul.*

Je suis abandonné, trahi, déshérité,
Et, pour comble de maux, je l'ai bien mérité !
Compter sur des amis, quelle était ma folie !
Je leur pardonne à tous... Mais vous, mais vous Julie !
Vous que j'ai tant aimée, et que j'adore encor,
Pouvez-vous me livrer aux rigueurs de mon sort ?
C'est là ce qui me tue !... Une fausse inconstance
A-t-elle mérité cette horrible vengeance ?
Les fureurs d'un amant, par vous-même abîmé,
Devraient-elles ?... Jamais vous ne m'avez aimé !
L'effet confirme trop un si juste reproche...
Jouissez de ma mort : je la sens qui s'approche...

(*Il se lève et tire son épée.*)

Qu'elle vient lentement !... Il faut la prévenir ;
Et, grace à ma fureur, mes tourmens vont finir...

JULIE, *le retenant.*

Que faites-vous Cléon ?

CLÉON.

O ciel ! c'est vous Julie !

C'est vous qui m'empêchez de m'arracher la vie ?
Pourquoi ce soin ?... Songez qu'il ne me reste rien.

JULIE.

Ingrat ! vous avez tout, puisque j'ai votre bien.
Lorsque vous m'accusiez d'une ame intéressée,
Que ne pouviez-vous lire au fond de ma pensée !
J'ai tâché de vous perdre afin de vous sauver,
Et vous ai tout ravi pour vous le conserver.
A votre aveuglement c'était le seul remède.
Vous êtes maître encor de ce que je possède.
Mon cœur, mon tendre cœur vous l'offre avec transport !
Il ne saurait sans vous goûter un heureux sort.
Vous êtes le seul bien qu'il estime, qu'il aime ;
Il vous rend tout le vôtre, et se livre lui-même.
Recevez-le, Cléon, en recevant ma foi ;
Vivez heureux, content, et vivez avec moi.

CLÉON, *se jetant aux pieds de Julie.*

Adorable Julie !... Ah ! vous me percez l'ame !...
J'adorais vos appas ; votre vertu m'enflamme :
Elle me fait mourir de honte et de regret !

JULIE.

Levez-vous... Grace au ciel, j'ai trouvé le secret
De guérir vos erreurs, de vous rendre à vous-même,
Et de vous faire voir à quel point je vous aime...
Allons chercher mon père... Instruit de mon dessein,
Il va vous assurer et mon cœur et ma main.
Votre oncle en est charmé... Mon frère rentre en grace,
De nos divisions la discorde se lasse ;
Un ciel pur et serein nous présage un doux sort,
Et la tempête enfin nous a mis dans le port.

CLÉON, *lui donnant la main.*

Mon repos, mon bonheur sont votre heureux ouvrage :
Pour comble de bienfaits vous m'avez rendu sage ;
Et je vais éprouver, dans les plus doux liens,
Qu'une femme prudente est la source des biens.

FIN DU DISSIPATEUR.

LA FAUSSE AGNÈS,

OU

LE POÈTE CAMPAGNARD,

COMÉDIE

EN TROIS ACTES ET EN PROSE,

DE

DESTOUCHES;

Représentée, pour la première fois, en 1759.

PERSONNAGES.

LE BARON DE VIEUXBOIS.

LA BARONNE DE VIEUXBOIS.

ANGÉLIQUE, leur fille.

BABET, leur fille cadette.

LÉANDRE, amant d'Angélique.

Monsieur DES MAZURES, autre amant d'Angélique.

LE COMTE DES GUÉRETS, gentilhomme campagnard.

LA COMTESSE DES GUÉRETS.

Monsieur LE PRÉSIDENT.

LA PRÉSIDENTE, son épouse.

LOLIVE, valet de Léandre.

La scène est en Poitou, dans le château du Baron.

LA FAUSSE AGNÈS,

COMÉDIE.

ACTE PREMIER.

SCÈNE Ire.

LE BARON, ANGÉLIQUE.

LE BARON.

Ou! çà, ma fille, parlez-moi naturellement. Je m'aperçois depuis quelques jours que vous êtes triste et rêveuse. Sans doute que vous regrettez le séjour de Paris.

ANGÉLIQUE.

Hélas !

LE BARON.

Voilà un hélas qui me fait voir que j'ai deviné juste. Tu t'ennuies ici, ma pauvre enfant !

ANGÉLIQUE.

Non, mon père, je ne m'y ennuie pas; et ce séjour aurait mille agrémens pour moi si on m'y laissait disposer de moi-même ; mais à peine suis-je arrivée qu'on parle de me marier, et avec qui ? avec un provincial. Que dis-je, un provincial ? un campagnard, et, qui pis est, un campagnard bel-esprit. Quelle société pour une fille comme moi, élevée dans le grand monde, et accoutumée au commerce des gens de la cour et de Paris, les plus polis et les plus spirituels !

LE BARON.

Ah! ma pauvre fille, l'éducation que ta tante t'a donnée te rendra malheureuse! tu as trop d'esprit et de perfections pour ce pays-ci.

ANGÉLIQUE.

Eh! pourquoi voulez-vous donc m'y attacher?

LE BARON.

Moi, je ne veux rien. C'est ma femme qui veut.

ANGÉLIQUE.

N'êtes-vous pas le maître?

LE BARON.

Oui, corbleu! je le suis.

ANGÉLIQUE.

Mais ma mère vous engage toujours à être de son avis.

LE BARON.

Je n'ai point de honte de l'avoner, c'est une femme d'un mérite prodigieux, d'une raison et d'un jugement au-dessus de son sexe; une femme qui m'aime à l'adoration, quoiqu'il y ait vingt-cinq ans que nous nous soyons mariés.

ANGÉLIQUE.

Ah! s'il m'était permis de vous parler naturellement!

LE BARON.

Eh bien! que me dirais-tu?

ANGÉLIQUE.

Que ma mère abuse de votre facilité.

LE BARON.

Eh! en quoi, s'il vous plaît?

ANGÉLIQUE.

En ce qu'elle vous fait rompre un mariage très-avantageux, que ma tante avait ménagé pour moi à Paris, et vous force à me faire épouser un personnage qui ne me convient en aucune façon.

LE BARON.

Corbleu! madame votre mère a raison. Ce Léandre,

dont vous êtes coiffée, n'est point du tout votre fait. Il
y a quatre cents ans que dans ma famille nous sommes
gueux de père en fils pour n'avoir pas voulu nous més-
allier; et je refuserais pour mon gendre le plus riche
parti de France qui ne pourrait pas me prouver que ses
ancêtres ont marché aux premières croisades.

ANGÉLIQUE.

Quel entêtement! Le mérite se mesure-t-il à l'ancienneté
des familles? Ah! mon père, souffrirez-vous qu'on m'arrache à ce que j'aime, pour me sacrifier à ce que je
n'aimerai point?

LE BARON.

Ne te désespère pas, mon enfant. Tu verras aujour-
d'hui monsieur Des Mazures, et je te réponds qu'il te
charmera.

ANGÉLIQUE.

Et moi, je vous réponds qu'il me paraîtra tel qu'il est,
c'est-à-dire le plus suffisant, le plus fat, et le plus ridicule de tous les hommes.

LE BARON.

Ouais! mademoiselle de Vieuxbois, vous êtes bien
délicate! Comment faut-il donc qu'un homme soit fait
pour vous plaire?

ANGÉLIQUE.

Comme Léandre, qu'il soit honnête homme, qu'il ait
vécu dans le monde, et qu'il y ait acquis cette politesse,
ces manières aisées, nobles et gracieuses qui ne tiennent
rien de la sotte présomption, du ridicule, et de l'affectation de la plupart des gens de province.

LE BARON.

Ah! si votre mère vous entendait raisonner de la
sorte...

ANGÉLIQUE.

Aidez-moi à la désabuser de monsieur Des Mazures...
Je me jette à vos genoux pour obtenir cette grace, et je
me flatte que vous ne me la refuserez pas.

LE BARON, *la relevant.*

Je vous aime ma fille, et je ferai de mon mieux pour que l'on ne force point vos inclinations.

ANGÉLIQUE.

Daignez dire quelques mots en faveur de Léandre.

LE BARON.

Mais je ne le connais que de réputation. S'il était ici je soutiendrais mieux sa cause.

ANGÉLIQUE.

Eh bien ! promettez-moi de prendre son parti, et je vous promets qu'il vous appuiera bientôt lui-même.

LE BARON.

Comment cela se peut-il ? il est à Paris.

ANGÉLIQUE.

Il n'est pas si loin de nous que vous le croyez.. Mais je ne puis vous en dire davantage à présent ; voici ma mère.

SCÈNE II.

LE BARON, LA BARONNE, ANGÉLIQUE.

LA BARONNE, *à Angélique, en lui montrant une lettre qu'elle tient à la main.*

Ah ! ma fille, que vous allez être heureuse ! monsieur Des Mazures sera ici dans un moment. Il me prévient sur son arrivée par une lettre en vers que je trouve admirable. Tenez, mademoiselle, lisez-nous cette lettre, et apprenez-la par cœur. (*Elle présente la lettre à Angélique, qui la prend.*)Vous, monsieur le baron, écoutez de toutes vos oreilles.

ANGÉLIQUE, *lisant.*

Pour vous voir au plus tôt, cousine incomparable,
J'accours et par monts et par vaux.

LA BARONNE.

C'est de moi qu'il parle ; au moins !

ANGÉLIQUE.

Je le vois bien, madame.

LA BARONNE.

Cousine incomparable ! en vérité, ce garçon-là écri
bien.

ANGÉLIQUE, *lisant.*

Pour voir vous au plus tôt, cousine incomparable,
          J'accours et par monts et par vaux,
Brûlant d'être aux genoux du soleil adorable
Dont la possession guérira tous mes maux !

(*A la baronne, en interrompant sa lecture, et en lui
          faisant la révérence.*)

Est-ce vous aussi, madame, qui êtes son soleil ?

LA BARONNE.

Non, mademoiselle ; cet article-là vous regarde.

ANGÉLIQUE.

Eh ! de quels maux votre cousin veut-il que je le gué-
risse.

LA BARONNE.

Cela est bien difficile à deviner. Ses maux sont l'absence, l'impatience, les inquiétudes, les peines, les
tourmens de l'amour. (*Au baron.*) N'est-il pas vrai,
monsieur le baron ?

LE BARON.

Cela s'entend, m'amour.

ANGÉLIQUE, *à la baronne.*

Comment puis-je lui causer tous ces maux, puisqu'il
ne m'a jamais vue ?

LA BARONNE.

Quelle absurdité pour une fille d'esprit ! Sur le récit
que nous lui avons fait il s'est formé de vous une idée
charmante : cette idée le presse, l'agite, le met tout en
feu : et quand une personne est tout en feu, vous m'a-
vouerez qu'elle n'est pas à son aise. Je sais ce que c'est
que ces états-là. (*Au baron, en le regardant tendrement.*) J'y ai passé, mon cher baron.

LE BARON.

Et moi aussi, mon aimable baronne.

LA BARONNE, *à Angélique.*

Continuez.

ANGÉLIQUE, *lisant.*

L'amour jour et nuit me lutine,
Et m'a tout criblé de ses traits ?
Mais l'épouse qu'on me destine
Va me mettre à couvert de sa main assassine,
Sous le retranchement de ses divins attraits.

LA BARONNE.

Cet endroit-ci n'est pas clair ; mais c'est ce qui en fait
la beauté.

LE BARON.

Assurément ! Quand je lis quelque chose et que je ne
l'entends pas je suis toujours dans l'admiration.

LA BARONNE, *à Angélique.*

Achevez.

ANGÉLIQUE.

Dispensez-m'en, s'il vous plaît.

LA BARONNE.

Achevez, vous dis-je. Il semble que vous ayez perdu
le goût des bonnes choses.

ANGÉLIQUE, *lisant.*

La charmante Angélique est si spirituelle,
Qu'on est charmé, dit-on, de tout ce qu'elle dit :
Ainsi, puisque l'hymen va m'unir avec elle,
J'épouse non un corps, mais j'épouse un esprit.

LA BARONNE.

En vérité, voilà une pointe admirable !

LE BARON.

Oh ! cela est divin, cela est divin !

LA BARONNE.

Je voudrais bien savoir si vos beaux esprits de Paris
sont capables de produire de si jolies choses ?

ANGÉLIQUE.

Non, en vérité, madame ; ils ont le goût trop simple
pour cela.

LA BARONNE.

Vous m'avouerez qu'un homme de qualité qui fait
de si beaux vers doit trouver bientôt le chemin de votre
cœur.

ANGÉLIQUE.

Je vous jure qu'il n'en approchera pas s'il n'a point
d'autre mérite que celui-là.

LA BARONNE.

Il me paraît que l'air de Paris vous a donné bien de la
suffisance.

ANGÉLIQUE.

Non, madame ; il m'a formé le goût.

LA BARONNE.

Vous nous prenez donc pour des grues, nous autres
gens de province ?

ANGÉLIQUE.

A Dieu ne plaise !

LA BARONNE, *au Baron.*

Monsieur le Baron, avez-vous donné ordre à votre
notaire de dresser les articles du contrat ?

LE BARON.

Pas encore, madame la Baronne. Il n'y a rien qui
presse.

LA BARONNE.

Il n'y a rien qui presse, monsieur le Baron ! Ne sommes-nous pas convenus que nous signerions ce soir, et
que nous ferions la noce tout de suite ?

LE BARON.

Cela est vrai ; mais Angélique ne me paraît pas si
pressée que nous. Donnons-lui le temps de connaître
monsieur Des Mazures, de lui rendre justice, et de
prendre du goût pour lui.

LA BARONNE.

Est-ce là votre avis, mon cœur ?

LE BARON.

Oui, m'amour, et je vous prie que ce soit aussi le vôtre.

LA BARONNE.

Hélas! volontiers, si cela vous fait plaisir.... Mais (*En lui faisant des minauderies.*) si vous vouliez bien ne me pas donner ce chagrin-là... je vous aurais tant d'obligation !

LE BARON.

Eh, quel chagrin cela peut-il vous causer ?

LA BARONNE, *en pleurant.*

Quel chagrin, cruel que vous êtes ! si le mariage ne se conclut pas ce soir, vous m'enterrerez demain matin.

LE BARON.

Ah! je ne savais pas cela... Corbleu ! il ne sera pas dit que ma femme soit morte pour avoir eu trop de complaisance pour moi : je suis votre maître, mais je ne suis pas votre tyran. Je vous confie tous mes droits ; ordonnez, ma chère Baronne, ordonnez, et faites bien valoir mon autorité. (*Il sort..*)

SCÈNE III.

LA BARONNE, ANGÉLIQUE.

ANGÉLIQUE, *à part.*

Ah! mon pauvre père, que vous êtes faible !

LA BARONNE, *s'essuyant les yeux.*

Oh ! çà, mademoiselle, vous voyez qu'on n'appelle point ici de mes volontés, que dès que je me suis mis quelque chose en tête il faut que cela passe. Ainsi point de raisonnement, et songez à m'obéir.

ANGÉLIQUE.

Daignez vous ressouvenir que vous êtes ma mère, et que la tendresse que j'ai lieu d'attendre de vous doit vous inspirer la bonté d'entrer un peu dans mes sentimens.

LA BARONNE.

Eh ! le respect doit vous faire céder aux miens.

ANGÉLIQUE.

Je ne m'en éloignerai jamais que dans l'occasion dont il s'agit.

LA BARONNE.

C'est dans celle-ci précisément que j'exige de vous une parfaite obéissance ; et vous épouserez dès ce soir monsieur Des Mazures. (*Entendant du bruit aux environs.*) Mais quel bruit est-ce que j'entends ? (*Voyant paraître Lolive, qu'elle croit être son jardinier, et Léandre, qu'elle croit être un garçon jardinier.*) C'est le jardinier qui querelle son valet, apparemment.

SCÈNE IV.

LÉANDRE LOLIVE, *déguisés en paysans* ; LA BARONNE, ANGÉLIQUE.

LOLIVE, *à Léandre.*

Oh ! oh ! monsieur le paresseux, vous croyez donc que vous n'êtes ici que pour avoir les bras croisés et vous donner du bon temps ?

LA BARONNE.

De quoi s'agit-il, maître Pierre ?

LOLIVE, *montrant Léandre.*

De ce coquin-là qu'il n'y a pas moyen de faire travailler. (*A Léandre.*) Tu prétends donc, maître ivrogne, manger le pain des honnêtes gens sans le gagner ?

LÉANDRE.

Écoutez, maître Pierre : vous êtes un brutal sauf correction ; mais je le suis aussi quand je m'y boute.

LOLIVE.

Je suis un brutal, monsieur le maroufle ? (*Montrant la Baronne.*) Si ce n'était le respect que j'ai pour madame...

ANGÉLIQUE.

En vérité, maître Pierre, il me semble que vous maltraitez un peu trop ce garçon-là.

LOLIVE.

Avec votre parmission, mademoiselle, ce ne sont pas là vos affaires. (*A Léandre.*) Ah! je suis donc un brutal?

LÉANDRE.

Morgué!...

LOLIVE.

Morgué! tatigué! ventregué! tu n'es qu'un sot, entends-tu, Nicolas? un fainéant, un sac à vin, un...

ANGÉLIQUE.

Le pauvre garçon me fait pitié!... (*A la Baronne.*) Ne souffrez pas, madame, que maître Pierre le traite si durement.

LA BARONNE, *à Lolive.*

Doucement, maître Pierre. Pourquoi l'accables-tu d'injures, et veux-tu me donner mauvaise opinion de lui?

LOLIVE.

Morgué! c'est qu'il veut se mêler de jaser, au lieu de faire sa besogne.

LA BARONNE.

De jaser? et sur quoi?

LOLIVE.

Sur vous, sur M. le baron, sur mademoiselle Angélique.

LA BARONNE.

Ah! ah! ceci n'est pas mauvais! Eh! que dit-il de nous?

LOLIVE.

On le prendrait pour un innocent: mais morgué! ne vous y fiez pas; c'est un songe creux, je vous en avertis.

LA BARONNE.

Mais encore que dit-il de M. le baron?

LOLIVE.

Il dit...

LÉANDRE, *à la baronne.*

Ne l'écoutez pas, madame, s'il vous plaît.

LA BARONNE.

Pardonnez-moi, je suis bien aise de savoir vos pensées,
M. Nicolas. (*A Lolive.*) Eh bien?

LOLIVE.

Eh bien! madame, quand monsieur le baron nous
ordonne quelque chose, savez-vous bien ce que dit Nicolas?

LA BARONNE.

Quoi?

LOLIVE.

Morgué! ce dit-il, ça mérite confirmation.

LA BARONNE.

Comment! confirmation? qu'est-ce que cela signifie?

LOLIVE.

Ça signifie qu'il se moque des ordres de monsieur, et
qu'il ne veut jamais les suivre qu'après que vous les avez
confirmés.

LA BARONNE.

Mais vraiment cela n'est point sot!

LOLIVE.

Ensuite il se met à parler de vous. Il n'y a pas moyen
de le faire finir.

LA BARONNE.

A parler de moi? Eh! quels sont ses discours?

LOLIVE.

« Par la ventregoi! ce dit-il, la brave femme que c'te
« madame la baronne! Alle a pu d'esprit dans son petit
« doigt que Mr le baron dans tout son corps. Morgué!
« qu'alle a bon air! qu'alle a bonne meine! que je sis
« aise quand je la vois! »

Destouches. T. II.   11

LA BARONNE.

Ce pauvre Nicolas! Sa physionomie m'a plu d'abord.

LÉANDRE.

Grand' merci, madame!

LA BARONNE, *à Angélique.*

Il n'est point mal bâti, ce garçon-là.

ANGÉLIQUE.

Non, vraiment, madame.

LÉANDRE, *faisant des révérences niaises.*

Ah! vous vous moquez.

LA BARONNE, *à Angélique.*

Il a les yeux vifs et le regard touchant.

ANGÉLIQUE.

Oui, je m'en aperçois.

LÉANDRE, *tournant son chapeau.*

Oh! pour ce qui est d'en cas de ça...

LA BARONNE, *à Lolive.*

Eh que pense-t-il de ma fille?

LOLIVE.

Oh! dispensez-moi de le dire en présence de mademoiselle.

LA BARONNE.

Non, non, je veux savoir à fond tous ses sentimens. Cela me divertit.

LOLIVE.

Eh bien! madame, puisqu'il faut vous déclarer tout, mademoiselle n'a pas le bonheur de lui plaire.

ANGÉLIQUE, *à Léandre en souriant.*

Je suis fort malheureuse, Nicolas.

LÉANDRE, *cachant son visage avec son chapeau.*

Oh! pardonnez-moi, mademoiselle.

LOLIVE, *à la baronne.*

Il dit, madame, qu'alle a l'air d'être votre mère, et que vous avez l'air d'être sa fille.

ANGÉLIQUE.

Il a raison.

LÉANDRE.

Ça vous plaît à dire.

LOLIVE , *à la baronne.*

Et qu'il aimerait mieux épouser vingt femmes comme vous , l'une après l'autre , que deux filles comme mademoiselle.

LA BARONNE.

Cela est réjouissant. (*A Léandre en lui présentant de l'argent.*) Tiens , Nicolas , voilà de quoi boire à ma santé.

LÉANDRE ; *refusant de prendre l'argent qu'elle lui offre.*

Oh ! madame...

LA BARONNE.

Prends , te dis-je. (*Léandre prend l'argent.*) (*A Lolive.*) maître Pierre , je vous défends de maltraiter ce garçon-là ni d'effets ni de paroles.

LOLIVE.

Ça suffit.

LA BARONNE.

Je veux qu'on le ménage , qu'on ait des égards pour lui , qu'on le nourrisse bien , qu'on le laisse dormir tant qu'il voudra , et qu'on n'épuise point ses forces par un travail excessif. A propos ! il faut que j'aille donner mes ordres pour le dîner ; je prétends qu'il soit magnifique et digne de la compagnie qui nous vient. (*A Léandre et à Lolive.*) Retournez à votre jardin , mes enfans (*A Léandre.*) Un petit mot , Nicolas. Je vous ordonne de m'apporter un bouquet tous les matins : n'y manquez pas , je vous en avertis.

LÉANDRE.

Oh ! je n'ai garde.

(*La baronne sort.*)

SCÈNE V.

ANGÉLIQUE, LÉANDRE, LOLIVE.

(*Dès que la baronne est sortie, ils se mettent tous trois
à rire, en regardant si on ne les écoute point.*)

LOLIVE, *à Angélique.*

En bien! qu'en dites-vous, mademoiselle? Ne jouons-
nous pas bien nos rôles?

ANGÉLIQUE.

A ravir; et vous m'avez extrêmement diverti l'un et
l'autre. Il n'y a qu'une chose qui m'a choquée, c'est que
tu traites ton maître trop rudement.

LOLIVE.

C'est pour mieux cacher notre jeu. D'ailleurs je vous
avoue que je ne suis pas fâché de prendre un peu ma revanche. Quel plaisir pour un valet-de-chambre d'appeler
impunément son maître maroufle, ivrogne, coquin, paresseux! Je rends aujourd'hui à monsieur les belles épi-
thètes dont il m'honore tous les jours.

LÉANDRE, *en riant.*

Mon temps reviendra, laisse-moi faire.... Mais sup-
primons les discours inutiles... (*A Angélique, en lui
baisant la main.*) Laissez-moi jouir, belle Angélique,
de la liberté qui me reste encore de baiser cette main
qu'on veut me ravir.

ANGÉLIQUE, *ironiquement.*

N'oubliez pas au moins de porter tous les matins un
bouquet à ma mère.

LOLIVE, *à Léandre.*

Vous n'y perdrez pas vos pas, Nicolas.

ANGÉLIQUE, *à Léandre.*

Tout de bon, Léandre, n'êtes-vous pas flatté de cette
commission?

LÉANDRE.

En vérité, je vous admire! Comment pouvez-vous être

assez tranquille pour me plaisanter dans l'état où nous
nous trouvons? Songez-vous que mon rival est sur le
point d'arriver?

ANGÉLIQUE.

Et de m'épouser, qui pis est. Le danger est encore plus
pressant que vous ne croyez. Ma mère veut qu'on signe
aujourd'hui le contrat, et que la noce se fasse immédia-
tement après.

LÉANDRE.

Et c'est en riant que vous m'annoncez cette nouvelle?
Ce sera donc en vain que je vous aurai suivie secrète-
ment depuis Paris jusqu'ici; que nous nous y serons in-
troduits, Lolive et moi, lui en qualité de jardinier, moi
comme son valet? Une intrigue aussi bien imaginée, si
heureusement conduite, n'aura d'autre succès que de me
rendre spectateur du triomphe de mon rival? C'est donc
là la récompense de ma fidélité? Ce sont donc là les
fruits de la foi que nous nous sommes donnée?

ANGÉLIQUE.

Ah! vous voilà monté sur le ton tragique! Il vous sied
fort bien, Léandre, et vous déclamez à merveille! Mais
je n'aime point ce ton-là : rentrons dans le naturel. Le
péril est pressant, je l'avoue; cependant il n'est pas iné-
vitable. Léandre, je vous aime plus que jamais, et je
vous jure que je n'aimerai et n'épouserai jamais que vous.
Voilà le premier point de mon discours.

LOLIVE.

Venons au second.

ANGÉLIQUE.

Monsieur Des Mazures arrive aujourd'hui pour m'é-
pouser; et moi j'ai deux moyens pour éviter ce malheur.

LOLIVE.

Primò?

ANGÉLIQUE.

De le dégoûter de ma personne, et de le forcer à
rompre ses engagemens.

LOLIVE.

Fort bien! Secundò?

ANGÉLIQUE.

De me sauver d'ici par la petite porte du jardin dont
j'ai la clef, et de m'aller jeter dans un couvent, si le premier expédient ne réussit pas.

LÉANDRE.

Eh! comment pourriez-vous réussir à dégoûter de vous
mon rival? Cela est impossible, vous êtes trop parfaite.

ANGÉLIQUE.

Ne vous aveuglez point, et laissez-moi faire... Mais il
faut que de votre côté vous travailliez adroitement à faire
revenir ma mère de ses préjugés pour lui.

LOLIVE.

Nous avons déjà concerté différens moyens pour cela.

ANGÉLIQUE, à Léandre.

Je connais à fond le personnage qu'on me destine.
C'est un provincial très-fat, qui a la folie de se croire le
plus grand génie de l'univers, et qui s'est mis en tête
qu'une fille n'a de mérite qu'autant qu'elle a de science
et d'esprit. Mon dessein est d'avoir au plus tôt quelque
conversation particulière avec lui, et d'y affecter tant de
naïveté, d'ignorance, et de bêtise, qu'il ne puisse pas
me souffrir.

LÉANDRE.

Rien n'est mieux imaginé. D'ailleurs il ne sera pas
édifié des discours que nous lui tiendrons, Lolive et
moi, et nous nous promettons....

ANGÉLIQUE.

Paix! voici ma petite sœur.

SCÈNE VI.

ANGÉLIQUE, BABET, LÉANDRE, LOLIVE.

BABET, à Angélique.

MA sœur, ma sœur, je viens vous faire mon compliment.

ANGÉLIQUE.

Eh! sur quoi?

BABET.

Sur l'arrivée de votre prétendu.

ANGÉLIQUE.

Monsieur Des Mazures est ici?

BABET.

Je viens de le voir.

ANGÉLIQUE, *à part.*

Que je suis malheureuse !

BABET.

Que vous êtes heureuse, au contraire ! vous allez être
mariée. En vérité, les aînées ont un beau privilège de
passer comme cela devant leurs cadettes. (*A Lolive.*)
Ah ! c'est toi, maître Pierre. (*A Léandre.*) Bonjour,
bonjour, Nicolas.

LÉANDRE.

Mademoiselle Babet, votre serviteur... Que vous êtes
jolie !

BABET.

Vraimentoui, je le suis ; je le sais bien. C'est ce qu'on
me disait tous les jours à Paris quand nous y demeurions
ma sœur et moi. Mais ici il n'y a personne que toi qui me
le dise.

ANGÉLIQUE, *à Léandre.*

Si vous la faites jaser, en voilà pour jusqu'à ce soir.

BABET.

Laissez-nous dire, et allez voir votre prétendu qui
vous attend avec impatience.

ANGÉLIQUE.

Enfin le voilà donc arrivé !

BABET.

Et très-arrivé, je vous jure. Je l'ai vu descendre de
carrosse. Ah ! le beau carrosse ! je crois que c'est un
fiacre de rencontre qu'il a acheté à Paris : les glaces en
sont vitrées à petits carreaux comme les fenêtres de ma
chambre.

LOLIVE.

Cela est d'un goût tout nouveau.

BABET, *à Angélique.*

Ses trois chevaux sont encore plus étonnans que son carrosse.

ANGÉLIQUE.

Comment! il est venu à trois chevaux?

BABET.

Oui, en arbalète. Celui qui fait la pointe est noir, borgne, et boiteux.

LÉANDRE.

Fort bien!

BABET, *à Angélique.*

Le second est gris-pommelé ; le troisième est de toutes couleurs, et plus haut d'un pied que les deux autres, et si maigre, si maigre, que les os lui percent la peau.

ANGÉLIQUE.

Voilà le digne équipage d'un poëte de campagne.

LOLIVE.

Ma foi! il est encore mieux monté que ceux de Paris.

BABET.

Comment, maître Pierre, vous avez donc été à Paris?

LOLIVE, *embarrassé.*

Oh! voirement oui, mademoiselle, j'y ai exercé mon métier pendant plus de cinq ans.

BABET.

Je suis bien trompée si je ne vous y ai vu.

ANGÉLIQUE.

Je ne puis m'empêcher de rire de la description qu'elle vient de nous faire du char pompeux de monsieur Des Mazures.

BABET.

C'est une chose à voir. Croiriez-vous cependant que ces trois bêtes éclopées ont voituré ici cinq originaux, sans compter le cocher, et deux manans qui étaient derrière le carrosse? Aussi se sont-elles couchées en ar- rivant.

LOLIVE, *à part.*

Les pauvres animaux n'en relèveront pas !

ANGÉLIQUE, *à Babet.*

Eh ! qui sont donc ces quatre personnes qui font cortége à monsieur Des Mazures ?

BABET.

Monsieur le comte et madame la comtesse des Guérets, monsieur le président de l'élection et madame sa chère épouse ; car c'est ainsi qu'il l'appelle.

LOLIVE.

Eh ! comment diable avaient ils pu s'emballer tous ensemble ,

BABET.

Comme le carrosse ne peut tenir que trois personnes , madame la comtesse était sur les genoux de monsieur Des Mazures , et madame la présidente sur ceux de monsieur le comte. Ils disent que cela s'est fort bien passé , excepté qu'ils ont versé deux fois en chemin. Bêtes et gens , tout est crotté depuis la tête jusqu'aux pieds.

ANGÉLIQUE.

Eh ! n'y a-t-il personne de blessé ?

BABET.

Personne.

ANGÉLIQUE.

Quoi ! pas même monsieur Des Mazures ?

BABET.

Il en est quitte pour une bosse à la tête , et deux ou trois écorchures , parce qu'heureusement ils ont versé dans la boue.

ANGÉLIQUE, *à part.*

Que n'ont-ils versé dans la rivière !

BABET , *entendant du bruit au dehors.*

J'entends du bruit... C'est apparemment la compagnie qui vient pour vous voir.

ANGÉLIQUE.

Et moi, je m'en vais me cacher pour la voir le plus tard que je pourrai. (*A Léandre.*) Suivez-moi, Nicolas

BABET, *à Lolive.*

Maître Pierre, allons jaser dans le jardin.

(*Ils sortent tous les quatre.*)

SCÈNE VII.

LE BARON, LA BARONNE, LE COMTE, LA COMTESSE, LE PRÉSIDENT, LA PRÉSIDENTE, M. DES MAZURES.

(*On ouvre les deux battans de la porte du fond du théâtre, et l'on voit tous les personnages qui doivent entrer faire de grandes cérémonies avant de passer.*)

LA COMTESSE, *à la baronne.*

MADAME la baronne...

LA BARONNE.

Ah! madame la comtesse, je suis dans mon château, et vous me permettrez d'en faire les honneurs.

LA COMTESSE, *à la présidente.*

Passez donc, s'il vous plaît, madame la présidente.

LA PRÉSIDENTE, *d'un ton précieux.*

Juste ciel! que me proposez-vous, madame la comtesse?

LA COMTESSE.

Eh! de grace, madame la présidente!

LA PRÉSIDENTE.

Mais, mais en vérité, vous me rendez confuse, madame la comtesse.

LA COMTESSE.

Mais, madame...

LA PRÉSIDENTE.

Mais, madame...

LA COMTESSE.

Je m'en vais donc m'en retourner ?

LA PRÉSIDENTE.

Et moi aussi , je vous assure.

M. DES MAZURES, *à la comtesse et la présidente, en se mettant entre elles*

Je vois bien, mesdames, qu'il vous faut l'entremise d'un homme de tête pour ajuster ce différent... Donnez-moi la main l'une et l'autre. (*Elles lui donnent la main, et il les fait entrer toutes deux sur le théâtre ; après quoi le comte et le président font les mêmes cérémonies à la porte, le baron et la baronne allant tantôt à l'un et tantôt à l'autre pour les faire passer.*)

LE COMTE, *au président.*

Monsieur le président , j'espère que vous ne serez pas si cérémonieux que madame la présidente.

LE PRÉSIDENT.

Monsieur le comte , je sais aussi bien mon devoir que ma chère épouse.

LE COMTE , *d'un ton brusque.*

Oh, parbleu ! vous passerez.

LE PRÉSIDENT , *d'un ton doucereux.*

Sur mon honneur ! je ne passerai pas.

LE COMTE, *s'appuyant d'un côté de la porte.*

Je demeurerai donc ici jusqu'à ce soir.

LE PRÉSIDENT, *s'appuyant de l'autre côté.*

Et moi, je garderai mon poste jusqu'à demain matin.

LE COMTE.

Tête-bleu ! on m'assommera plutôt que de me faire démarrer d'ici.

LE PRÉSIDENT.

Et on m'écorchera tout vif plutôt que de me faire faire un pas.

M. DES MAZURES.

Vous verrez que je suis destiné à terminer ici toutes les

disputes de civilité. (*Il va leur donner la main, comme il a fait aux deux dames, pour les faire passer tous deux ensemble ; ils résistent l'un et l'autre, et il les tire si fort qu'il fait un faux pas et est près de tomber avec eux.*) C'est une belle chose que la politesse. Croiriez-vous bien qu'elle ne règne plus que dans les provinces ? Vivent les provinces pour les manières ! on se pique à Paris d'un petit air aisé qui est la grossièreté même.

LA COMTESSE.

Vous me surprenez! Je croyais que c'était à Paris que l'on apprenait les belles manières ?

M. DES MAZURES.

Eh ! fi donc avec votre Paris ; on n'y a pas le sens commun. Le diable m'emporte, madame, si on sait ce que c'est que cérémonie. Qu'un homme de qualité, comme moi par exemple, passe dans vingt rues de suite, il ne se trouvera pas un faquin qui le regarde, ni qui s'avise de le saluer. Les conditions n'y sont point distinguées. Un petit commis de la douane y marche aussi fièrement qu'un colonel ; et vous prendriez une procureuse au châtelet pour une présidente.

LA PRÉSIDENTE.

Pour une présidente?.... Mais ; en vérité, cela est monstrueux !

M. DES MAZURES.

Je veux être un coquin, madame, si je n'en suis pas scandalisé jusqu'au fond du cœur. La première visite que je rendis à Paris, ce fut chez une dame de condition, qui a l'honneur d'être un peu de mes parentes. Vous jugez bien que je pris la précaution de me faire annoncer, afin qu'on me fît les civilités qui m'étaient dues. Je crus qu'au nom de monsieur Des Mazures il s'allait faire un mouvement général, et que chacun se leverait pour m'offrir sa place...

LA BARONNE.

Cela était dans l'ordre.

M. DES MAZURES.

Je veux être damné si, de dix hommes et d'autant de dames qui jouaient dans la salle, une seule âme se leva

pour me faire honneur. La dame du logis, sans quitter
ses cartes, ni souffrir que personne s'interrompit, se
contenta de s'écrier : « Holà ! quelqu'un, approchez un
« siége à monsieur. » Ensuite, après m'avoir légèrement
invité à m'asseoir, elle se remit à jouer sur nouveaux
frais. Quand je sortis je fis grand bruit afin que tout le
monde se levât pour me reconduire...

LE BARON.

Eh bien ?

M. DES MAZURES.

Bon ! j'étais hors de la salle qu'on ne s'était pas seulement aperçu que je me fusse levé. J'allai dans deux ou
trois autres maisons. Croiriez-vous bien que j'y fus reçu
avec aussi peu de cérémonie ?

LA COMTESSE.

En vérité, cela crie vengeance !

M. DES MAZURES.

Oh ! je me vengeai bien aussi.

LE BARON.

Et de quelle manière ?

M. DES MAZURES.

Parbleu ! je ne restai que vingt-quatre heures à Paris,
et j'en partis sans aller à la cour. (*Regardant de tous
côtés et ne voyant point Angélique.*) Mais le feu de
la conversation m'entraîne et me fait oublier que mon
soleil n'est point ici.

Ne puis-je savoir en quels lieux
Il fait briller le feu des rayons de ses yeux ?

LA BARONNE, *à la comtesse.*

Je crois, Dieu me le pardonne, qu'il nous parle en
vers ?

LA COMTESSE.

Vraiment oui, madame, cela ne lui coûte rien.

M. DES MAZURES, *à la baronne.*

La langue des dieux est ma langue maternelle.

LA COMTESSE.

Qu'il a d'esprit!

M. DES MAZURES, *d'un air de confiance.*

Oh! madame...

LA PRÉSIDENTE, *à la baronne.*

Il en a plus qu'il n'est gros.

M. DES MAZURES.

Mais, mais, madame...

LA BARONNE, *à la présidente.*

Il est toujours brillant et toujours nouveau.

M. DES MAZURES.

Oh! palsembleu, madame... Je m'en vais bien m'exercer avec le bel ange qu'on me destine; car on dit que c'est un prodige.

LA BARONNE.

Écoutez, ce n'est pas parce qu'elle est ma fille, mais je vous avertis qu'elle vous surprendra.

LE BARON, *à M. Des Mazures.*

C'est une fille qui sait tout.

M. DES MAZURES.

Parbleu! nous aurons de vives conversations. Que de saillies! que de pointes! que de fines équivoques!

Je brûle de voir cette belle
Qui va me donner le transport.

Déjà mon cœur ne bat plus que d'une aile;
A l'aide! je meurs, je suis mort!

LA COMTESSE, *à la baronne en l'embrassant.*

Ma chère baronne, c'est un impromptu.

LA BARONNE.

Qui n'est pas fait à loisir, je vous en réponds.

LE BARON, *frappant de sa canne.*

Corbleu! voilà un furieux génie!

LA PRÉSIDENTE.

C'est une source inépuisable.

LA COMTESSE.

Il surprend toujours.

LA BARONNE.

Il ne dit pas un mot qui ne mérite d'être imprimé.
(*Pendant tous ces éloges*, *M. Des Mazures se mire et
s'ajuste en sifflant.*)

M. DES MAZURES.

Je veux vous conter la dispute que j'ai eue avec deux
beaux esprits de Paris, que je fis bien bouquer. Un
jour...

LA BARONNE.

Vous nous conterez cela dans le jardin. Allons-y
faire deux ou trois tours, en attendant qu'on ait servi.

M. DES MAZURES.

Allons. Mon tendre cœur à chaque instant s'enflamme!
Je brûle d'y trouver cet objet sans pareil!
Ses yeux remplis de feu vont pénétrer mon ame!
Comme l'aigle, les miens vont fixer ce soleil!

FIN DU PREMIER ACTE.

ACTE II.

SCÈNE Ire.

LA BARONNE, LÉANDRE, LOLIVE.

LÉANDRE.

Pasguél madame, je ne saurais deviner pourquoi
vous nous querellez: j'avons eu dessein de faire honneur
à votre gendre. Je l'y avons fait de biaux complimens,
qu'il a pris pour des injures. Est-ce notre faute s'il a

l'esprit mal tourné? Il est fâché? Eh bien! qu'il se dé-
fâche! Je m'en gobarge!

LA BARONNE.

Ah! ah! ceci n'est pas mauvais. Vous faites l'entendu,
monsieur, Nicolas? Mais ne le prenez pas sur ce ton-là,
car je pourrais bien vous chasser, je vous en avertis.

LÉANDRE.

Eh! bian, bian, si vous me chassez, je sais bian ce
que je ferai.

LA BARONNE.

Et que ferez-vous?

LÉANDRE.

Je m'en irai.

LA BARONNE.

Le petit brutal!... Et moi, je veux que vous restiez.
(*A Lolive.*) Maître Pierre, fais-lui donc entendre qu'il
me manque de respect.

LOLIVE, *à Léandre.*

Écoute, Nicolas; il n'y a qu'un mot qui serve : madame est fâchée contre toi; mais alle est fâchée d'être fâchée. Allons, demande - lui pardon bien tendrement.
(*A la baronne.*) N'est-ce pas, madame?

LA BARONNE.

Tendrement, respectueusement; comme il voudra.

LÉANDRE, *à Lolive.*

Pardon? Je n'en ferai rien : elle est trop affolée de son
monsieur Des Mazures.

LA BARONNE.

Mais, dis-moi : tu n'approuves donc pas que je lui
donne ma fille?

LÉANDRE.

Non, morgué! je ne l'approuve pas.

LOLIVE.

Ah! vraiment, il n'a garde! Depuis que vous voulez
marier votre cousin à mademoiselle Angélique, Nicolas
est devenu de si mauvaise humeur qu'il n'y a pas moyan
de vivre avec li.

LA BARONNE, *à Léandre*.

Cela est admirable! Eh! de quoi vous mêlez-vous?

LÉANDRE.

C'est que je sis amoureux.

LA BARONNE, *en colère*.

De ma fille?

LÉANDRE.

Non, de votre honneur. Tout le monde se moquera de vous si vous faites ce mariage-là.

LA BARONNE, *en riant, à Lolive*.

Je vous dis qu'il faudra que je le consulte pour disposer de ma fille!

LÉANDRE.

Morgué! vous n'en feriez pas pus mal. Si vous me consultiez, je sais bian à qui vous la bailleriez

LOLIVE, *à la baronne*.

Et moi aussi.

LA BARONNE.

Eh! à qui?

LÉANDRE.

A celui qu'alle aime, et non à celui qu'alle n'aime pas.

LA BARONNE.

Oh! oh! tu me parais bien instruit! est-ce que ma fille t'a choisi pour son confident?

LÉANDRE.

Non; mais je bouterais ma main au feu qu'alle est enragée d'épouser monsieur Des Mazures! et alle n'a pas tort.

LA BARONNE.

Elle n'a pas tort?

LÉANDRE.

Non voirement. Il n'y a pas plus d'une heure que je connais votre cousin, et je ne pis le souffrir, moi qui vous parle. Sa phisolomie m'a choqué d'abord. Je vous le dis tout net; et je me sis, morgué! bian aperçu que mademoiselle Angélique en était encore pus choquée que moi.

LA BARONNE.

Cela n'importe; je veux qu'elle l'épouse.

LÉANDRE.

Oh! vous voulez, vous voulez…. Ça est bian aisé à dire; mais ça n'est pas encore fait, je vous en avertis.

LA BARONNE.

Non, mais cela sera fait ce soir, indubitablement.

LÉANDRE.

Ça causera du charivari, je vous le prédis.

LA BARONNE.

Je me moque de tout, il faut qu'elle obéisse.

LÉANDRE.

Et si alle ne le peut pas? (*A Lolive.*) Ne m'avez-vous pas dit, maître Piarre, que vous ly aviez entendu parler, avec mademoiselle Babet, d'un certain monsieur qu'alle aimait à Paris, et que sa tante voulait ly bailler pour mari?

LOLIVE, *à la baronne.*

Oui, morgué, alle en est bien assotté. Alle dit que c'est un homme noble, qui n'a pas pos de vingt - cinq ans, qui a biaucoup de bian, qui est colonel, qui est bian bâti, qui a de l'esprit, de l'esprit comme un enragé, et qui a été si fâché, si fâché quand alle est partie pour en épouser un autre, qu'il a juré son grand juron que si ça se faisait il viendrait ici, tout exprès pour couper les oreilles à votre gendre.

LA BARONNE.

Pour lui couper les oreilles?

LÉANDRE.

Oui; et qu'il les attacherait à la grande porte de votre chaquiau.

LA BARONNE.

Qu'il vienne, qu'il vienne, et qu'il se joue à monsieur Des Mazures, il trouvera à qui parler! (*Voyant paraître M. Des Mazures.*) Mais le voici fort à propos… Demeurez; il faut que je l'avertisse de ce que vous venez de m'apprendre.

SCÈNE II.

LA BARONNE, LÉANDRE, Monsieur DES MAZURES, LOLIVE.

LA BARONNE, *à M. Des Mazures, en allant au-devant de lui.*

Mon cher cousin, je suis dans une alarme effroyable.

M. DES MAZURES.

Comment! de quoi s'agit-il?

LA BARONNE.

Il s'agit de ce que vous courez risque de la vie.

M. DES MAZURES.

Cousine incomparable! je crois que vous avez raison. Je suis en danger de mourir d'impatience : je cherche partout mademoiselle votre fille; je la demande à tous les échos d'alentour. Ils sont sourds à ma voix, et je ne puis trouver ma déesse. J'ai un torrent de belles pensées qui vont me suffoquer, si elle ne vient pas leur ouvrir le passage.

    L'enthousiasme me possède;
Inhumaine! barbare! accourez à mon aide!

LA BARONNE.

Eh! mon dieu! trève aux belles pensées. Je vous dis..

M. DES MAZURES.

Angélique est un ange, et ses divins appas
Font dans mon tendre cœur un terrible fracas.

LA BARONNE.

Faites-moi la grace de m'écouter.

LÉANDRE, *bas, à Lolive.*

Quel original!

M. DES MAZURES, *à la baronne.*

Oui, elle est toute charmante, autant que j'en puis juger pour l'avoir entrevue un instant.

LA BARONNE.

Nous en parlerons une autre fois. Sachez...

M. DES MAZURES.

Mais elle m'a piqué au vif, la petite friponne!

LA BARONNE.

Je vous dis...

M. DES MAZURES.

Car je vois qu'elle me fuit pour échauffer mon amour.

LA BARONNE.

Oh! vous ne m'écoutez donc pas?

M. DES MAZURES.

Vous avez beau dire, je comprends son adresse. Rien n'est plus délicat, ni plus spirituel.

LA BARONNE.

Mon cousin, vous moquez-vous de moi?

M. DES MAZURES.

C'est vous qui me plaisantez. (*Montrant Léandre, qui rit.*) Mais que veulent dire toutes les mines que me fait ce nigaud-là?

LA BARONNE.

Ne vous y trompez pas, il n'est pas si sot que vous le croyez.

M. DES MAZURES.

Parbleu! il en a pourtant bien la mine.

LÉANDRE.

Patience, monsieur Des Mazures, je vous ferons con-naître qui je sommes.

LOLIVE, *à M. Des Mazures.*

Il y a des gens dans ce bas monde qui pourront bien rabattre votre caquet.

M. DES MAZURES, *d'un air important.*

Dites-moi un peu, messieurs les faquins, qui sont les gens qui rabattront mon caquet?

LÉANDRE, *le contrefaisant.*

Je ne nommons parsonne.

LOLIVE, *à M. Des Mazures, en le contrefaisant aussi.*

Rira bian qui rira le darnier!

M. DES MAZURES.

Qui rira le darnier ? (*A la baronne.*) Je crois, Dieu me le pardonne, que ces marauds-là me menacent. Sans le respect que j'ai pour vous, ma cousine, je leur apprendrais à parler à un homme de ma qualité.

LÉANDRE, *lui frappant sur l'épaule.*

Ne vous échauffez pas, monsieur Des Mazures, ça pourrait avoir queuque mauvaise suite.

LOLIVE, *à M. Des Mazures, faisant de même.*

Ça est vrai, ça est vrai. Crachez des vars tout votre son, mais par la ventregoi! ne gesticulez point, je vous en avartis.

M. DES MAZURES.

Il est vrai que je me déshonorerais en châtiant moi-même une si vile canaille ; mais si j'appelle mes gens, je leur ferai donner les étrivières.

LOLIVE.

Vos gens ? Sont-ils aussi vigoureux que vos chevaux ?

LÉANDRE, *à M. Des Mazures.*

On voit bian qu'ils sont au sarvice d'un poète : ils ont, morgué! les dents plus longues que les bras.

M. DES MAZURES, *mettant la main sur la garde de son épée, en voyant que Léandre et Lolive se mettent à rire.*

Il faut que j'anéantisse ces marauds-là !

LA BARONNE, *l'arrêtant.*

Que faites-vous, mon cousin? Seriez-vous assez emporté pour frapper mes gens devant moi?

M. DES MAZURES, *à Léandre et à Lolive, d'un ton tragique.*

Rendez grace au respect que j'ai pour la baronne. Sortez, faquins! sortez; c'est moi qui vous l'ordonne.

(*Léandre et Lolive se mettent à rire encore plus fort.*)

LA BARONNE, *à Léandre et à Lolive.*

Retirez-vous, mes enfans, et songez aux égards que

vous devez à un gentilhomme qui a l'honneur de m'appartenir.

LOLIVE.

Je sortons pour vous obéir; mais, fatigué! je varrons s'il nous fera bailler les étrivières.

LÉANDRE, *à M. Des Mazures.*

Je vous baisons les mains, monsieur Des Mazures. (*D'un ton tragique, comme celui qu'a pris M. Des Mazures.*) Venez promener vos belles pensées dans notre jardin, et je vous régalerons d'une salade!

LOLIVE, *à M. Des Mazures.*

Et j'y bouterons la fourniture. (*Léandre et Lolive sortent.*)

SCÈNE III.

LA BARONNE, MONSIEUR DES MAZURES.

M. DES MAZURES.

Voilà deux maroufles bien effrontés! Il semble qu'on les ait payés pour m'insulter; mais s'ils continuent, ma belle cousine, je serai obligé en conscience de les faire assommer.

LA BARONNE.

Il y a ici quelque dessous de carte que nous ne voyons pas. Ne serait-ce point ma fille qui ferait agir et parler ces gens-ci?

M. DES MAZURES.

Eh! à quel propos?

LA BARONNE.

Afin de me refroidir pour vous.

M. DES MAZURES,

Vous croyez donc qu'elle ne m'aime pas?

LA BARONNE.

Oui, vraiment, je le crois.

M. DES MAZURES.

Mais, je vous réponds, moi, qu'elle m'épousera de tout son cœur.

LA BARONNE.

Et sur quoi fondez-vous cette confiance ?

M. DES MAZURES.

Sur deux raisons sans réplique : mon mérite, et son bon goût.

LA BARONNE.

Ne vous y fiez pas. Je la crois prévenue pour quelque autre.

M. DES MAZURES.

Tant mieux.

LA BARONNE.

Comment ! tant mieux ?

M. DES MAZURES.

Sans doute. En triomphant de sa flamme amoureuse,
Ma victoire en sera d'autant plus glorieuse.

LA BARONNE.

À ce qu'il me paraît, mon cousin, vous avez assez bonne opinion de votre petite personne ?

M. DES MAZURES.

Quand on est accoutumé à vaincre, on ne craint point d'être battu.

LA BARONNE.

Ma fille n'est point une provinciale, je vous en avertis ; et, puisqu'il faut vous dire tout, celui qu'elle aime est un jeune courtisan des plus accomplis, à ce qu'on m'assure.

M. DES MAZURES.

Eh ! que m'importe ? Croyez-vous qu'un courtisan puisse me surpasser en bonne mine, en esprit, en graces, en talens, en vivacité, en tout ce qui peut toucher et charmer un cœur ? Si Angélique était une bête, une innocente, peut-être que mes belles qualités ne la frapperaient pas ; mais étant aussi délicate, aussi spirituelle et aussi savante que vous le dites, il est aussi impossible qu'elle ne sympathise pas avec moi, qu'il est impossible que l'aimant n'attire pas le fer.

LA BARONNE.

Supposons tout ce que vous croyez, il est certain cependant que vous avez un rival dangereux ; qu'on croit qu'il est en ce pays-ci, et qu'il est homme à vous insulter. Ainsi, tenez-vous sur vos gardes… Vous rêvez ?

M. DES MAZURES.

Elle a beau se tenir en garde,
L'amour, ce petit dieu qui darde,
Saura si bien darder son cœur,
Que le mien, tôt ou tard, s'en rendra possesseur.

LA BARONNE.

Oh ! vous m'impatientez ! Vous rêvez et vous faites des vers, au lieu de profiter des avis que je vous donne,

M. DES MAZURES.

Excusez, ma chère cousine. J'ai une si haute idée de l'esprit de mademoiselle votre fille, que je tends tous les ressorts du mien pour ne pas demeurer court avec elle. Cette pensée m'occupe uniquement, et je serai incapable de vous écouter, jusqu'à ce que j'aie étalé tout mon mérite à ses yeux.

LA BARONNE, voyant arriver Angélique.

La voici fort à propos.

M. DES MAZURES.

Tout mon embarras est de savoir si j'attaquerai son cœur en vers ou en prose.

LA BARONNE.

En prose, et point de vers, si vous m'en croyez.

<h1 align="center">SCÈNE IV.</h1>

<h2 align="center">ANGÉLIQUE, LA BARONNE, Monsieur DES MAZURES.</h2>

LA BARONNE, à Angélique.

Ma fille, comme monsieur doit être ce soir votre mari, je vous laisse un moment avec lui. Faites bien les honneurs de votre esprit, et songez que c'est désormais l'unique personne à qui vous devez tâcher de plaire.

(Elle sort.)

SCÈNE V.

ANGÉLIQUE, Monsieur DES MAZURES.

(Il lui fait de profondes révérences, qu'elle lui rend par
des révérences ridicules.)

M. des mazures, à part.

Pour une fille qui vient de Paris, voilà des révérences bien gauches! (A Angélique.) Je crois qu'il faut nous asseoir, mademoiselle, car nous avons bien de jolies choses à nous dire!

ANGÉLIQUE, d'un ton niais.

Tout ce qu'il vous plaira, monsieur.

M. des mazures, à part.

C'est la pudeur apparemment qui lui donne un air si déconcerté. (A Angélique.) Voulez-vous, mademoiselle, que nous parlions en vers?

ANGÉLIQUE.

Non, monsieur, s'il vous plaît.

M. des mazures.

Eh bien, parlons donc en prose.

ANGÉLIQUE.

Encore moins. Je n'aime point la prose.

M des mazures.

Oh! oh! cela est nouveau! Comment voulez-vous donc que nous parlions?

ANGÉLIQUE.

Je veux que nous parlions... comme on parle.

M. des mazures.

Mais quand on parle, c'est en prose ou en vers.

ANGÉLIQUE.

Tout de bon?

Destouches. T. II.   13

M. DES MAZURES.

Eh ! assurément.

ANGÉLIQUE.

Ah ! je ne savais pas cela.

M. DES MAZURES.

Allons , allons , vous badinez. Prenons le ton sérieux.
Je vais vous étaler les richesses de mon esprit ; prodi-
guez-moi les trésors du vôtre. Je sais que c'est le Pactole
qui roule de l'or avec ses flots.

ANGÉLIQUE.

Tout de bon ? Mais vous me surprenez ! (*lui faisant
la révérence.*) Qu'est-ce que c'est qu'un Pactole , monsieur ?

M. DES MAZURES, *à part.*

Pour une fille d'esprit , voilà une question bien sotte !
(*à Angélique.*) Quoi vous ne connaissez pas le
Pactole ?

ANGÉLIQUE.

Je n'ai pas cet honneur-là.

M. DES MAZURES , *à part.*

Elle n'a pas cet honneur-là! Par ma foi , la réponse
est pitoyable. *A* (*Angélique.*) Ignorez-vous , mademoiselle , que le Pactole est un fleuve ?

ANGÉLIQUE.

C'est un fleuve?

M. DES MAZURES.

Oui , vraiment.

ANGÉLIQUE , *en riant.*

Ah! j'en suis bien aise.

M. DES MAZURES , *à part.*

Oh! parbleu ! je m'y perds , Si on appelle cela de
l'esprit, ce n'est pas du plus fin, assurément. (*A Angélique.*) Mademoiselle, vous me surprenez à mon tour.
Je vous croyais une virtuose.

ANGÉLIQUE.

Fi donc! monsieur ; pour qui me prenez-vous ? Je
suis une honnête fille : afin que vous le sachiez.

M. DES MAZURES.

Mais on peut-être une honnête fille et être une virtuose.

ANGÉLIQUE.

Et moi, je vous soutiens que cela ne se peut pas. Moi,
une virtuose!

M. DES MAZURES.

Puisque ce terme vous choque, mademoiselle, je
vous dirai plus simplement que je vous croyais une
savante.

ANGÉLIQUE.

Oh! pour savante, cela est vrai, cela est vrai.

M. DES MAZURES, *après l'avoir examinée.*

Hom! c'est de quoi je commence à douter. Voyons
cependant. Vous savez sans doute la géographie, la
fable, la philosophie, la chronologie, l'histoire?

ANGÉLIQUE.

L'histoire? oui, c'est mon fort.

M. DES MAZURES.

Oh çà! pour commencer par l'histoire, lequel aimez-vous mieux d'Alexandre ou de César, de Scipion
ou d'Annibal?

ANGÉLIQUE.

Je ne connais point ces messieurs-là. Apparemment
qu'ils ne sont pas venus ici depuis que je suis de retour
de Paris.

M. DES MAZURES, *à part.*

Ah! nous voilà bien retombés! (*A Angélique.*)Je
vois que vous n'êtes pas forte sur l'histoire ancienne;
peut-être savez-vous mieux celle de France. Combien
comptez-vous de rois de France depuis l'établissement
de la monarchie?

ANGÉLIQUE.

Combien?

M. DES MAZURES.

Oui.

ANGÉLIQUE.

Mille sept cents...

M. DES MAZURES.

Ah! bon dieu ! mille sept cents... rois ?

ANGÉLIQUE.

Assurément.

M. DES MAZURES.

Eh! qui vous a appris cela ?

ANGÉLIQUE.

C'est ma nourrice.

M. DES MAZURES, *à part.*

Sa nourrice lui a appris l'histoire de France (*A Angélique.*) Mademoiselle, cessez de plaisanter, je vous prie ; car ou votre père et votre mère m'ont trompé , ou certainement vous vous moquez de moi.

ANGÉLIQUE.

Moi ; me moquer de monsieur Des Mazures ! Ah! j'ai trop de respect pour lui.

M. DES MAZURES.

Mais vous saviez, disiez-vous , l'histoire, la géographie , la chronologie , la fable, la philosophie ?

ANGÉLIQUE.

Hélas ! je le disais pour vous faire plaisir.

M. DES MAZURES.

Vous ne savez donc rien ?

ANGÉLIQUE.

Je sais lire passablement ; et j'apprends à écrire depuis deux mois.

M. DES MAZURES.

La peste ! vous êtes fort avancée ! Mais on me disait que vous aviez infiniment d'esprit ?

ANGÉLIQUE.

Infiniment , cela est vrai. Je vous avoue , tout bonnement , que j'ai de l'esprit comme un ange.

M. DES MAZURES.

Et vous le dites vous-même ?

ANGÉLIQUE.

Pourquoi non? Est-ce un péché que d'avoir de l'esprit?

M. DES MAZURES.

Ma foi! si c'en est un, je ne crois pas que vous deviez
vous en accuser.

ANGÉLIQUE.

Vous me prenez donc pour une bête?

M. DES MAZURES.

Cela me paraît ainsi; mais, après ce qu'on m'a dit,
je n'ose encore le croire. De grace, ne me cachez plus
votre mérite.

Beau soleil, adorable aurore,
Vous que j'aime, vous que j'adore,
Déployez cet esprit que l'on m'a tant vanté,
Et j'enchaîne à vos pieds ma tendre liberté.

Allons, imitez-moi; un petit impromptu de votre
façon.

ANGÉLIQUE.

Oh! très-volontiers. Je vois qu'il faut vous contenter.

M. DES MAZURES.

Je sentais bien que vous me trompiez. Courage, belle
Angélique! Étalez enfin toutes vos merveilles.

ANGÉLIQUE, *feignant de rêver.*

Un petit moment, s'il vous plaît;

M. DES MAZURES.

Volontiers... Y êtes-vous?

ANGÉLIQUE.

Oui. Écoutez.

M. DES MAZURES.

J'écoute de toutes mes oreilles.

ANGÉLIQUE, *d'un air simple.*

Monsieur, en vérité,
Vous avez bien de la bonté!

Je suis votre servante
Très-humble et très-obéissante.

M. DES MAZURES, *à part.*

La peste soit de l'imbécille! Ah! madame la baronne, vous m'en donnez à garder.

ANGÉLIQUE.

N'êtes-vous pas content?

M. DES MAZURES.

Charmé, je vous assure.

ANGÉLIQUE.

Vous me ravissez!

M. DES MAZURES.

Tout de bon? J'ai donc le talent de vous plaire?

ANGÉLIQUE, *faisant une révérence courte à chaque
question.*

Oui, monsieur.

M. DES MAZURES.

Et vous souhaitez que je vous épouse?

ANGÉLIQUE.

Oui, monsieur.

M. DES MAZURES, *à part.*

Voilà une fille qui n'est point fardée. (*A Angélique.*)
Mais on dit que j'ai un rival?

ANGÉLIQUE.

Oui, monsieur.

M. DES MAZURES.

Que vous l'aimez de tout votre cœur?

ANGÉLIQUE.

Oui, monsieur.

M. DES MAZURES, *à part.*

En voici bien d'un autre! (*A Angélique.*) Et que
si je vous épouse je pourrai bien être...

ANGÉLIQUE, *faisant une profonde révérence.*

Oui, monsieur.

M. DES MAZURES, *à part.*

Au diable soit l'imbécille ! Il n'y a plus moyen d'en douter ; c'est une idiote. On voulait m'attraper ; mais à bon chat, bon rat ! (*A Angélique.*) Mademoiselle, je suis votre serviteur. Si vous avez besoin d'un mari, vous pouvez vous pourvoir ailleurs ; ne comptez plus sur moi.

ANGÉLIQUE.

Vous ne voulez plus m'épouser ?

M. DES MAZURES.

Non, sur ma foi !

ANGÉLIQUE.

Oh ! vous m'épouserez.

M. DES MAZURES.

Moi, moi, je vous épouserais ?

ANGÉLIQUE, *d'un ton vif.*

Oui ; vous l'avez promis, et cela sera.

M. DES MAZURES, *à part.*

Voilà la preuve complète de sa bêtise !

ANGÉLIQUE, *feignant de pleurer de dépit.*

Que je suis malheureuse ! vous me méprisez, vous me désespérez. Mais vous serez mon mari, ou... vous direz pourquoi.

M. DES MAZURES.

Oh ! cela ne sera pas difficile. Tubleu ! quelle commére avec son innocence !

ANGÉLIQUE.

Allez, vous devriez mourir de honte de me faire un pareil affront ! je m'en vais m'en plaindre à mon che-père. (*Elle feint de nouveau de pleurer et de sanglotter.*)

M. DES MAZURES.

A votre che-père ?... Allez, vous êtes bien sa fille ; aussi spirituelle que lui, tout au moins.

SCÈNE VI.

LE BARON, LA BARONNE, ANGÉLIQUE,
M. DES MAZURES.

LE BARON, *à M. Des Mazures.*

Eh bien ! n'êtes-vous pas charmé de l'esprit d'Angélique ?

M. DES MAZURES.

Oh ! oui, très-charmé ! C'est un prodige ! vous me l'aviez bien dit.

LA BARONNE.

Que vois-je ? ma fille tout en pleurs !

M. DES MAZURES, *s'essuyant le front.*

Et moi tout en eau.

LE BARON.

Comment ! qu'est-ce que cela veut dire ?

M. DES MAZURES.

Cela veut dire que je n'ai jamais été à pareille fête.

LA BARONNE.

De quelle fête parlez-vous ? Ma fille pleure et soupire.

M. DES MAZURES.

Je suis venu, j'ai vu, je me suis convaincu... Cela me suffit.

LA BARONNE.

Eh ! de quoi vous êtes-vous convaincu ?

M. DES MAZURES.

Que vous me preniez pour un sot ; mais je vous convaincrai, moi, que je ne le suis pas.

LA BARONNE, *à Angélique.*

Que veut-il dire, ma fille ? Expliquez - nous cette énigme.

ANGÉLIQUE, *pleurant et sanglottant.*

Hélas ! je n'en ai pas la force. Tout ce que je puis

vous répondre, c'est qu'il m'a dit cent impertinences,
et qu'il soutient que je suis... que je suis... J'étouffe,
je suffoque, et je me retire.

(Elle sort.)

SCÈNE VII.

LE BARON, LA BARONNE, Monsieur DES MAZURES.

LE BARON, à M. Des Mazures.

DIRE des impertinences à ma fille! Vous êtes un mal-
avisé, monsieur Des Mazures.

LA BARONNE, à M. Des Mazures.

Pour moi, je n'y comprends rien. Expliquez-vous.
Quel défaut trouvez-vous à ma fille? Vous avez dû vous
apercevoir d'abord que ses sentimens sont aussi élevés
que son esprit?

M. DES MAZURES.

Vous avez raison; l'un vaut l'autre.

LA BARONNE.

Qu'est-ce que cela signifie, mon cousin?

M. DES MAZURES.

Eh! fi, ma cousine.

LA BARONNE.

Quoi!...

M. DES MAZURES.

Fi! vous dis-je. Vous m'aviez vanté votre fille comme
une personne admirable, par ses graces, par ses talens
et par son esprit.

LA BARONNE.

Sans doute.

M. DES MAZURES.

Et moi, je vous la donne, soit dit sans vous offenser,
pour la plus gauche, la plus ignorante et la plus imbécille de toutes les créatures.

LA BARONNE.

Êtes-vous devenu fou, mon cousin, de parler ainsi d'une fille comme la nôtre?

LE BARON. *à M. Des Mazures.*

Corbleu! c'est votre portrait que vous faites, et non pas le sien.

M. DES MAZURES.

Quoi! vous me soutiendrez qu'Angélique a de l'esprit?

LE BARON.

Cent fois plus que vous, et ce n'est pas trop dire.

LA BARONNE, *à M. Des Mazures.*

Personnne n'en eut jamais plus qu'elle.

M. DES MAZURES.

Oh! il faut que vous ou moi nous radotions.

SCÈNE VIII.

LE BARON, LA BARONNE, LE COMTE, LA COMTESSE, LE PRÉSIDENT, LA PRÉSIDENTE, Monsieur DES MAZURES.

LE COMTE, *au baron.*

A quoi vous amusez-vous donc, vous autres? Est-ce que nous ne dînerons point?

M. DES MAZURES, *l'embrassant.*

Ah! mon cher comte!... (*Il déclame.*)
J'ai perdu l'appétit, ô douleur sans pareille!

LE COMTE.

Parbleu! je l'ai donc trouvé, moi; car je meurs de faim.

LE PRÉSIDENT, *au baron.*

Auriez-vous eu quelque altércation? Vous me paraissez tous trois un peu altérés.

LE COMTE.

Altérés! Ils le sont bien, s'ils le sont plus que moi.

LA PRÉSIDENTE.

Effectivement, je crois qu'il y a ici quelque dispute.

LE COMTE.

Il ne faut disputer qu'à qui boira le mieux.

LA COMTESSE, *à la baronne.*

Faites-nous confidence du fait, et nous vous ajusterons.

M. DES MAZURES.

Le voici. Monsieur le baron et madame ma cousine me soutiennent que leur fille est un prodige de science et d'esprit; et moi, je leur soutiens que c'est un prodige d'ignorance et de bêtise.

LA BARONNE.

En vérité, j'ai honte que mon cousin, que j'avais vanté pour un homme d'esprit, en témoigne si peu dans cette occasion.

M. DES MAZURES.

Et moi, je suis honteux que ma cousine, que je croyais judicieuse et sensée, veuille s'aveugler jusqu'à ce point. Je me donne au diable si j'ai jamais rien vu de si stupide que ce prétendu miracle de perfection.

LE BARON.

Par la ventrebleu!...

LA BARONNE.

Point d'emportement, mon cœur. Il nous est facile de nous justifier. Ces messieurs et ces dames ont du monde et de l'esprit; je les prends pour juges de notre différent.

LE PRÉSIDENT.

Volontiers. J'appointe la cause. Condamnons la demoiselle Angélique à comparaître devant la cour, pour exposer ses qualités et talens, perfections et imperfections, et se voir jugée définitivement. Défense au père, à la mère et au futur conjoint, d'assister à l'audience en personne.

LE COMTE.

Ni par avocats. On se passera bien d'eux.

LE PRÉSIDENT.

Et ce afin que ladite cour puisse prononcer sans partialité. Telle est notre sentence provisoire. Messieurs et mesdames, la confirmez-vous ?

LE COMTE.

Oui ; mais à condition qu'avant que de juger nous irons tous à la buvette.

LE BARON.

C'est bien dit.

LE COMTE.

J'ajoute encore une clause, c'est que pendant tout le repas il ne sera question de rien, et que les procédures ne commenceront qu'après le dîner.

LE BARON.

On ne peut pas mieux conseiller. Allons ; le dîner nous attend.

M. DES MAZURES, *à la compagnie.*

Messieurs et mesdames, un petit mot avant que de sortir :

> Mes chers amis, que ne puis-je assez boire
> Pour oublier ma déplorable histoire !
> Mais, grace à mon malheur, mon sort est si fatal,
> Que le divin jus de la treille,
> Soit qu'il m'endorme ou qu'il m'éveille,
> Ne saurait soulager mon mal.

LA COMTESSE.

Toujours de l'esprit, monsieur Des Mazures !

M. DES MAZURES.

C'est mon défaut ; je ne saurais m'en corriger.

FIN DU SECOND ACTE.

ACTE III.

SCÈNE Iʳᵉ.

ANGÉLIQUE, LÉANDRE, LOLIVE.

LÉANDRE.

Non, je n'ai jamais rien entendu de si plaisant que le récit de votre conversation avec monsieur Des Mazures. Comment avez-vous pu si bien contrefaire l'innocente, ayant autant d'esprit que vous en avez?

ANGÉLIQUE.

On a raison de dire que l'amour est un grand maître, et qu'il vient à bout de tout ce qu'il entreprend.

LÉANDRE.

Il nous le prouve d'une façon bien nouvelle.

LOLIVE, *à Angélique.*

Avouez, mademoiselle, qu'il n'a pas fait ce miracle-là tout seul, et que la malice y a autant de part que l'amour?

ANGÉLIQUE.

J'en demeure d'accord. Ce m'est un plaisir bien vif de faire mon possible pour me conserver à ce que j'aime; mais c'en est un pour moi bien piquant de berner un fat que je hais, et de lui jouer un tour qui le rendra ridicule à jamais.

LOLIVE, *à Léandre.*

Je ne me trompais pas, comme vous voyez. Je connais les femmes.

ANGÉLIQUE, *à Léandre.*

Il n'en est pas quitte, et je lui réserve un autre plat de mon métier.

LÉANDRE.

Eh! quel est ce nouveau ragoût dont vous allez le régaler?

ANGÉLIQUE.

Je vais feindre en sa présence, et devant toute la compagnie, que le désespoir où je suis d'être forcée de l'épouser me donne des vapeurs noires, et me fait devenir folle. Je dirai, je ferai tant d'extravagances, qu'il désirera bien moins d'être mon mari que je n'ai envie d'être sa femme. C'est le coup de grace que je lui prépare.

LÉANDRE.

Rien n'est mieux imaginé, et vous avez tout l'esprit qu'il faut pour bien jouer ce personnage.

LOLIVE, à Angélique.

De notre côté nous lui préparons un petit compliment qu'il trouvera fort incivil.

ANGÉLIQUE.

Léandre m'a confié ce projet, et je l'approuve. Il est question maintenant d'agir en conséquence de ce qui s'est passé entre mon père, ma mère et monsieur Des Mazures.

LÉANDRE.

Que s'est-il donc passé? et comment n'étant point restée à la table, avez-vous pu pénétrer?...

ANGÉLIQUE.

J'ai su de Babet, que j'ai mise aux écoutes, qu'on doit me juger, et qu'on a nommé pour commissaires madame la comtesse, monsieur le président et sa chère épouse.

LÉANDRE.

Tout de bon?

ANGÉLIQUE.

Cela me fait naître une idée. Pour mieux brouiller monsieur Des Mazures avec mon père et ma mère, bien loin de faire l'imbécille en présence de mes juges, je vais prendre devant eux un ton si sublime que mon phébus leur fera croire que je suis le plus bel esprit du monde. Ils soutiendront à monsieur Des Mazures qu'il s'est trompé sur mon sujet; et comme Babet, que j'ai instruite, doit l'avoir confirmé dans l'opinion que je suis une idiote, cela va former un embrouillement dont s'ensuivra la rupture.

LÉANDRE.

Nos affaires prennent un bon tour.

ANGÉLIQUE.

Je vous en réponds. (*Entendant tout le monde sortir de table.*) Mais j'entends un grand bruit... On se lève de table... Voici mes juges. Retirez-vous. (*Léandre et Lolive sortent.*)

SCÈNE II.

LE PRÉSIDENT, LA PRÉSIDENTE, LA COMTESSE, ANGÉLIQUE.

LE PRÉSIDENT, *bas, à la présidente et à la comtesse, en regardant Angélique.*

Oh ! oh ! ce n'est point là l'abord d'une imbécille.

LA COMTESSE, *bas.*

Ni d'une personne aussi maussade qu'on nous l'a dépeinte.

LA PRÉSIDENTE, *bas.*

Au contraire elle a tout-à-fait bon air... Écoutons ce qu'elle va dire. (*Ils s'asseyent tous les trois, et Angélique reste debout.*)

ANGÉLIQUE.

On m'ordonne de comparaître devant mes juges, et j'obéis avec soumission... Vous êtes ici, monsieur et mesdames, pour porter un jugement sur mon esprit ?

LE PRÉSIDENT.

Oui, nous nous y sommes engagés.

ANGÉLIQUE.

L'entreprise est un peu hardie, monsieur le président. Vous, dont la profession est de juger, ne sentez - vous pas qu'elle est bien scabreuse, et qu'elle expose à d'étranges bévues ?

LE PRÉSIDENT, *bas à la comtesse.*

Voilà une question qui m'embarrasse et me surprend.

ANGÉLIQUE.

Et vous, mesdames, vous qui voulez aussi juger des autres, pourriez-vous bien juger de vous-mêmes ?

LA PRÉSIDENTE, *bas*, *à la comtesse*.

Quelle innocente! qu'en dites-vous, madame?

LA COMTESSE, *bas*.

Que jamais idiote ne fit une pareille apostrophe.

ANGÉLIQUE.

Vous voulez juger de moi : mais pour juger sainement il faut une grande étendue de connaissances ; encore est-il bien douteux qu'il y en ait de certaines.

LE PRÉSIDENT, *bas*, *à la comtesse*,

Je tombe de mon haut.

LA COMTESSE, *bas*.

Et moi, des nues.

ANGÉLIQUE.

Avant donc que vous entrepreniez de prononcer sur mon sujet, je demande préalablement que vous examiniez avec moi nos connaissances en général, les degrés de ces connaissances, leur étendue, leur réalité; que nous convenions de ce que c'est que la vérité, et si la vérité se trouve effectivement. Après quoi nous traiterons des propositions universelles, des maximes, des propositions frivoles, et de la faiblesse ou de la solidité de nos lumières.

LE PRÉSIDENT.

Mademoiselle, dispensez-vous de cette discussion. Tout se réduit à un point fort simple, savoir si vous avez de l'esprit, ou si vous n'en avez pas.

ANGÉLIQUE.

Eh! comment le connaîtrez-vous? Définissez-moi l'esprit premièrement; et si je suis contente de votre définition je verrai si vous êtes capable de juger si j'ai de l'esprit ou si je n'en ai pas : car il ne suffit pas de dire des mots, il faut leur attacher des idées, et convenir de celles qui leur sont propres : mais c'est ce que la plupart des hommes négligent : de là procèdent la témérité, la fausseté de leurs jugemens. Ils apprennent les mots, à la vérité ; mais, ignorant les vraies idées avec lesquelles ces mots ont leur liaison, ils forment des

sons vides de sens, et parlent comme des perroquets...
Quoi! vous me regardez tous trois sans rien dire!..
Qu'avez-vous à me répondre?

LE PRÉSIDENT.

Qo'il faut que monsieur Des Mazures ait perdu l'esprit,
puisqu'il ose dire que vous êtes une bête.

LA COMTESSE.

Je le croyais un grand homme; mais me voilà bien
désabusée.

LA PRÉSIDENTE.

Pour moi, je suis saisie d'étonnement.

ANGÉLIQUE.

Peu de chose vous étonne, à ce que je vois... Mais si
je vous disais...

LE PRÉSIDENT, *se levant*.

Je prononce, sans aller aux voix, que vous avez infiniment d'esprit, et que vous êtes très-savante.

LA PRÉSIDENTE, *se levant*.

Je prononce de même.

LA COMTESSE, *se levant*.

Et moi, je le soutiendrai contre toute la terre.

ANGÉLIQUE.

Vous m'accordez l'esprit, vous m'accordez la science:
c'est me faire bien de l'honneur! Mais je serais bien
plus flattée si vous m'accordiez le jugement et la raison,
heureuses et rares qualités!

LA PRÉSIDENTE.

Vous les avez aussi, nous n'en doutons pas.

ANGÉLIQUE.

Dites que je les avais, mais que je les ai perdues.

LA COMTESSE.

Cela ne nous paraît point.

ANGÉLIQUE.

Vous ne vous en apercevrez peut-être que trop tôt!...
Si vous me voyiez dans mes noires vapeurs...

(*Elle se met à rêver.*)

LA COMTESSE, *à part.*

Oh! oh! la voilà tombée dans une profonde rêverie. (*A Angélique.*) Pourrait-on savoir, mademoiselle, à quoi vous pensez si sérieusement?

ANGÉLIQUE, *à part, et feignant de sortir de sa rêverie.*

Ne pourrais-je point, tandis que je suis seule, me fixer à l'un de ces deux différens systèmes de la physique moderne?

LA PRÉSIDENTE, *à part.*

Tandis qu'elle est seule?

LA COMTESSE, *à part.*

Il y a du dérangement dans cet esprit-là.

ANGÉLIQUE, *à part.*

J'aime les tourbillons; mais j'ai peine à résister à l'attraction. Descartes me ravit, et Newton m'entraîne.

LA COMTESSE.

Mademoiselle, laissez ces matières abstraites, et songez que nous sommes avec vous.

ANGÉLIQUE, *feignant de la surprise.*

Ah! c'est, vous madame la comtesse! Vous venez à propos pour me déterminer, et je suivrai votre avis. Le système des tourbillons vous parait-il préférable à celui de l'attraction?

LA COMTESSE.

Oh! je suis furieusement pour l'attraction; j'aime tout ce qui attire.

ANGÉLIQUE.

Je m'en étais doutée. (*A la présidente.*) Et madame la présidente?

LA PRÉSIDENTE.

Pour moi, je me jette à corps perdu dans les tourbillons. (*Bas au président.*) Je ne sais ce que je dis; mais il faut lui répondre.

LA COMTESSE, *bas.*

Vous faites bien. Je me trompe fort si cette aimable personne n'extravague pas de temps en temps.

LA PRÉSIDENTE, *bas.*

Je crois qu'à force d'étudier elle s'est brouillée la cervelle.

ANGÉLIQUE, *à part, après avoir rêvé*

Non, je ne reviens pas de ma surprise et de mon indignation.

LE PRÉSIDENT, *bas à la comtesse.*

Voici quelque autre idée qui lui passe par la tête.

ANGÉLIQUE, *à part.*

La bile me domine... J'entre en fureur.

LA PRÉSIDENTE, *bas, au président.*

Ah! bon dieu! prenons garde à nous.

ANGÉLIQUE, *à part.*

Oui, je deviens furieuse lorsque je pense qu'un original comme Des Mazures ose se flatter d'effacer de mon cœur le digne objet de mon estime et de mon amour. (*A tous les trois.*) Écoutez tous les sermens que je fais : Je jure par le Styx que, s'il ne se désiste pas de sa prétention, il mourra jamais que de ma main.

LA COMTESSE, *bas, au président.*

Sa cervelle s'échauffe. Je crois qu'il est temps de nous retirer.

ANGÉLIQUE.

Il dit que je suis gauche ?... Prenez garde à ces révérences. (*Elle fait des révérences de très-bonne grace.*) Que je marche mal?... (*Elle fait quelques pas et revient.*) Voyez de quel air j'entre dans une chambre; avec quelle grace je m'y prends... (*Elle chante et danse seule, et puis elle prend le président par la main.*) Allons, monsieur le président, un petit menuet avec moi.

LE PRÉSIDENT.

Excusez-moi, mademoiselle, je ne danse jamais

ANGÉLIQUE.

Vous ne dansez jamais! Oh! parbleu! nous danserons ensemble.

LA PRÉSIDENTE, *bas, au président.*

Dansez, bien ou mal; il ne faut pas l'irriter.

ANGÉLIQUE, *chanté, et de temps en temps s'interrompt pour parler au président.*

Allons, gai, monsieur le président.... Tenez-vous droit, monsieur le président... Tournez donc... En cadence, monsieur le président, en cadence... Ah! que la justice a mauvaise grace!

SCÈNE III.

LA BARONNE, M. DES MAZURES, LE PRÉSIDENT, LA PRÉSIDENTE, LA COMTESSE, ANGÉLIQUE.

LA BARONNE, *au président.*

Que vois-je? monsieur le président qui danse avec ma fille!

LE PRÉSIDENT, *se débarrassant des mains d'Angélique.*

Au moins c'est elle qui l'a voulu.

LA BARONNE, *à Angélique.*

Êtes-vous folle, ma fille, de faire danser un grave magistrat? Que veut dire ceci?

LA PRÉSIDENTE.

Ne la tourmentez point, madame.

LA BARONNE.

Comment! que je ne la tourmente point.

LA COMTESSE.

Non, vraiment. Ne voyez-vous pas qu'elle est dans ses vapeurs?

M. DES MAZURES.

Mademoiselle a des vapeurs? Voilà une nouvelle perfection dont je ne m'étais pas aperçu.

LA BARONNE, *au président.*

Finissons ce badinage, je vous prie, et venons au fait; Avez-vous entretenu ma fille, et la trouvez-vous une idiote?

LE PRÉSIDENT.

Je prononce qu'elle a tout l'esprit qu'on peut avoir.

LA PRÉSIDENTE, *à la baronne.*

C'est un prodige de science.

LA COMTESSE, *à la baronne.*

Sa science et son esprit sont ornés de toutes les graces qu'on admire dans les personnes les plus charmantes. Paris et la cour ne peuvent rien offrir de plus parfait.

M. DES MAZURES.

Oh! vous me feriez devenir fou! Je sais bien ce que j'ai vu, je sais bien ce que j'ai entendu ; je ne rêvais point, et je ne rêve point encore.

LA BARONNE.

Voilà une opiniatreté que je ne puis plus soutenir. Allez, monsieur, vous ne méritez pas l'estime que j'avais pour vous, et je commence à me repentir...

M. DES MAZURES.

Oui, oui, fâchez-vous, fâchez-vous : je ne suis point dupe, je vous en avertis. Vous avez beau vous entendre tous tant que vous êtes, on ne m'en donne point à garder.

LA BARONNE.

Oh! c'est pousser ma patience à bout. (*A Angélique.*) Approchez, Angélique. Il n'est plus question de garder le silence. Voyons si vous êtes une bête.

ANGÉLIQUE.

Hélas, je ne sais plus ce que je suis

LA BARONNE.

Comment donc! Parlez, parlez. Faut-il tant presser une fille de parler?

ANGÉLIQUE.

Que vous dirai-je? Tout ce que je puis vous dire c'est que je suis au désespoir.

LA BARONNE.

Au désespoir! Eh! pourquoi?

ANGÉLIQUE.

Je suis dans une tristesse, dans une mélancolie qui m'arrache des larmes. (*Elle pleure.*)

LA BARONNE.

Eh! mon Dieu, qu'a-t-elle donc?

LE PRÉSIDENT.

Elle rentre dans ses vapeurs.

LA BARONNE.

Vous vous moquez de moi, avec vos vapeurs.

ANGÉLIQUE.

Oui, quand je vois ce monsieur Des Mazures, je le trouve si plaisant, si original, si comique, que je ne puis m'empêcher de rire... Ah! ah! ah! (*Elle rit démesurément.*)

LA BARONNE, *à part.*

Oh ciel! est-ce que l'amour lui aurait tourné l'esprit?

ANGÉLIQUE, *prenant M. Des Mazures par la main.*

Ne vous désespérez pas, mon cher Léandre.

M. DES MAZURES.

Moi, Léandre?

ANGÉLIQUE.

Ne vous désespérez pas, vous dis-je... Il lève les yeux au ciel! la rage est peinte sur son visage! Que va-t-il faire? il tire son épée! il veut se percer le cœur! Ah! cruel! ah! barbare! perce donc le mien avant que de te priver du jour!... Oui, je veux expirer sous tes coups!... (*M. Des Mazures s'éloigne d'elle.*) Mais l'ingrat me fuit! il m'échappe pour exécuter son dessein tragique!... Non, non, je ne t'en donnerai pas le loisir, je te suivrai partout. J'arrêterai ton bras, ou ton bras nous assassinera l'un et l'autre!... Veux-tu que je vive après toi pour me livrer à Des Mazures? Non ; donne-moi cette épée dont tu veux te servir pour me priver de ce que j'aime...(*Elle arrache l'épée de M. Des Mazures.*) J'en veux faire un meilleur usage, et je vais percer le cœur de ton rival! (*M. Des Mazures passe vite d'un autre côté ; et Angélique court après le Président, qui fuit devant elle.*)

LE PRÉSIDENT.

Arrêtez, mademoiselle : vous me prenez pour un autre.

Je ne suis point le rival de Léandre ; je suis un grave magistrat, un président de l'élection. (*Angélique le laisse, et va se jeter dans un fauteuil.*)

LA PRÉSIDENTE.

Ah ! mon cher époux, êtes-vous mort ?

LE PRÉSIDENT.

Je crois que non, ma chère épouse ; mais je n'en vaux guère mieux.

M. DES MAZURES, *à part.*

Parbleu ! j'allais faire un beau mariage ! Épouser une bête enragée ! (*A la Baronne.*) Je vous baise les mains, madame la Baronne.

LA BARONNE.

Hélas ! mon cousin, attendez un moment, que nous voyions ce que ceci deviendra.

M. DES MAZURES.

Je suis votre valet.... Si elle m'allait reconnaître ?

LA BARONNE.

Eh bien ! tâchez de lui ôter votre épée.

M. DES MAZURES.

Dieu m'en préserve ! je lui en fais présent du meilleur de mon cœur.

LA BARONNE, *à Angélique.*

Ma fille, ma chère Angélique, rappelez vos sens, reconnaissez-moi.

ANGÉLIQUE.

Ah! mon père, mon tendre père !

LA BARONNE, *à part.*

Hélas ! elle me prend pour monsieur le baron.

ANGÉLIQUE, *se jetant aux genoux de sa mère.*

En quel état me réduisez-vous ! Ayez pitié de ma faiblesse. Je ne vous l'ai point cachée : mes larmes et mes soupirs vous en avaient instruit avant que ma bouche vous l'eût confirmée ; mais vous m'avez abandonnée à l'autorité d'une mère inflexible, qui veut que sa volonté règle les mouvemens de mon cœur, et qui m'arrache

au plus aimable de tous les hommes, pour me sacrifier
à l'objet de mon aversion. (*Elle se lève.*) Je ne puis
vous toucher : vous voulez tous deux ma mort? il faut
vous satisfaire!

LA BARONNE.

Ah! quel égarement! (*Elle désarme sa fille, et remet
l'épée à M. Des Mazures.*) Ma chère fille, ouvre les
yeux, reconnais ta mère! L'état où je te vois ranime
toute la tendresse que j'ai eue pour toi. (*A part.*)
Malheureuse que je suis! c'est moi qui ai causé son
extravagance!

M. DES MAZURES.

Dites-moi, madame, ces accès-là lui prennent-ils
souvent?

LE PRÉSIDENT.

Nous nous étions aperçus de sa maladie.

LA BARONNE.

Pour moi je ne vous jure que voilà la première fois
que je l'ai vue en cet état. Apparemment que c'est l'a-
version dont elle s'est prise pour mon cousin qui lui a
tourné la cervelle.

SCÈNE IV.

LA BARONNE, ANGÉLIQUE, LE PRÉSIDENT,
LA PRÉSIDENTE, LA COMTESSE, M. DES
MAZURES, LOLIVE.

LOLIVE, *au Président, en feignant de ne pas voir
d'abord M. Des Mazures.*

Ne pourriez-vous point me dire, par aventure, où je
pourrai trouver l'original que je cherche?

M. DES MAZURES.

Eh! qui est cet original, mon ami.

LOLIVE.

Pargué! c'est vous-même.

M. DES MAZURES.

Insolent! sans le respect que j'ai pour la compagnie

je t'apprendrais à parler ! Je t'en dois aussi bien qu'à ton
camarade !

LOLIVE.

Eh! morgué! ne vous fâchez pas ; je vous apporte un
petit billet doux, qui vous divertira peut-être.

M. DES MAZURES.

Un billet doux ? Eh! de qui est-il ?

LOLIVE.

D'un biau monsieur, tout galonné, que je ne connais
point. J'ai pris bravement deux louis d'or qu'il a boutés
dans ma main ; et v'là son billet que je boute dans la
vôtre gratis. (*Il présente un billet à M. Des Mazures,
qui le prend.*)

LA BARONNE, *à monsieur Des Mazures.*

Je soupçonne d'où il vient. Lisez haut, je vous prie.

M. DES MAZURES, *lisant*

« Avant que vous épousiez Angélique, je suis curieux
« de savoir si vous la méritez mieux que moi. Je vous
« attends dans le petit bois pour décider cette affaire ;
« venez m'y trouver au plus vite, sinon j'irai vous cher-
« cher, fussiez-vous au fond des enfers !

« Léandre. »

LA COMTESSE.

Voilà une affaire sérieuse, et je me persuade que vous
vous en tirerez galamment.

M. DES MAZURES.

Très-galamment, je vous jure. (*A Lolive.*) Mon ami,
va-t'en dire à celui qui t'a chargé de ce billet que nous
ne nous battrons point pour savoir à qui Angélique de-
meurera ; et que je la lui cède de tout mon cœur.

(*Lolive sort.*)

SCÈNE V.

LA BARONNE, LE PRÉSIDENT, LA PRÉSI-
DENTE, Monsieur DES MAZURES, LA COM-
TESSE, ANGÉLIQUE.

M. DES MAZURES.

Moi, m'aller battre pour une folle ? Je n'ai point de
gorge à couper pour elle.

LA BARONNE.

Si bien donc, monsieur, que vous rompez les engagemens que nous avions ensemble ?

M. DES MAZURES.

Très-solennellement.... Ce monsieur et ces dames seront témoins que je vous rends votre parole. Rendez-moi
la mienne.

LA BARONNE.

Volontiers, je vous jure ; et je voudrais ne l'avoir jamais reçue.

ANGÉLIQUE, *se levant brusquement, ce qui effraie mon-*
sieur Des Mazures et le président.

Parlez-vous sérieusement, madame ?

LA BARONNE, *à part.*

Ah ! elle me reconnaît ! (*A Angélique.*) Oui, ma
chère fille, du plus profond de mon cœur !

ANGÉLIQUE.

Me promettez-vous aussi devant la compagnie de ne
plus vous opposer à mon mariage avec Léandre ?

LA BARONNE.

Que le ciel me punisse si j'y apporte le moindre obstacle.

ANGÉLIQUE.

J'embrasse vos genoux pour vous remercier de cette
grace, et pour vous demander mille pardons des alarmes
que je vous ai causées... Grace au ciel je ne suis ni bête,
ni folle !

LE PRÉSIDENT, *à part.*

Oh ! oh ! voici bien une autre transition !

ANGÉLIQUE, *à la baronne.*

Mais j'ai affecté de le paraître pour dégoûter de moi monsieur Des Mazures. Pardonnez à l'amour l'artifice qu'il m'a suggéré, et dont je me suis servie avec tant de succès.

M. DES MAZURES, *au président.*

Ce n'est plus une bête qui parle !

LE PRÉSIDENT.

Ni une folle non plus, sur ma parole !

M. DES MAZURES.

Je crois, Dieu me le pardonne, qu'elle a de l'esprit par accès.

LA BARONNE, *à Angélique.*

Quoi ! ma fille, est-il bien possible que vous ayez pu vous contrefaire à ce point ?

ANGÉLIQUE.

Je n'en rougis que par rapport à vous : trop heureuse si ma soumission vous touche, et vous engage à combler mes vœux !

LA BARONNE.

Je vous confirme la parole que je vous ai donnée de ne plus m'opposer à vos inclinations (*A monsieur Des Mazures.*) Vous voyez à présent, monsieur, si ma fille est une sotte.

M. DES MAZURES.

J'enrage de l'avoir cru : c'est moi qui suis le sot présentement.

LA BARONNE, *à Angélique.*

Où est Léandre ?

ANGÉLIQUE.

Je crois qu'il est allé se jeter aux genoux de mon père.

SCÈNE VI.

LE BARON, LA BARONNE, LE COMTE, LA COMTESSE, LÉANDRE, *en habit de son état*, ANGÉLIQUE, LE PRÉSIDENT, LA PRÉSIDENTE, Monsieur DES MAZURES.

LE COMTE, *au baron*, *en montrant Léandre*.

Je suis très-content de ce garçon-là, et je veux qu'il soit ton gendre.

LE BARON.

Oui, corbleu! il le sera puisque je lui ai donné ma parole.

LE COMTE.

C'est le fils d'un de mes meilleurs amis, et je te le recommande.

LE BARON.

C'est une affaire faite. (*A M. Des Mazures.*) Monsieur Des Mazures, votre serviteur... Je suis bien aise de vous voir. Quand vous en retournez-vous ?

M. DES MAZURES.

Tout au plustôt, je vous jure, car je pars.

(*Il sort.*)

SCÈNE VII.

LE BARON, LA BARONNE, ANGÉLIQUE, LE COMTE, LA COMTESSE, LÉANDRE, LE PRÉSIDENT, LA PRÉSIDENTE, LOLIVE, *en habit de valet-de-chambre*.

LE BARON, *à Léandre*.

Approchez, mon gendre, approchez.

LA BARONNE, *à part, en examinant Léandre*.

Que vois-je ? Si je ne me trompe, c'est Nicolas en habit de cavalier ?

LOLIVE.

Et voilà maître Pierre en habit de valet-de-chambre,
fort à votre service.

LÉANDRE, *à la Baronne.*

Vous voyez, madame, que l'amour cause ici bien des
métamorphoses.

LA BARONNE.

Je ne m'étonne plus, monsieur Nicolas, si vous étiez
si prévenu contre mon cousin.

LÉANDRE.

Daignez excuser mon déguisement, madame, et
confirmer la cession que me fait monsieur Des Mazures.

LA BARONNE.

Soyez mon gendre, puisqu'il faut que j'en passe par là.

LE BARON, *à Angélique.*

Eh bien! ma fille, vous voyez que je suis le maître;
et je vous ordonne d'accepter Léandre pour votre mari,
sous peine de malédiction.

ANGÉLIQUE.

Je vous proteste, mon père, que je suis trop scrupuleuse pour m'exposer à ce malheur : j'obéirai quand il
vous plaira.

FIN DE LA FAUSSE AGNÈS

LE

TAMBOUR NOCTURNE,

OU

LE MARI DEVIN,

COMÉDIE EN CINQ ACTES ET EN PROSE,

DE

DESTOUCHES;

Représentée, pour la première fois, en 1762.

^^^

PERSONNAGES.

LE BARON DE L'ARC.

LA BARONNE, épouse du baron.

LE MARQUIS DU TOUR, amant de la baronne.

LÉANDRE, autre amant de la baronne.

Madame CATAU, femme de charge du château.

Monsieur PINCÉ, intendant du baron.

LA RAMÉE, sommelier.

Maître PIERRE, cocher.

Maître NICOLAS, jardinier.

LA JONQUILLE, laquais de la baronne.

La scène est dans un vieux château appartenant au baron.

LE
TAMBOUR NOCTURNE,

COMÉDIE.

ACTE PREMIER.

*La scène représente l'antichambre de l'appartement de
la baronne.*

SCÈNE Iʳᵉ.

LA RAMÉE, MAÎTRE PIERRE, MAÎTRE NICOLAS.

(Ils sont à table et buvant.)

LA RAMÉE.

Oh çà! mes amis, divertissons-nous. Madame la baronne est à la promenade, et ne reviendra que pour dîner, car il fait le plus beau temps du monde. Madame
Catau, notre gouvernante, est en visite chez sa com-
mère. Notre vieux intendant n'est pas encore revenu de
la ville. Il n'y a dans le château que nous et le revenant.

Mtre. NICOLAS.

Morgué! sauf correction, monsieur de la Ramée, je
crois que je boirions plus à notre aise à votre office que
dans cette antichambre. Tout le monde passe ici; et
quand je suis interrompu, le vin que j'avale ne fait que
m'altérer.

LA RAMÉE.

Taisez-vous et buvez, monsieur le jardinier. C'est dans cet endroit-ci que l'esprit bat le tambour ordinairement; et je veux boire à sa santé, afin qu'il me soit obligé de ma politesse, et qu'il ne vienne point faire le sabat dans ma chambre

Mtre. PIERRE.

Pardié! c'est bien pensé. Vous êtes homme de tête, monsieur de la Ramée, et vous avez justement trouvé le moyen de gagner l'amitié du revenant. Je veux aussi être de ses amis.... Allons, à sa santé, messieurs, je vous la porte.

(Ils se lèvent et se tiennent en posture de gens qui boivent une santé avec beaucoup de respect.)

LA RAMÉE, *le verre à la main.*

Esprit, qui nous lutines depuis quinze jours, et qui te plais à nous faire mourir de peur, nous te conjurons, mes camarades et moi, de nous laisser manger, boire et dormir en repos; et nous te promettons, foi de gens d'honneur, de nous enivrer régulièrement tous les jours en buvant à ta santé.

TOUS TROIS ENSEMBLE.

A ta santé.

Mtre. PIERRE.

Notre pauvre maîtresse est dans de grandes frayeurs : elle croit que le revenant est l'esprit de son mari qui a été tué à la dernière campagne de Flandre.

LA RAMÉE.

Elle a raison, maître Pierre : ce ne peut être que monsieur le baron qui revient. Il a toujours aimé la guerre. Vous souvenez-vous que quand il était petit, il n'y avait point d'instrument qui lui fît tant de plaisir que le tambour?

Mtre. NICOLAS.

Mais je m'étonne qu'on n'ait jamais pu retrouver son corps sur le champ de bataille.

LA RAMÉE.

Eh! comment l'aurait-on trouvé, nigaud? N'est-il

pas ici dans le château ? Crois-tu qu'il pût battre le tambour, comme il fait toutes les nuits, s'il n'avait pas
gardé ses bras et ses mains ?

Mtre. PIERRE, à Nicolas.

Monsieur de la Ramée a raison ; notre maître revient
en corps et en ame... (On frappe.) Ah ! quel bruit est-
ce que j'entends ? C'est lui-même ! c'est le diable...

Mtre. NICOLAS.

A-peu-près... c'est madame Catau.

<h1 align="center">SCÈNE II.</h1>

MADAME CATAU, LA RAMÉE, MAÎTRE PIERRE,
MAÎTRE NICOLAS.

Mad. CATAU.

Eh bien ! que font là ces ivrognes ? Ils ne sont pas
contens de boire nuit et jour, il faut qu'ils viennent s'enivrer dans l'antichambre de madame.

LA RAMÉE, buvant.

A votre santé, madame Catau.

Mtre NICOLAS, buvant.

Et rasade.

Mtre. PIERRE, buvant.

Tope !

Mad. CATAU.

Quelle insolence !... Quelle vie ! quel désordre ! Est-
il temps, messieurs les coquins, de faire ce train-là dans
le moment que des personnes de qualité arrivent au château ? Allez mettre le couvert, monsieur de la Ramée.
Allez donner l'avoine à vos chevaux, maître Pierre.
Pourquoi n'êtes-vous pas à votre jardin, maître Nicolas ?

LA RAMÉE.

Comme nous nous sommes trouvés tous trois de loisir, que pouvions-nous faire de mieux que d'essayer, en
buvant, si nous ne pourrions point nous donner du courage contre l'esprit ?

Mtre. NICOLAS.

Car, voyez-vous, madame Catau, je sommes tous trois d'opinion qu'on n'a jamais plus de courage que quand on est ivre.

Mad. CATAU.

Oh ! les poltrons ! Ce sont eux qui, avec leurs contes impertinens, perdent ce château de réputation, et sont cause que mille gens y accourent de toutes parts. Les marauds s'effraient sans raison, et inspirent la frayeur à tous nos voisins.

Mtre. NICOLAS.

Je nous effrayons, dit-elle... Jarnigué ! je ne crains rien : entendez-vous, madame Catau ? J'aurais peur d'un tambour, moi ; Eh ! morgué ! c'est un vrai tambour de milice.

LA RAMÉE.

Au nom de Dieu, maître Nicolas, ne blasphémez point. Respectez l'esprit et son tambour.

Mtre. PIERRE.

Vous avez tort ; maître Nicolas ; et vous serez cause qu'il nous arrivera quelque malheur.

Mad. CATAU, *à part.*

Bon ! voilà mes ivrognes aussi persuadés que je le souhaitais qu'il revient un esprit dans ce château.

Mtre. NICOLAS, *en montrant son verre.*

Par la têtedié ! je me gobarge de l'esprit encore une fois ; je suis dans mon fort..., et avec cette arme-là je ne craindrais pas le diable, s'il me montrait ses cornes... (*On entend battre le tambour et Nicolas en est si effrayé qu'il laisse tomber son verre.*) Ah ! je suis mort !... Miséricorde ! ayez pitié de moi, monsieur l'esprit !

LA RAMÉE, *se levant, et courant avec un tel effroi, qu'il se laisse tomber.*

Où courir ? Où nous sauver ?

Mtre. PIERRE.

Allons nous cacher dans la cave.

(Ils s'enfuient tous trois.)

SCÈNE III.

Madate CATAU, *seule*.

Les voilà disparus. Je puis maintenant risquer une petite conversation avec mon esprit familier.... Mais fermons toutes les portes, de peur de surprise... (*Appelant.*) Léandre!... (*On bat le tambour.*) Les ennemis sont en fuite. J'ai quelque chose à vous dire: ouvrez et paraissez.

(*Le mur s'ouvre, et Léandre paraît avec son tambour.*)

SCÈNE IV.

LÉANDRE, Madame CATAU.

LÉANDRE.

Ma chère Catau, j'ai entendu une partie des discours qui se sont tenus ici : j'en ai ri de bon cœur ; et je vois que tu as conduit cette intrigue avec tant d'adresse que je t'embrasserais volontiers pour te remercier, si mon tambour ne m'en empêchait pas.

Mad. CATAU.

Voilà un esprit bien gaillard !... Ma foi! plus je vous considère, plus vous me confirmez ce qu'on a toujours dit, que vous ressembliez à feu monsieur le baron comme si vous eussiez été son frère jumeau.

LÉANDRE.

Si je n'étais pas son frère, au moins étais-je son cousin : on se ressemble de plus loin, comme tu sais. D'ailleurs la précaution que j'ai eue, de concert avec toi, de prendre un de ses habits, doit augmenter merveilleusement sa ressemblance... Mais raisonnons un peu. Tu sais que j'aime passionnément ta maîtresse, et qu'elle m'a défendu de paraître devant elle, parce que j'ai osé lui parler de mon amour.

Mad. CATAU.

Oui, je le sais, et qu'elle croit que le dépit vous a fait retourner à Paris.

LÉANDRE.

J'allais partir, en effet, quand le petit fat de marquis arriva. La jalousie me fit résoudre à rester, pour trouver les moyens de le bannir d'auprès d'elle : et c'est pour cela que j'ai pris le parti de faire l'esprit.

Mad. CATAU.

Vous me devez, il est vrai, cette idée... Cependant, n'êtes-vous pas surpris, dites-moi, que je puisse me résoudre à tromper ma maîtresse pour trois cents pistoles que vous m'avez promises ?

LÉANDRE.

Je te les promets encore, si je puis parvenir au but où j'aspire.

Mad. CATAU.

Ma foi ! quand j'y fais réflexion, c'est conscience de donner les mains à une pareille tromperie, pour une somme aussi modique que celle-là.

LÉANDRE.

Pas si modique.

Mad. CATAU.

Il me vient quelquefois des scrupules qui me forcent presqu'à exiger de vous que vous alliez jusqu'à quatre mille francs.

LÉANDRE.

Oh ! je te prie, ne sois pas si scrupuleuse.

Mad. CATAU.

Non ; je ne pourrai résister à mes remords, si vous ne me donnez pas vingt pistoles d'avance.

LÉANDRE, *tirant une bourse de sa poche.*

Eh bien ! les voilà. Cela mettra-t-il ta conscience en repos ?

Mad. CATAU.

Je la sens un peu soulagée.

LÉANDRE.

Dieu soit loué !

Mad. CATAU.

Écoutez, monsieur : ce n'est pas pour me vanter, mais je défie mes plus grands ennemis de pouvoir dire que j'aie jamais servi personne sans m'être fait bien payer.

LÉANDRE.

Oh ! je te crois... Mais revenons à notre affaire. La baronne est-elle bien persuadée que je sois l'esprit de feu son mari ?

Mad. CATAU.

Au moins, puis-je vous assurer que j'emploie toute mon adresse à l'en convaincre. Je lui dis à tout moment que son mari revient exprès de l'autre monde pour l'empêcher d'épouser le marquis en secondes noces.

LÉANDRE.

Redouble tes efforts, je te prie, pour m'en délivrer au plustôt ; car je commence à me lasser du personnage que je joue depuis quinze jours, et de courir toutes les nuits dans ce vieux château comme un vrai lutin. Je risque beaucoup.

Mad. CATAU.

Eh ! que risquez-vous ? Si quelqu'un s'avisait de vous suivre, n'avez-vous pas une retraite sûre en cet endroit ? Vous y êtes à l'abri de toutes les recherches. Il n'y a que moi dans la maison qui le connaisse, et ce n'est que par un pur hasard que je l'ai découvert.

LÉANDRE.

Quoique cette retraite me paraisse fort sûre, je veux en sortir dès que j'aurai chassé d'ici ce fade courtisan dont je suis jaloux, et que j'aurai mis ta maîtresse dans la nécessité de m'épouser, en le lui ordonnant sous les traits du défunt. Je crois que le marquis, tout intrépide qu'il affecte de paraître, aura belle peur quand il me verra sortir au travers du mur. Je suis résolu de faire mon apparition ce soir au plus tard.

Mad. CATAU.

Je vais tout préparer pour qu'elle ait son effet... Mais, on frappe... Rentrez au plus vite. (*Léandre rentre dans le lieu d'où il est sorti ; madame Catau va ouvrir la porte.*)

SCÈNE V.

LA BARONNE, Madame CATAU.

Mad. CATAU.

Ah! madame, est-ce vous qui frappiez si fort? Le cœur me bat... Vous m'avez fait une frayeur mortelle : j'ai cru que c'était l'esprit qui jouait de son tambour.

LA BARONNE.

Je viens de faire quelques tours de jardin avec le marquis : il a employé toute son éloquence à me convaincre que l'histoire du tambour est un conte des plus ridicules.

Mad. CATAU.

C'est un petit impertinent de médire des esprits. Ils pourraient bien se venger de lui... En vérité, madame, je crois que ce sont ses fréquentes visites qui troublent le repos de monsieur votre mari, et qui l'obligent à revenir de l'autre monde.

LA BARONNE.

C'est ce que je ne saurais croire.

Mad. CATAU.

Cependant ce n'est que depuis que le marquis vient dans ce château que ce maudit tambour fait tant frayeur. Tant que Léandre vous a fait l'amour, on n'a pas entendu ici trotter une souris.

LA BARONNE, *à part.*

Je m'aperçois qu'elle veut me prévenir en sa faveur; mais elle n'y réussira pas... (*A madame Catau.*) Il me semble que tu as bien du penchant pour Léandre?

Mad. CATAU.

C'est que je suis sûre qu'il vous convient ; et vous l'auriez épousé en secondes noces si vous eussiez voulu suivre mes conseils. Que lui manque-t-il pour vous plaire ? Il n'est ni fat, ni indiscret, ni présomptueux comme votre marquis : c'est un homme plein d'honneur et de sentimens, et qui vous aime de tout son cœur... Ah ! le pauvre garçon ! qu'il m'a fait pleurer de fois en m'exprimant la tendresse qu'il avait pour vous, et la douleur que vos mépris lui causaient ! Sur mon Dieu, il poussait des soupirs qu'on aurait entendus de deux cents pas. Enfin, je voudrais être aussi sûre de gagner... trois cents pistoles, que je suis sûre que vous feriez bien de vous marier avec lui.

LA BARONNE.

A te dire le vrai, je ne le haïssais point, et je l'ai considéré comme mon ami jusqu'au moment où je me suis aperçue qu'il voulait être mon amant ; mais son amour, dont il a osé me parler, m'a révolté contre lui.

Mad. CATAU.

Mais enfin, le marquis vous en conte aussi.

LA BARONNE.

Oui, mais il n'est pas à craindre : son air d'indifférence, d'impolitesse, de confiance et de fatuité, me réjouit. On dit que ce sont là les airs des jeunes gens de la cour. Il faut avouer qu'ils sont bien nouveaux pour moi ; ils me paraissent même impertinens ; et le plus aimable homme du monde, qui me ferait l'amour sur ce ton-là, ne ferait pas en dix ans le moindre progrès sur mon cœur.

Mad. CATAU.

Mort de ma vie ! madame, ne vous y jouez pas : ce ton-là est à la mode ; et la mode la plus extravagante plaît aux femmes par sa nouveauté... Pour moi, si j'étais à votre place, je bannirais d'ici ce jeune godelureau, et j'y recevrais ceux qui m'aimeraient de bonne foi, et qui me le diraient d'une manière tendre et respectueuse.

LA BARONNE.

Comme Léandre, n'est-ce pas ?

Mad. CATAU.

Oui, madame ; et non comme ce petit fat de marquis qui vous étale toutes ses impertinences, et qui en fera gloire quand il sera votre mari. Quelle différence de Léandre ! C'est un homme celui-là ; mais votre marquis n'est qu'un freluquet, qu'un impoli, qu'un impie… oui, madame, un impie ; un homme qui ne croit pas aux esprits est un réprouvé.

LA BARONNE.

Ta colère contre le marquis me divertit ; mais ta prévention pour Léandre me déplaît : ainsi, à l'avenir, ne me parle ni de l'un ni de l'autre.

Mad. CATAU.

Quoi donc ! le marquis…

LA BARONNE.

Tais-toi… le voici qui vient.

SCÈNE VI.

LE MARQUIS, LA BARONNE, MADAME CATAU.

LE MARQUIS.

Que j'étais impatient de vous revoir, ma chère veuve !

Mad. CATAU, *bas, à la baronne*.

Ma chère veuve… ce petit air de familiarité !

LA BARONNE, *bas*.

C'est un air de cour.

LE MARQUIS, *à la baronne*.

Vous ne sauriez croire combien je me suis diverti depuis que je vous ai quittée.

Mad. CATAU, *bas, à la baronne*.

Cela est obligeant pour vous. Est-ce encore-là un air de cour ?

LE MARQUIS.

Vos domestiques ont converti mon valet-de-chambre. Il ne croyait point aux esprits ; il en est présentement

si effrayé que je crois que le coquin n'osera plus porter
mes billets dès qu'il sera nuit.

LA BARONNE.

Ah! ciel! que de jolies femmes vont se désespérer!

Mad. CATAU.

Vous croyez donc, monsieur, que le tambour qui fait
tant de bruit dans ce château n'est pas une chose effroyable? Demandez à madame; elle l'a entendu elle-
même.

LE MARQUIS, riant.

Ah! ah! ah! ah!

Mad. CATAU.

Mort de ma vie! monsieur, vous ne nous ferez pas
croire que les oreilles nous cornent à tous tant que nous
sommes ici.

LE MARQUIS, riant plus fort.

Ah! ah! ah! ah!

Mad. CATAU, à part.

Que j'appliquerais volontiers une bonne paire de souf-
flets sur ce visage-là! (Bas, à la baronne.) Ce ris mo-
queur est fort respectueux, madame, en vérité.

LA BARONNE, au marquis.

Mais que direz-vous encore quand je vous aurai pro-
testé que la nuit dernière le bruit de ce tambour m'a
réveillée?

LE MARQUIS.

Chimère! imagination!

LA BARONNE.

Mais une de mes femmes, qui couche dans ma
chambre, l'a entendu comme moi.

LE MARQUIS.

Vapeurs! vapeurs!... L'oisiveté, l'ennui, la solitude,
vous inspirent des idées noires et des terreurs paniques.
Je veux mourir si le tambour est autre part que dans
votre tête. Ce sont des vapeurs, vous dis-je; et si vous

voulez me croire, j'ai un remède infaillible pour vous les guérir.

Mad. CATAU.

Ah! le beau médecin de neige avec ses remèdes! J'ai entendu le tambour comme je vous entends. Est-ce que j'ai des vapeurs, moi?

LE MARQUIS.

Pourquoi non? Les vieilles filles y sont sujettes.

Mad. CATAU, *en colère*.

Si je suis fille, c'est que je le veux bien, entendez-vous? et je puis cesser de l'être quand il me plaira.

LE MARQUIS.

Je le veux croire... Mais, dussiez-vous enrager, madame Catau, je vous dirai tout net que tout ce que l'on vient de me conter n'est que l'effet d'une imagination blessée. Petits esprits, petits esprits qui donnent dans ces visions!

LA BARONNE.

Enfin, vous ne croyez donc pas qu'il revienne des esprits?

LE MARQUIS.

Demandez-moi aussi, madame, si je ne crois pas le conte de peau-d'âne? Dieu me damne! c'est la même chose.

Mad. CATAU.

Eh! madame, n'écoutez point cet homme-là: c'est un hérétique.

LE MARQUIS, *à la baronne*.

Vous voulez me persuader qu'il revient chez vous. Apparemment que l'esprit prend son temps tous les soirs, après que vous m'avez renvoyé. Mais qu'il paraisse donc devant moi, cet animal-là, je vous promets de lui donner les étrivières.

Mad. CATAU.

Quoi! madame, vous souffrirez qu'il menace des étrivières l'esprit de feu monsieur votre mari?

LE MARQUIS, *à la baronne.*

Supposons un moment qu'il y ait des esprits qui reviennent. Avez-vous la simplicité de croire que votre mari soit assez déraisonnable pour conserver des droits sur vous après sa mort ? N'est-il pas trop heureux de vous avoir possédée pendant qu'il a vécu ?

LA BARONNE.

Marquis, n'insultez point à sa mémoire. Je me flatte qu'il s'est tenu fort heureux de me posséder, et je me tiens malheureuse de ne le posséder plus.

LE MARQUIS.

Parbleu ! c'est bien fait de parler de la sorte : j'aime les bienséances.

LA BARONNE.

Je laisse ces bienséances aux dames de la cour. Pour moi qui ne joue point la comédie, je parle toujours comme je pense ; et je vous jure que, si j'étais bien aise d'être veuve, je vous l'avouerais sans façon.

LE MARQUIS.

Quoi ! sérieusement, vous êtes fâchée d'être en liberté de vous remarier ?

LA BARONNE.

Je donnerais volontiers tout ce que je possède pour n'avoir pas cette fatale liberté.

LE MARQUIS, *riant.*

Ah ! ah ! ah ! je veux mourir si ce n'est la peur de l'esprit qui vous fait parler de la sorte ! Je connais bien des veuves à la cour et à Paris, mais je n'en connais point qui soient fâchées de l'être, si ce n'est de l'être trop long-temps... Sur ce pied-là ma chère veuve, vous avez donc juré de ne vous remarier jamais.

LA BARONNE.

C'est une témérité que de faire de pareils sermens

Mad. CATAU, *à part.*

Ah ! je respire.

LA BARONNE.

Je connais trop la faiblesse de mon sexe pour m'exposer à être parjure ; mais si je pense toujours comme je fais, je vous proteste que je mourrai veuve du baron.

LE MARQUIS.

Et moi, je vous proteste que vous ne le serez pas encore huit jours : je vous ferai bientôt changer de sentiment.

LA BARONNE.

C'est ce qu'il faudra voir.

LE MARQUIS.

Votre cœur n'a qu'à se bien tenir.

Mad CATAU, *à part.*

Le fat !

LE MARQUIS.

Je vais l'attaquer dans les formes.

Mad. CATAU, *à part.*

L'impertinent !

LE MARQUIS.

Je n'en ai point encore trouvé d'imprenable : et je me flatte que je n'échouerai pas devant le vôtre.

Mad. CATAU.

Nous verrons. A bien attaqué, bien défendu.

LA BARONNE, *au marquis.*

J'entends un carrosse... Finissons ces discours, et allons recevoir la compagnie.

(Le marquis lui donne la main ; ils sortent ensemble et madame Catau s'en va d'un autre côté.)

FIN DU PREMIER ACTE.

ACTE II.

La scène représente l'intérieur de l'appartement de la Baronne.

SCÈNE Ire.

M. PINCÉ, *seul, devant une table sur laquelle il y a beaucoup de papiers.*

N'AI-JE rien oublié?... Non... Plus je relis mon mémoire, plus je me persuade que la dépense de ce mois excède de beaucoup celle des mois précédens... Ce n'est pas ma faute, et j'ai trois raisons pour me justifier auprès de madame. La première, c'est que j'ai ménagé autant qu'il m'a été possible ; la seconde, c'est que l'esprit attire ici avec son tambour une infinité de curieux que l'on régale ; la troisième, c'est que...

SCÈNE II.

Monsieur PINCÉ, LA JONQUILLE.

LA JONQUILLE.

Monsieur, voici une lettre qu'une personne inconnue vient d'apporter pour vous, et qu'on m'a commandé de vous remettre en main propre.

M. PINCÉ, *mettant ses lunettes.*

De qui peut être cette lettre ? Elle n'a point d'adresse.

LA JONQUILLE.

Non : mais l'homme de qui je l'ai reçue m'a assuré qu'elle était pour vous.

M. PINCÉ, *à part.*

Il y a là-dessous quelque mystère... Va-t'en, La Jonquille.

(*La Jonquille sort.*)

SCÈNE III.

M. PINCÉ, *ôtant ses lunettes.*

OUVRIRAI-JE cette lettre avant que de relire mon mémoire, ou relirai-je mon mémoire avant que d'ouvrir
cette lettre? Je trouve plusieurs raisons pour et contre :
d'un côté, l'ordre que madame m'a donné de l'attendre
ici dans son appartement et d'y préparer mes comptes ;
de l'autre, la curiosité qui me presse, et à laquelle je ne
puis résister... Tout bien considéré, ma curiosité l'emporte : ouvrons... (*Il remet ses lunettes.*) Ciel ! que
vois-je ? En croirai-je mes yeux, où plutôt en croirai-je
mes lunettes? C'est l'écriture de mon maître, de mon
cher maître. Je ne puis retenir les larmes que la joie me
fait répandre, il faut que je baise cette lettre avant que
de la lire. (*Il baise plusieurs fois la lettre, essuie ses
yeux, et lit.*)

« Mon cher monsieur Pincé,

« Comme vous m'avez élevé dès ma plus tendre en-
« fance, et que vous avez été mon précepteur et mon
« gouverneur avant que je vous fisse mon intendant,
« vous êtes celui de mes domestiques en qui j'ai le plus
« de confiance ; et je vais vous en donner une preuve
« bien évidente. Je me flatte que vous serez charmé
« d'apprendre que je suis encore en vie, et que j'irai vous
« trouver dans une demi-heure. Le bruit qui a couru que
« j'avais été tué en Flandre, l'année passée, a produit
« ce me semble, quelque désordre dans ma famille. Je
« suis curieux de m'en éclaircir par moi - même, et c'est
« à quoi je veux travailler de concert avec vous. Si un
« vieux homme, portant une longue barbe blanche, de-
« mande à vous parler, ne manquez pas de le faire
« entrer sur-le-champ. Il passe pour devin et même pour
« sorcier depuis quelques jours dans ce voisinage; mais
« c'est votre maître et votre bon ami.

« LE BARON DE L'ARC. »

Je suis dans le dernier étonnement... Mais je puis

croire, par plusieurs raisons, qu'en effet mon cher maître n'est point mort : premièrement, parce que de semblables aventures arrivent souvent à des gens de guerre; secondement, parce que la nouvelle de sa mort n'a jamais été bien avérée, troisièmement, parce que cette lettre est écrite de sa main, et qu'il ne l'aurait pas écrite s'il était mort; quatrièmement...

SCÈNE IV.

Monsieur PINCÉ LA RAMÉE.

LA RAMÉE.

Monsieur Pincé, il y a ici un vieux homme qui demande à vous parler, et dit qu'il est un grand devin : je n'ai pas de peine à le croire, car il a l'air d'un sorcier. C'est bien la plus vilaine et la plus horrible figure que j'aie jamais vue.

M. PINCÉ.

Fais-le entrer.

LA RAMÉE.

Vous voulez le recevoir?

M. PINCÉ.

Assurément.

LA RAMÉE.

Ma foi, monsieur, j'ai peur que vous ne vous en repentiez. Que sait-on; s'il allait jeter quelque sort sur vous?

M. PINCÉ.

Va, va, je le connais : c'est un savant qui devine le passé, le présent et le futur. Il a du crédit en enfer mais il est bon homme... Va-t'en le chercher.

(*La Ramée sort.*)

M. PINCÉ, *seul.*

Quatrièmement donc, je crois qu'il est encore vivant, parce que...

LA RAMÉE, *rentrant.*

Tenez, monsieur, je vous amène la fleur des sorciers.
(*à part.*) Quelle horrible barbe! Il faut qu'elle ait plus
de cent ans.

(*Il sort.*)

SCÈNE V.

LE BARON, *vêtu en devin.* Monsieur PINCÉ.

LE BARON.

Oh! çà, mon cher monsieur Pincé, avez-vous reçu ma
lettre?

M. PINCÉ.

Oui, monsieur; mais dans ce moment...

LE BARON.

Avant que nous entrions en matière, commencez par
fermer la porte.

M. PINCÉ, *à part.*

C'est sa voix.

LE BARON.

Nous voici dans l'appartement de ma femme. Est-
elle sortie?

M. PINCÉ.

Depuis un quart-d'heure elle est à la promenade.

LE BARON, *se débarrassant de sa longue barbe et de
sa robe de devin.*

Tant mieux... Tenez ma baguette.

M. PINCÉ, *à part.*

C'est lui.

LE BARON.

Me reconnaissez-vous?

M. PINCÉ, *à part, après avoir mis ses lunettes pour
l'examiner.*

Ce sont ses traits; c'est lui-même. (*Au baron.*) Oui,
je vous reconnais présentement, mon cher maître.

Souffrez que je vous embrasse, et que je vous jure que j'ai autant de joie de vous revoir que j'en ressentis le jour que vous vîntes au monde. Hélas ! pourquoi votre nom s'est-il trouvé dans toutes les listes des officiers de distinction qui avaient été tués ?

LE BARON.

Sachez que dans le fort du combat je fus blessé et fait prisonnier, et que les ennemis qui ne voulaient point m'échanger, par des raisons qu'il est inutile de vous dire, après avoir tenté mille moyens de me fixer chez eux, m'ont resserré si étroitement pendant dix - huit mois, qu'il m'a été impossible de donner de mes nouvelles. Heureusement pour moi, on a fait la paix, et ils m'ont relâché. Mais ayant su qu'en France on me croyait mort, j'ai voulu profiter de ce faux bruit pour pénétrer les sentimens de ma femme à mon égard, et pour découvrir par moi-même ce qui s'était passé chez moi pendant mon absence. Jusqu'à ce moment, mon dessein a bien réussi : je veux le poursuivre. Tout ce que je crains, c'est que la baronne, qui se croit veuve et qui est peut-être sur le point de se remarier, ne soit fâchée de me revoir. Le bruit de ma mort l'a-t-il bien affligée ?

M. PINCÉ.

Excessivement.

LE BARON.

Combien de temps m'a-t-elle pleuré ?

M. PINCÉ.

Pendant trois grands jours.

LE BARON, *à part.*

Peste soit du vieux fou ! (*Haut.*) Pendant trois grands jours ? Mais, vraiment, cela est extraordinaire.

M. PINCÉ.

Il faut que vous sachiez, monsieur, qu'il y a deux sortes d'afflictions.

LE BARON, *à part.*

Cet animal-là est aussi pédant et aussi méthodique

que jamais. Il faut lui passer ses divisions, j'ai besoin
de lui.

M. PINCÉ.

Affliction de cœur, affliction de bienséance. La première est muette, la seconde est tumultueuse. A l'égard
de madame, on peut dire que son affliction a été de la
première espèce.

LE BARON.

Oui, pendant trois jours? Belle constance!

M. PINCÉ.

Ses yeux furent noyés de pleurs... jusqu'au moment
où le tailleur vint lui essayer ses habits de veuve. Dès
qu'elle les vit, ses larmes tarirent; elle demeura muette
et immobile, et la parole ne lui revint qu'après qu'on lui
eut dit que le deuil lui seyait parfaitement. En effet, il
lui allait à merveille.

LE BARON.

Il lui allait à merveille?... Eh! c'est ce qui la consola
apparemment?

M. PINCÉ.

Ah! monsieur, point du tout... Il est vrai que quand
elle était seule elle ne pleurait point, mais dès que
quelqu'un lui rendait visite, elle versait un torrent de
larmes.

LE BARON.

Elle me faisait trop d'honneur de me pleurer en compagnie. (*A part.*) Il semble que ce diable de pédant
affecte de me dire tout ce qui peut me désespérer. (*Haut.*)
J'ai appris qu'il s'était présenté beaucoup de gens pour
l'épouser en secondes noces. Qui peut avoir causé cela?

M. PINCÉ.

Elle n'a point d'enfans de vous, et elle a eu beaucoup
de bien en mariage.

LE BARON, *à part.*

Il m'assomme.

M. PINCÉ.

Le deuil redoublait sa beauté.

LE BARON, *à part,*

Je brûle.

M. PINCÉ.

Et son air triste et langoureux avait quelque chose de si doux et de si attrayant, qu'il n'y avait pas moyen d'y résister.

LE BARON, *à part.*

Ventrebleu ! (*Haut.*) Ce n'est pas là ce que je vous demande... De quelle manière s'est-elle comportée ?

M. PINCÉ.

Comme une Pénélope.

LE BARON.

Je n'en doute pas ; car elle a eu autant d'amans que cette héroïne.

M. PINCÉ.

Il est vrai que des jeunes gens fort aimables lui ont fait des propositions.

LE BARON.

Des jeunes gens fort aimables ?... Eh ! les a-t-elle écoutées ces propositions ?

M. PINCÉ.

Le plus gracieusement du monde.

LE BARON, *à part.*

Je suis mort !

M. PINCÉ.

Mais elle les a toutes rejetées.

LE BARON, *à part.*

Ah ! je ressuscite. (*Haut.*) Cependand j'apprends que le marquis du Tour est fort assidu auprès d'elle depuis quelques jours. Est-ce qu'il a trouvé le moyen de s'attirer la préférence ?

M. PINCÉ, *riant.*

Eh ! eh ! il est jeune.

LE BARON.

Plairait-il à ma femme ?

M. PINCÉ.

Il est vif.

LE BARON.

Vous êtes-vous aperçu qu'elle l'écoutât favorablement?

M. PINCÉ.

Il est toujours parfaitement bien mis.

LE BARON.

Serait-il possible qu'elle fût assez folle pour vouloir l'épouser?

M. PINCÉ.

Il est bien bâti, ce pendard-là!

LE BARON.

O femmes! ô femmes! voilà quelle est votre constance! voilà le fond qu'il faut faire sur votre amour! Encore je lui pardonnerais si elle me destinait un plus digne successeur. Mais le marquis du Tour! mais le plus fat et le plus impertinent de tous les hommes! Ingrate, infidelle, est-ce ainsi que vous m'avez aimé? Est-ce là l'honneur que vous faites à ma mémoire?

M. PINCÉ.

Mon cher maître, vous ne faites pas réflexion qu'il y a dix-huit mois que vous êtes mort.

LE BARON, *à part.*

Que la peste t'étouffe, pédand insupportable!

M. PINCÉ.

Et que pendant tout ce temps-là elle n'a pas cessé de dire qu'elle ne retrouverait jamais un homme tel que vous.

LE BARON.

Quoi! sérieusement?

M. PINCÉ.

Rien n'est plus véritable.

LE BARON.

Il n'est donc pas possible qu'elle se soit coiffée du Marquis. Mais l'histoire d'un esprit qui bat toutes les nuits du tambour dans ce château, mérite que je l'approfondisse, et elle peut même vous donner lieu de m'introduire auprès de votre maîtresse. Il faut que vous lui disiez que vous venez de parler à un fameux devin qui se fait fort de découvrir par son art ce que demande l'esprit qui revient ici, et même de le chasser de la maison.

M. PINCÉ.

Je m'en vais rendre mes comptes à madame, et je me servirai de cette occasion pour lui parler de votre personne comme vous me l'ordonnez. Madame Catau, qui veut nous persuader que c'est votre esprit qui revient ici, sera bien surprise quand elle vous reverra... (*Riant.*) Ha! ha! ha! ha!

LE BARON.

Quoi! c'est Catau qui fait courir ce bruit-là? Allons, allons, il y a là-dessous quelque intrigue amoureuse.

M. PINCÉ.

Ma foi! je l'ai toujours soupçonné. (*Riant.*) Hé! hé! hé!

LE BARON.

Comme elle a toujours eu beaucoup d'ascendant sur l'esprit de sa maîtresse, elle est au faite de cette intrigue, sur ma parole. Il faut que vous tâchiez de la faire parler. Je sais que vous avez eu dessein de l'épouser, et qu'elle en était ravie. Je vous prie de recommencer à lui faire l'amour, et même des propositions.

M. PINCÉ.

Elle a toujours écouté fort amiablement celles que je lui ai faites, et j'espère qu'elle ne sera pas moins complaisante aujourd'hui, car je vais lui parler d'un style pathétique.

LE BARON.

Venez m'enfermer dans votre chambre, où vous me rendrez compte de ce qui se passera.

M. PINCÉ.

J'entends madame... Allez m'y attendre, et je vous rejoins à l'instant. (*Le baron sort, après avoir remis ses habits de devin.*)

SCÈNE VI.

LA BARONNE, Monsieur PINCÉ.

LA BARONNE.

Oh çà ! tandis que me voilà débarrassée des importuns, lisons un peu votre mémoire ; mais dépêchez-vous.

M. PINCÉ.

Avec votre permission, madame, une affaire pressée m'oblige à sortir ; mais j'aurai l'honneur de venir vous retrouver dans le moment.

SCÈNE VII.

LA BARONNE, seule.

En vérité, ce qui se passe dans cette maison toutes les nuits est bien extraordinaire ! Quand j'y réfléchis, cela m'inquiète. Je ne puis croire, comme mes gens s'imaginent, que ce soit l'esprit de mon mari qui fasse ce tintamarre, que j'ai entendu comme eux... Mais enfin qu'en penser ?... Je m'y perds... Supposons, pour parler leur langage, que ce fût mon mari qui revînt ; quelle pourrait en être la raison ? Ma conduite est irréprochable : je l'ai toujours aimé, et je sens que je l'aimerai toute ma vie. Depuis dix-huit mois que je suis veuve, j'ai congédié ce nombre d'amans de toute espèce qui se sont présentés. A l'exception du marquis, je n'en vois aucun... Il est vrai... mais le marquis me parle d'amour. Je l'écoute, parce que sa fatuité me divertit... Quoi ! la mémoire de mon mari serait-elle blessée d'un amusement que j'ai cru innocent ?.. Cette idée me trouble, et me rend presque aussi faible que ceux dont j'ai blâmé les frayeurs... Allons : quoi que ce puisse être, bannissons cet étourdi d'une manière qui puisse l'humilier. Son imprudence et sa vanité méritent un pareil châtiment. L'esprit même peut m'en fournir un bon moyen... Mais, qu'a donc Catau? Elle me paraît bien agitée.

SCÈNE VIII.

LA BARONNE, Madame CATAU.

LA BARONNE.

De quoi s'agit-il ?

Mad. CATAU.

Oh ! madame , je suis dans une colère !... Je ne saurais parler.

LA BARONNE.

Comment! Que t'est-il donc arrivé?

Mad. CATAU.

Rien ; mais ce que je viens de voir me met en fureur.

LA BARONNE.

Eh bien! qu'as-tu vu?

Mad. CATAU.

Votre impertinent de marquis...

LA BARONNE.

Quoi! sa vue t'agite à ce point? Tu devrais, ce me semble , y être accoutumée.

Mad. CATAU.

Moi, madame? Je ne m'accoutumerai jamais à cet original-là... Ce qu'il vient de faire mériterait cent nasardes.

LA BARONNE.

Eh! qu'a-t-il donc fait? Voyons.

Mad. CATAU.

Comment! il se donne déjà des airs de maître; il prend possession du château, il le visite depuis le haut jusqu'en bas; il dispose de chaque appartement, il s'empare de celui de feu monsieur votre mari ; il le trouve même trop petit, et il prétend l'agrandir.... Mais vous ne croiriez pas jusqu'où va son impudence !

LA BARONNE.

Comment ?

Mad. CATAU, *pleurant.*

Il m'a montré la chambre dans laquelle il vent, dit-il, consommer le mariage.

LA BARONNE, *à part.*

Il est temps que tout ceci finisse : cela pourrait tirer à conséquence... (*Haut.*) Va, Catau, tranquillise-toi ; je saurai rabaisser les airs de ce petit fat... Voici monsieur Pincé : j'ai quelques ordres à lui donner. Laisse-nous.

SCÈNE IX.

LA BARONNE, MONSIEUR PINCÉ.

M. PINCÉ.

AVEZ-VOUS le loisir, madame, d'écouter la lecture de mon mémoire?

LA BARONNE.

En vérité, je ne sais si, avec tout ce que j'ai dans la tête, je pourrai présentement vous donner beaucoup d'attention.

M. PINCÉ.

Permettez du moins que je vous rende compte de ce qui a été dépensé ou consommé, la semaine dernière.... Vous trouverez que cela monte un peu haut; mais il y a de grandes dépenses à faire dans une maison où il revient des esprits.

LA BARONNE.

Cependant je crois que les esprits ne boivent ni ne mangent.

M. PINCÉ, *lisant.*

(*Il met ses lunettes quand il lit, et les ôte toutes les fois qu'il parle et qu'il explique ses articles.*)

« Premièrement, une pièce de vin blanc... » Ce n'est pas l'esprit qui l'a bu, mais cela revient au même, car vos domestiques disent tous qu'ils n'auront jamais le courage de demeurer dans une maison où il revient, à moins qu'on ne leur donne du vin à discrétion. Ils se flattent que vous aurez la bonté d'y consentir tant que ce maudit tambour fera du bruit dans le château.

LA BARONNE.

Fort bien ! Si je leur accorde cela , je vous garantis qu'on ne les guérira jamais de leur peur... Mais passons.

M. PINCÉ , *lisant.*

« *Item.* Viande de boucherie , huit cents livres. »

LA BARONNE.

Huit cents livres! Mais voilà une dissipation effroyable , monsieur Pincé.

M. PINCÉ.

Ma foi! madame, ce n'est pas trop pour régaler tant de gens que la curiosité attire céans. Après qu'ils ont entendu le tambour , on ne peut pas les renvoyer sans souper.

LA BARONNE.

En effet , cela serait incivil.

M. PINCÉ , *lisant.*

« *Item.* Deux quartauts de vin de Bourgogne... » Ces gens-là ne peuvent pas souper sans boire.

LA BARONNE.

Il y aurait conscience... Il faut avouer , monsieur Pincé , que vous faites des commentaires merveilleux sur tous les articles de votre dépense.

M. PINCÉ.

« *Item.* Donné aux gens de monsieur le marquis soixante bouteilles de vin nouveau... » Cela s'est fait par votre ordre... « *Item.* Une bouteille de ratafia à madame Catau. »

LA BARONNE.

Oh! pour cet article-là , c'est vous-même qui vous êtes donné l'ordre.

M. PINCÉ.

Vous observerez, s'il vous plaît , madame , qu'après avoir grondé tout le jour , elle a besoin de quelque liqueur qui lui restaure la poitrine. Le ratafia est un cordial innocent qui enflamme le zèle de madame Catau pour vos intérêts, et qui lui donne la force de crier et de retenir vos domestiques dans le devoir. (*Riant.*) Hé!

hé! hé! pardonnez-moi cette petite saillie de gaieté....
(*Riant encore.*) Hé! hé! hé!

LA BARONNE.

Oh! monsieur Pincé, vous avez toujours de bonnes raisons pour justifier madame Catau. Je prévois qu'à la fin vos vieilles amours aboutiront au mariage.

M. PINCÉ, *riant de nouveau.*

Hé! hé! hé! hé! « *Item.* Douze livres de chandelles aux domestiques.... » C'était pour brûler pendant la nuit.

LA BARONNE.

Pendant la nuit! Comment! Ces canailles-là ne peuvent plus dormir sans lumière? En vérité, cela devient trop violent. Quel remède apporter à ce désordre-là? Je vous demande conseil.

M. PINCÉ.

Madame, il y a deux choses à faire pour y remédier : *Primò*, c'est de ne plus régaler les personnes du voisinage que la curiosité attire céans tous les soirs; *secundò*, c'est de chasser d'ici cet esprit invisible et son tambour.

LA BARONNE.

Voilà une division fort savante; mais je n'en suis pas plus avancée.

M. PINCÉ.

Ayez la bonté de m'écouter.

LA BARONNE.

Et vous, ayez pitié de moi, et ne m'ennuyez point par un long discours.

M. PINCÉ.

Je serai bref. Il est arrivé ici depuis peu un rare personnage qui a une mine très-vénérable : le peuple l'appelle astrologue, magicien, négromancien, sorcier, devin, diseur de bonne aventure...

LA BARONNE.

Laissons-là ses titres. A quoi voulez-vous en venir?

M. PINCÉ.

Encore une fois, madame, ayez la bonté de m'écouter... Or, cet homme prétend être fort profond dans les sciences occultes. Le bruit que notre tambour noctambule fait ici l'y a attiré ; et il se vante non-seulement de parler aux esprits, mais même d'avoir l'art de les chasser des maisons où ils reviennent.

LA BARONNE.

De bonne foi, M. Pincé, me croyez-vous assez simple pour donner dans de pareilles charlataneries ? Cela ne peut-être d'aucune utilité.

M. PINCÉ.

Cela ne peut nous faire aucun mal.

LA BARONNE.

Je suis sûre que vous même n'ajoutez pas foi aux discours de ce prétendu devin ?

M. PINCÉ.

Je ne voudrais pas les garantir ; mais je ne vois aucun danger à en faire l'expérience. Essayez cet homme-là. S'il réussit, nous voilà délivrés de l'esprit ; s'il ne réussit point, nous ne laisserons point de publier qu'il l'a chassé, et ce bruit suffira pour nous défendre de cette affluence de curieux qui nous assassinent, et qui nous jettent dans une dépense excessive. Ainsi, de manière ou d'autre, ce que je vous propose ne peut tourner qu'à votre avantage.

LA BARONNE.

Oh ! pour cette fois-ci vous parlez raison, et vous me persuadez..... Mais où est ce magicien, ou ce devin, comme il vous plaira ? Je ne sais ce que cela signifie, mais je me sens tout d'un coup une vive impatience de le voir. Je crois que je m'en trouverai bien.

M. PINCÉ, riant.

Je le crois aussi, hi! hi! hi! hi!... Je viens de lui parler ; il est sorti pour un moment, et doit venir me trouver dans ma chambre où je vais l'attendre... Vous noterez, s'il vous plaît, qu'il n'exige de vous aucune récompense qu'après que son entreprise aura réussi.

LA BARONNE.

Voilà une circonstance qui me rend presque aussi crédule que vous. Je commence à me flatter que je pourrai faire un bon usage de cet homme-là. Je vous assure que, s'il est aussi habile qu'il se vante de l'être, je lui rendrai bien le plaisir qu'il me fera. Allez, et me l'amenez au plus tôt. Je vais faire deux ou trois tours dans mon petit jardin, et vous me trouverez ici.

M. PINCÉ.

Je pars, ma très-honorée dame, pour mettre vos ordres en exécution. (*Ils sortent l'un d'un côté, l'autre de l'autre.*)

FIN DU SECOND ACTE.

ACTE III.

SCÈNE Ire.

MADAME CATAU, *seule.*

RAISONNONS un peu à part moi. Pousserai-je mon entreprise jusqu'au bout? Voyons... Ou je gagnerai mille écus, ou je ne les gagnerai point. Si je les gagne, ma fortune est faite; si je ne les gagne point, j'ai une corde à mon arc pour mon établissement. Il y a long-temps que notre vieux intendant me fait les doux yeux; il s'est refroidi depuis quelques années : je veux réchauffer sa passion et m'assurer de lui. Il a fait sa main : je n'ai pas mal fait la mienne; et si nous joignons ensemble les fruits de notre industrie, nous formerons une bonne maison... Enfin, de manière ou d'autre, je suis résolue de faire une fin. Il y a trop long-temps que je suis fille, et il me faut un mari pour m'ôter ce titre ennuyeux.

SCÈNE II.

LE MARQUIS, Madame CATAU.

LE MARQUIS.

Voici l'occasion que je cherche depuis long-temps : je te trouve seule, et je veux profiter du moment... Allons, embrassons-nous, pour nous réconcilier.

Mad. CATAU.

Ah ! vraiment, j'ai des affaires bien plus pressées.

LE MARQUIS.

Ou je t'embrasserai, ou tu m'embrasseras : choisis.

Mad. CATAU, *le repoussant.*

Ni l'un ni l'autre... Ah ! fi donc ! point de jeux de main, monsieur le marquis.

LE MARQUIS.

Parbleu ! tu fais autant de façons que si tu n'avais que quinze ans.... Je vais gager que tu es trop sage pour l'être toujours.

Mad. CATAU.

Et moi je vais gager.... que vous serez toujours aussi fou que vous l'êtes. Laissez-moi : je vais chercher notre intendant ; madame le demande.

LE MARQUIS.

Je viens de le rencontrer à deux pas d'ici : il se promène avec un vieux roquentin qui a la barbe plus longue que ma chevelure. Apparemment c'est encore quelque domestique de la maison : car, excepté ta maîtresse, on ne voit ici que de vieilles faces. Cela soit dit sans te fâcher ma pauvre Catau ; tu n'es plus jeune, mais tu es encore bien piquante.

Mad. CATAU, *à part.*

Quel est le dessein de cet homme-là? Je crois qu'il veut me gagner pour que je le serve auprès de ma maîtresse. S'il me paie bien, nous verrons.

LE MARQUIS.

Oh! çà, ma bonne, parle-moi sincèrement : pourquoi n'es-tu pas de mes amies ?

Mad. CATAU.

Eh! mais… C'est parce que j'aime ma maîtresse.

LE MARQUIS.

Mais, quelle mouche te pique? Vois-tu quelque chose d'irrégulier dans ma personne? Ais-je quelque défaut qui te choque?

Mad. CATAU.

Croyez - moi, n'excitez point ma sincérité : vous n'y trouveriez pas votre compte.

LE MARQUIS.

Allons, allons, mon enfant, point de mauvaise humeur. Je veux te faire plaisir, et pour te le prouver… (*Il ôte ses gants, et les met dans sa poche.*)

Mad. CATAU, *à part.*

Je crois qu'il va me donner de l'argent.

LE MARQUIS, *voulant encore l'embrasser.*

Il faut que je t'applique un baiser sur chaque joue.

Mad. CATAU, *le repoussant.*

Je suis votre servante… Si vous ne me payez qu'en cette monnaie-là, vous pouvez garder vos espèces.

LE MARQUIS.

Tu as beau faire la prude, j'en passerai mon envie. (*Il l'embrasse de force.*) Ah! l'appétissante créature que madame Catau! Sur mon honneur, si je ne craignais de désespérer ta maîtresse, je deviendrais amoureux de toi.

Mad. CATAU.

Fort bien, monsieur; divertissez-vous à mes dépens.

LE MARQUIS.

Dieu me damne, si je plaisante… (*Lui prenant la main, et la baisant.*) Le beau bras! la belle main! Ah! je baiserai tout cela assurément.

Mad. CATAU, *à part.*

Cet homme-là est plus dangereux que je ne croyais ; si je n'y prends garde, il s'emparera de ma maîtresse.

LE MARQUIS.

Oh çà ! ma chère Catau, j'ai une proposition à te faire.

Mad. CATAU, *à part.*

Il me fait des propositions ! Mais vraiment cela devient sérieux... (*D'un air gracieux.*) Eh bien, monsieur le marquis, de quoi s'agit-il ?

LE MARQUIS.

Il s'agit, mon enfant, de te donner un mari.

Mad. CATAU.

A moi ?

LE MARQUIS.

A toi-même. Veux-tu le prendre de ma main ? C'est un hardi compère, un vert galant, un homme tel qu'il te le faut : tu en seras contente.

Mad. CATAU, *à part.*

Voilà une proposition bien séduisante ! (*Haut.*) Peut-on savoir qui est celui dont vous me parlez ?

LE MARQUIS.

Ah ! c'est un gentilhomme de mes amis.

Mad. CATAU, *avec vivacité.*

Un gentilhomme de vos amis ?

LE MARQUIS.

Oui, vraiment. Je ne lui trouve qu'un défaut.

Mad. CATAU.

Qui est ?

LE MARQUIS.

Qui est qu'il n'a que vingt-cinq ans. Cela te dégoûtera peut-être ?

Mad. CATAU.

Oh ! l'âge n'y fait rien, pourvu que d'ailleurs il soit bien sage, bien élevé...

LE MARQUIS.

Comment ! bien élevé ? Je ne connais personne qui ait

de plus belles manières. Il peut passer vingt‑quatre
heures à table ; il joue tous les jeux en perfection ; il
prend une livre de tabac par jour, et il jure de la meil‑
leure grace du monde. Ah ! ma chère, si tu le voyait,
ton cœur serait bien malade.

Mad. CATAU, *d'un air sérieux.*

Eh ! comment, s'il vous plaît, s'appelle cet aimable
gentilhomme qui est tant de vos amis ?

LE MARQUIS.

Il s'appelle monsieur de La Fleur.

Mad. CATAU.

Votre valet-de-chambre ?

LE MARQUIS.

Justement.

Mad. CATAU.

Voilà un gentilhomme de grande condition !... Mais
passons là-dessus. A-t-il beaucoup de bien ?

LE MARQUIS.

Pas un sou.

Mad. CATAU.

Allez vous promener avec votre gentilhomme !... (*A
part.*) J'étais bien folle d'écouter cet homme-là.

LE MARQUIS.

Mais j'y suppléerai.

Mad. CATAU.

Ah ! c'est une autre affaire... Que lui donnerez-vous ?

LE MARQUIS.

Je lui ferai sa fortune.

Mad. CATAU.

Eh ! de quelle manière ?

LE MARQUIS.

Rien de plus aisé. Dès que j'aurai épousé ta maîtresse,
je chasserai d'ici ce vieux fou d'intendant qui m'y dé‑
plaît fort, et je donnerai sa place au gentilhomme que
je te propose.

Mad. CATAU.

Ne pouvez-vous faire que cela pour lui ?

LE MARQUIS.

N'est-ce pas beaucoup ?

Mad. CATAU, *lui faisant une révérence.*

Je vous donne le bonsoir.

LE MARQUIS, *voulant la retenir.*

Mais écoute donc.

Mad. CATAU.

Mes baises-mains à votre gentilhomme.

SCÈNE III.

LE MARQUIS, *seul.*

CES vieilles filles sont diantrement dégourdies ! Il n'y a pas moyen de les amadouer ; et je vois que j'aurai bien de la peine à gagner celle-ci.

SCÈNE IV.

LA BARONNE, LE MARQUIS.

LA BARONNE.

AH ! marquis, je suis bien aise de vous trouver ici. Je m'en vais vous donner un petit régal qui ne peut manquer d'être agréable a un esprit fort comme vous. (*A part.*) Je veux mettre ce petit suffisant aux prises avec le devin.

LE MARQUIS, *à part.*

Elle me cherche, elle me suit partout ; elle m'aime à la folie ! (*Haut.*) Expliquez-vous, ma belle veuve: de quoi s'agit-il ?

LA BARONNE.

Vous savez, ou vous ne savez pas , qu'il y a ici un homme des plus extraordinaires qui entreprend de nous délivrer de l'esprit dont nous sommes si tourmentés dans ce château. Il se pique d'être profond dans l'astrologie, et de posséder à fond les sciences les plus ocultes ; et mon intendant est persuadé même qu'il entre un peu de sorcellerie dans les connaissances de cet homme-là.

LE MARQUIS.

Ma foi ! votre intendant n'est pas sorcier, lui, puisqu'il croit cela. Mais quand le verrons-nous cet astrologue, ce devin, ce sorcier ?

LA BARONNE.

Il sera ici dans un moment ; je viens de l'apercevoir de loin. En vérité, c'est une étrange figure !

LE MARQUIS.

Oh ! puisque sa figure est étrange, il n'y a pas moyen de douter que ce ne soit un homme merveilleux... Je vais bien me divertir à ses dépens !

LA BARONNE.

Ne vous y jouez pas, si vous m'en croyez.

LE MARQUIS.

Parbleu ! vous moquez-vous de moi ? Croyez-vous de bonne foi que je donne comme vous dans les préjugés du vulgaire ? Je suis honteux, en vérité, qu'une femme de votre mérite puisse croire aux sorciers et aux devins : mais c'est le faible des femmes de donner dans les charlataneries. La faiblesse de votre sexe vous rend excusable.

LA BARONNE.

Et la force du vôtre vous rend présomptueux. Je vous avoue que je serais charmée si l'homme que vous allez voir rabattait un peu votre confiance. Vous croyez être plus sage que tout le reste du monde ?

LE MARQUIS.

Ma foi ! je ne me trompe pas beaucoup. Mais, supposé que je me trompe ; j'ai du moins cela de bon par devers moi que je ne crains ni les sorciers ni les esprits

LA BARONNE.

C'est ce que je veux éprouver aujourd'hui. Nous

verrons si vous êtes intrépide. Le sorcier va venir, et je vous retiens ce soir à souper pour que vous entendiez l'esprit.

LE MARQUIS.

Parbleu! je vous rendrai bon compte de l'un et de l'autre, je vous en réponds. (*Voyant venir le prétendu devin et monsieur Pincé.*) Voici déjà votre docteur, qui a, je crois, plus de barbe que de science... Il vient avec le bonhomme aux trois raisons.

SCÈNE V.

LA BARONNE, LE MARQUIS, LE BARON, Monsieur PINCÉ.

M. PINCÉ, à la baronne.

MADAME, j'ai trois raisons pour introduire ce grand homme auprès de vous : la première, parce que vous me l'avez ordonné ; la seconde, parce qu'il meurt d'envie de vous rendre service : et la troisième, parce que je suis persuadé qu'il en a le pouvoir.

LE MARQUIS, à la baronne.

Ce monsieur Pincé, comme il radote !

M. PINCÉ.

Nous verrons, en bref, monsieur le marquis, qui radote le plus de vous ou de moi. (*Au baron.*) Je vous laisse avec cette belle personne : c'est la dame du château.

LE BARON.

Cela suffit.

SCÈNE VI.

LE BARON, LA BARONNE, LE MARQUIS.

LE BARON, à part, en se promenant dans le fond du théâtre, et en regardant attentivement la baronne.

Le plaisir de la revoir me met hors de moi, et je ré-

pandrais des larmes de joie si je n'étais pas indigné de
trouver cet impertinent auprès d'elle.

LA BARONNE, *au marquis.*

Il se promène, il nous regarde, il parle entre ses
dents, il ne nous dit mot... Abordez-le, monsieur le
marquis, vous qui êtes accoutumé à converser avec les
savans.

LE MARQUIS, *au baron.*

Bonhomme, approche-toi. (*Le baron avance quelques pas.*) Encore, encore. (*Le baron s'avance davantage.*) On dit que tu es profond dans l'astrologie? Il
faut voir cela. Te voici devant un homme qui jugera
bientôt de ta capacité. Que sais-tu?

LE BARON, *grossissant sa voix.*

Je sais que vous ne savez rien.

LA BARONNE, *au marquis.*

Que dites-vous de ce début? Il me réjouit!... Ah!
ah! ah! ah!

LE MARQUIS.

Patience! rira bien qui rira le dernier. (*A part.*) Parbleu! voilà une figure bien hétéroclite! (*Au baron.*)
Mon doux ami, tu n'as point l'air d'un habitant de ce
monde, et je gage qu'il n'y a pas long-temps que tu es
descendu de la lune... Sans doute que tu as parcouru
toutes les planètes? Quelle nouvelle dit-on dans le zo-
diaque?

LE BARON.

Une nouvelle qui doit effrayer un faux brave... Mars
vient d'entrer dans sa maison, et va bientôt s'y montrer
dans son plus pompeux appareil.

LE MARQUIS.

Explique-moi ce galimatias, père barbe-grise.

LE BARON.

L'entrée de Mars dans sa maison signifie que ce château va bientôt avoir un maître, devant qui les petits-
maîtres disparaîtront.

LE MARQUIS, *à la baronne.*

Il n'est pas si ignorant que je croyais. L'entendez-vous,
ma belle veuve? Selon lui, tous les astres prédisent que
je serai bientôt votre mari, et que je ferais disparaître
tous mes rivaux.

LA BARONNE.

Les astres pourraient bien avoir pris le change. Mais
apparemment que vous n'interprétez pas bien leurs pré-
dictions.

LE MARQUIS.

Je ne les interprète pas bien? Vous allez voir (*Au
baron.*) Dis-moi un peu, vieux sorcier, ce Mars si terrible, dont tu viens de nous annoncer l'entrée, ne res-
semble-t-il pas à un jeune seigneur... Eh! là... que
l'on appelle le marquis du Tour?

LE BARON.

Il ne lui ressemble pas plus... que vous ne me res-
semblez.

LA BARONNE, *au marquis.*

Je vous disais bien que vous n'entendiez pas le langage
des astres.

LE MARQUIS, *au baron, en le tirant de côté.*

Docteur, un petit mot à l'écart .. Ces deux planètes
que tu vois ici seront bientôt en conjonction. J'ai lu
cela dans les astres, moi, qui te parle.

LE BARON, *à part.*

Mogrebleu de l'impertinent! Il me met en fureur, et
peu s'en faut que je n'éclate. (*A la baronne.*) Madame,
j'ai ouï dire qu'on entendait toutes les nuits un grand
bruit dans ce château.

LA BARONNE.

On vous a dit vrai : et l'on m'a dit aussi que vous vous
vantiez de le faire cesser. J'avoue que cela m'a donné
un grand empressement de vous voir. Je ne m'en repens
point; et, sans vouloir vous flatter, je trouve que votre
aspect inspire de la vénération pour votre personne et
de la confiance en votre art. Je crois qu'il y a long-temps

que vous le pratiquez, car vous avez l'air d'être bien vieux.

LE BARON.

Mon air vous trompe. Quel âge me donneriez-vous bien ?

LE MARQUIS.

Parbleu ! je te crois au moins le frère cadet de Mathusalem. En conscience, n'es-tu pas né quelques mois avant le déluge ?

LA BARONNE, *au baron,*

Monsieur le marquis fait le plaisant; mais, pour moi, je vous parle sérieusement; je vous donnerais cent ans.

LE BARON.

La mine est bien trompeuse, ma belle dame ; et je vous conseille de ne juger jamais par là. Tel que vous me voyez, je n'ai eu que trente ans le dernier jour d'avril ; mais l'étude des sciences occultes a cela de particulier, qu'elle fait croître la barbe à vue d'œil.

LA BARONNE.

Vous êtes bien heureux, monsieur le marquis, de n'avoir point donné dans les sciences occultes.

LE BARON.

Oh ! je vous promets que l'étude ne lui fera jamais croître la barbe.

LE MARQUIS.

Tu crois donc, vieux bouquin, que je ne suis qu'un ignorant, parce que je n'ai pas le menton si touffu que le tien ? Apprends de moi, vieux Nostradamus, que la science ne se mesure pas à la barbe. Tu jugerais mieux de moi si tu te connaissais en physionomie ; mais je vois que tu n'y entends rien.

LE BARON.

Je vais vous prouver le contraire. (*A la baronne.*) Avec votre permission, madame, que je lui dise un mot en particulier.

LA BARONNE, *se retirant à l'écart.*

Oh ! volontiers.

LE MARQUIS.

Eh bien! quel est le grand mystère que tu vas m'apprendre?

LE BARON.

Le voici... Mais jurez-moi que vous ne le révélerez point.

LE MARQUIS.

Je t'en donne ma parole d'honneur.

LE BARON.

Eh bien donc! selon toutes les règles de la physionomie, vous êtes un fat... Que cela soit secret entre nous.

LE MARQUIS.

Tu me paieras cette impertinence.

LA BARONNE.

Oh! je vous prie, marquis, confiez-moi ce qu'il vous a dit à l'oreille.

LE MARQUIS.

Ce n'est qu'un petit compliment qu'il m'a fait sur les traits de mon visage : il ne me siérait pas de vous le répéter.

LA BARONNE, *au baron.*

Pouvez-vous prédire par la physionomie ce qui doit arriver aux personnes que vous voyez?

LE BARON.

C'est mon fort.

LA BARONNE.

Oh! si cela est, je vous prie d'examiner celle de monsieur le marquis, et de me dire sa destinée.

LE BARON.

Premièrement, je juge par ses traits, et je vois à votre air en même temps, car je vous examine tous deux très-attentivement, qu'il a grande opinion de lui-même, et que vous en avez une très-médiocre; qu'il s'aime beaucoup, et que vous ne l'aimez guère.

LE MARQUIS, *à la baronne*.

Vous voyez bien que cet homme-là n'est qu'un ignorant.

LA BARONNE.

Moi, je crois qu'il est sorcier. (*Au baron.*) Poursuivez, docteur.

LE BARON.

Il sera furieusement traversé dans ses amours, et cela tout au plus tôt.

LE MARQUIS.

Autre impertinence.

LE BARON.

J'ose l'assurer de plus, et je l'en convaincrai, qu'il n'habitera jamais dans la maison de la baronne de l'Arc.

LE MARQUIS, *voulant le tirer par la barbe*.

Dis-moi un peu, vieux Merlin, ton impudence n'at-elle jamais excité quelqu'un à te traîner par la barbe ?

LA BARONNE.

Doucement, monsieur le marquis ; vous vous fâchez, et devant moi ; vous n'avez pas le courage de vous laisser dire votre bonne aventure ?

LE BARON.

Qu'il se fâche s'il veut, cela ne m'empêchera pas de lui prédire qu'il mourra dans peu.

LE MARQUIS.

Pousse, pousse, mon ami. Tu es en sûreté maintenant ; j'ai du respect pour les dames. Dieu me damne ! ses contes me font rire... (*Riant d'une manière forcée.*) Ah! ah !

LA BARONNE.

Il mourra dans peu, dites-vous, et de quel genre de mort ?

LE BARON.

Il mourra de peur.

LE MARQUIS, *voulant tirer l'épée*.

Moi, faquin ! je mourrai de peur ?

LA BARONNE.

Arrêtez.... N'avez-vous point de honte de vouloir tuer un vieillard désarmé ?

LE MARQUIS.

Lui , vieillard ? le faquin dit qu'il n'a que trente ans.

LE BARON.

Ce n'est pas devant les dames qu'il faut se piquer d'être courageux. Nous nous trouverons ailleurs , et je vous ferai voir que ma main sait manier autre chose qu'une baguette.

LE MARQUIS , *éclatant de rire*

Ah ! ah ! ah !

LA BARONNE , *au baron.*

Ne vous échauffez pas non plus , monsieur le docteur. Vous êtes ici pour faire preuve de votre art , et non de votre valeur ; et, si vous voulez me convaincre que vous avez du courage , trouvez-vous à neuf heures dans mon antichambre ; c'est à cette heure-là que l'esprit commence son vacarme , et se fait entendre dans tous les coins de ce château.

LE BARON.

Je ne manquerai pas à l'assignation.

LE MARQUIS.

Nous verrons ; et je t'avertis que si tu n'exécutes pas ce que tu t'es vanté de pouvoir faire , tu seras berné comme Sancho-Pança. Je te promets que nous te renverrons au firmament.

LE BARON.

Je vais préparer mes conjurations.... Mais écoutez , madame , ce que mon art m'autorise à vous dire : si vous voulez être parfaitement heureuse ; traitez ce petit compagnon avec tout le mépris qu'il mérite.

LA BARONNE ; *à demi-voix.*

Fiez-vous-en à moi.

(*Le baron sort.*)

SCÈNE VII.

LA BARONNE, LE MARQUIS.

LE MARQUIS.

VOILA le plus audacieux faquin que j'aie vu de ma vie!

LA BARONNE.

Pour moi, je le trouve réjouissant. Je vous garantis que ce n'est pas un sot.

LE MARQUIS.

Il en a pourtant bien la mine. Mais, quelque bonne opinion que vous ayez de lui, vous ne croyez pas qu'il soit sorcier ?

LA BARONNE.

En vérité, je ne sais qu'en penser : quoi qu'il en soit, je suis résolue de me servir de lui. Quand une maladie est désespérée, on met en usage les remèdes même auxquels on n'a point de foi.

SCÈNE VIII.

LA BARONNE, LE MARQUIS, MADAME CATAU.

Mad. CATAU, *à la baronne.*

MADAME, le café est prêt : voulez-vous le prendre ici ou dans le salon ?

LA BARONNE.

Oh! dans le grand salon : venez en prendre avec moi, monsieur le marquis; cela dissipera votre mauvaise humeur.

(Elle sort avec le marquis.)

SCÈNE IX.

MADAME CATAU, *seule.*

IL faut que je donne mes dernières instructions à l'esprit, afin que son apparition produise ce soir l'effet qu'il désire, et que je puisse toucher mes mille écus. Si je les embourse une bonne fois, ce sera un surcroît de charmes que j'acquerrai : je ferai briller ma somme aux yeux de notre intendant; Dieu sait comme il prendra feu! et je serai bientôt madame Pincé… Madame Pincé!..... le joli nom! Je meurs d'impatience de le porter…

SCÈNE X.

M. PINCÉ, Madame CATAU.

M. PINCÉ.

PEUT-ÊTRE que je me présente mal-à-propos, madame Catau ?

Mad. CATAU.

Ah! M. Pincé, vos visites sont toujours de saison.

M. PINCÉ.

Tout le monde prend du café dans le grand salon ; il faut bien que nous prenions quelque chose aussi, vous et moi. (*Il tire de sa poche un biscuit et une petite bouteille pleine, et il les pose sur la table.*) J'apporte un biscuit, et une bouteille de vin de Saint-Laurent, qui, je crois, sera délicieux.

Mad. CATAU.

Quelle politesse!… Asseyez-vous, je vous prie. (*Il s'assied.*) Je vais chercher deux de mes petits verres à ratafia. (*Elle va prendre dans une armoire deux grands verres, les apporte sur la table, et s'assied, M. Pincé emplit les verres.*) Allons, à la santé de madame : je vous la porte. (*Elle boit.*)

M. PINCÉ, *buvant.*

Je vous fais raison. (*Il remplit les verres.*) Et, en réitérant, à votre santé, madame Catau.

Mad. CATAU, *buvant.*

A la vôtre, M. Pincé. Voilà une liqueur excellente. Je vous prie de m'en acheter une petite provision, et de la faire passer sur l'article du café.

M. PINCÉ.

Je vous le promets.

Mad. CATAU.

Je ne voudrais pas que mon nom parût sur vos mémoires.

M. PINCÉ.

Il n'y paraît pas souvent, quoiqu'il soit écrit dans le registre de mon cœur… (*Riant.*) Ah! ah! ah! ah!

Mad. CATAU, *riant aussi.*

Ah! ah! ah! ah! vos plaisanteries ont je ne sais quoi de si doux, de si gracieux!…

M. PINCÉ.

A propos de registre, je viens de parcourir tous les miens, et je trouve que vous me devez quelque chose.

Mad. CATAU.

Moi? Et! qu'est-ce que je vous dois?

M. PINCÉ.

Vous me devez votre cœur en échange du mien que je vous ai donné… (*Riant.*) Eh! eh! eh! eh! c'est une ancienne dette; quand voulez-vous l'acquitter?

Mad. CATAU.

En vérité, vous êtes le plus galant créancier que je connaisse.

M. PINCÉ.

Trêve de complimens: je ne me paie point de paroles, madame Catau; il faut me payer en espèces.

Mad. CATAU.

Fi donc! M. Pincé; vous me faites rougir… (*remplissant encore les verres et buvant.*) A vos inclinations.

M. PINCÉ, *buvant.*

De tout mon cœur. C'est toujours à votre santé, madame Catau… Combien y a-t-il, madame Catau, que mon cœur a échoué contre l'écueil de vos graces? Attendez… je pense que ce fut le sixième de janvier mil sept cent quarante-neuf. Il y a seize ans que nous nous connaissons; par conséquent, il y a seize ans que je vous aime.

Mad. CATAU.

Dites plutôt, M. Pincé, qu'il y a seize ans que vous vous moquez de moi. Vous êtes si cauteleux, si rusés, vous autres hommes! Vous aimez à vous divertir de la simplicité de notre sexe, et à flatter de pauvres innocentes qui ont la faiblesse de vous croire.

M. PINCÉ.

Je veux vous montrer une petite bagatelle dont j'aurais grande envie de vous faire présent, si vous la jugiez digne d'être acceptée.

Mad. CATAU.

Oui ; M. Pincé est la politesse même.

M. PINCÉ.

C'est une bagatelle, vous dis-je qui ne mérite pas de vous être présentée ; mais…

Mad. CATAU.

Oh! je vous prie, ne me tenez pas plus long-temps en suspens.

M. PINCÉ, *tirant de sa poche un dé d'argent.*

C'est un petit dé d'argent.

Mad. CATAU.

Je l'ai toujours bien dit qu'il n'y avait point d'amant plus généreux ni plus magnifique que vous. (*Voulant prendre le dé.*) Donnez.

M. PINCÉ.

Avec votre permission, que je le mette moi-même à votre doigt.

Mad. CATAU.

C'est-là le comble de la politesse.

M. PINCÉ, *prenant la main de madame Catau.*

Ah! le joli petit mignon de doigt! il faut que je prenne la liberté de le baiser.

Mad. CATAU.

Fi donc! fi donc! arrêtez-vous, M. Pincé. Vous me jetez dans un désordre, dans une confusion…

M. PINCÉ.

Ce doigt-là n'est pas le doigt de la paresse ; il porte les glorieuses blessures de l'aiguille.

Mad. CATAU.

Ah ! ne serrez pas si fort !... Je vous prie , rendez-moi mon doigt.

M. PINCÉ.

Ce doigt du milieu , madame Catau , a un joli voisin. Je crois qu'une bague nuptiale lui siérait bien.

Mad. CATAU.

Que vous êtes badin ! Je crois, comme vous, que la bague dont vous me parlez ne le défigurerait point. (*En soupirant.*) Mais où la trouver ?

M. PINCÉ.

Puisqu'il faut parler cathégoriquement , madame Catau , le dé que je vous donne n'est que le précurseur de la bague nuptiale que je vous destine. Je pense que le dé et la bague figureront ensemble à merveille : ils formeront un double emblème. Le dé vous fera souvenir qu'il faut que vous soyez une bonne ménagère ; et la bague, qu'il faut que vous soyez une bonne femme... (*Riant.*) Ah ! ah ! ah ! ah !

Mad. CATAU.

Oui, oui , riez ; moquez-vous de moi.

M. PINCÉ.

Sur ma foi ! je vous parle sérieusement.

Mad. CATAU.

Sérieusement ?... Eh ! je croyais que vous m'aviez oubliée.

M. PINCÉ.

Moi ? j'oublierais plutôt la table de multiplication.

Mad. CATAU.

Je puis me vanter que j'ai toujours pris votre parti devant madame.

M. PINCÉ.

Je le sais ; et cela est écrit aussi dans mes registres.

Mad. CATAU.

Car j'ai toujours considéré vos intérêts.... comme les miens propres.

M. PINCÉ.

Il n'y a que vos rigueurs qui puissent empêcher... qu'ils ne deviennent communs.

Mad. CATAU, *à part.*

Cela est fort! Battons le fer pendant qu'il est chaud. (*Haut.*) En vérité, monsieur Pincé, il n'y a pas moyen de vous être cruelle : vous avez un style persuasif, des manières insinuantes, un ton enchanteur!... Pour moi, je n'ai pas la force d'y tenir.

M. PINCÉ, *se levant avec transport.*

Hein?... Comment dites-vous cela? Répétez, je vous en conjure.

Mad. CATAU.

Je vois bien que j'en ai trop dit ; mais je ne m'en repens pas, puisque je vous aime.

M. PINCÉ, *se rasseyant.*

Ah! je suis enchanté.

Mad. CATAU.

Non, je ne puis plus vous cacher la passion que j'ai pour vous.

M. PINCÉ.

Je suis ravi, transporté, extasié! Vous êtes la somme totale de mon bonheur... J'en perdrai l'esprit. (*Il se lève.*) Le respect ne peut plus me retenir, il faut que je boive une rasade à votre santé... (*Il s'assied et remplit les verres.*) Mais que votre maîtresse se dépêche de prendre un mari, sans quoi nous lui donnerons un petit intendant avant qu'elle se soit fait un héritier. Dites-moi, mon bel ange, n'est-elle pas résolue à épouser le marquis?

Mad. CATAU.

Elle, l'épouser, mon cœur? Dieu nous en garde! Non, non, j'ai un meilleur parti pour elle.

M. PINCÉ.

Mais, ma princesse, est-ce que ce tambour qui nous

effraie toutes les nuits ne lui fait pas perdre le dessein de se remarier ?

Mad. CATAU.

Chut ! si nous savons bien tirer profit de ce tambour, il nous vaudra mille écus ; tout au moins.

M. PINCÉ.

Comment cela, mon cher cœur ?

Mad. CATAU.

Puisque nous sommes présentement mari et femme... je veux dire comme mari et femme, mon devoir m'oblige à ne vous rien cacher.

M. PINCÉ.

Vous avez raison, m'amour ; vous et moi nous ne faisons plus qu'un ! ainsi, biens, personnes, secrets, tout doit être commun entre nous.

Mad. CATAU.

Je vais vous révéler le mystère... Mais j'entends du bruit... Quelqu'un pourrait nous écouter ici. Venez avec moi sous le berceau : je satisferai votre curiosité.

FIN DU TROISIÈME ACTE.

ACTE IV.

th éâtre représente l'antichambre de l'appartement de la baronne.

SCÈNE Ire.

MONSIEUR PINCÉ, LA RAMÉE.

M. PINCÉ.

Oh çà ! la Ramée, j'ai des ordres à te donner, mon enfant ; c'est pourquoi je te recommande d'être attentif.

LA RAMÉE, *à part.*

Attentif?.... Qu'entend-il par là? (*Haut.*) Oh ! je vous réponds que je le serai. (*A part.*) Je crois qu'il veut dire qu'il ne faut pas que je boive ce soir.

M. PINCÉ.

Tu sais que je t'ai toujours exhorté à mettre de l'ordre et de l'arrangement dans ce qui te concerne... Je voudrais que tes couteaux, tes fourchettes , tes cuillères , ton linge, ta vaisselle, tes verres, fussent rangés bien méthodiquement.

LA RAMÉE.

Mes verres rangés méthodiquement ? Ah ! monsieur Pincé, vous parlez d'une manière.... là.... si extravagante, si agréable, si je ne sais comment, que cela donne envie de recevoir vos ordres.

M. PINCÉ.

L'ordre et l'arrangement rendent toutes choses faciles par leur moyen il n'y a dans une maison ni confusion , ni perplexité.

LA RAMÉE, *à part.*

Perplexité! Comme il parle ! Je l'écouterais tout un jour.

M. PINCÉ.

Je voudrais donc que toutes les choses qui sont confiées à ton administration soient assez proprement et méthodiquement préparées pour donner ce soir un festin.

LA RAMÉE.

Tout cela sera prêt dans un quart-d'heure , si vous me l'ordonnez. Mais dites - moi, s'il vous plaît, est - ce pour le devin qu'on va préparer le festin dont vous me parlez ?

M. PINCÉ.

C'est pour le devin , et ce n'est pas pour le devin.

LA RAMÉE.

Écoutez, monsieur Pincé ; si c'est pour le devin, j'ai un bon avis à vous donner. Comme il est sorcier, les diables le régalent souvent au sabbat; son palais est accoutumé à leurs ragoûts. Nous aurons de la peine à les imiter. Pour moi, je crois que le meilleur moyen d'y réussir, c'est de mettre un peu de soufre dans les sauces qu'on fera pour lui.

M. PINCÉ.

Ce sorcier est une créature compliquée, un animal amphibie, une personne de deux espèces; mais il boit et mange comme un autre homme.

LA RAMÉE.

Selon ce que vous dites, il devrait boire et manger comme deux.

M. PINCÉ.

Ta réflexion n'est pas inepte.

LA RAMÉE, *à part.*

Inepte? Je crois qu'il parle latin.

M. PINCÉ.

Car l'homme dont il s'agit est un homme double. (*Riant.*) Eh! eh! eh! eh!

LA RAMÉE.

Un homme double?

M. PINCÉ.

Il est marié, et il n'est pas marié; il a une longue barbe, et il n'a point de barbe; il est vieux, et il est jeune.

LA RAMÉE.

Mordié! que cela est beau!... Un homme vieux et jeune!

M. PINCÉ.

Va, va, je t'expliquerai bientôt tout cela, et tu le comprendras facilement... (*La Ramée fait quelques pas pour s'en aller.*) Chit! chit! écoute. Ne manque pas d'avertir Suzanne de mettre deux oreillers sur le chevet du lit de madame.

LA RAMÉE.

Deux oreillers? Est-ce qu'elle est devenue double aussi?

M. PINCÉ.

Fais ce que je te dis… Mais j'entends la voix de madame Catau… Je crois qu'elle gronde la cuisinière.

LA RAMÉE.

Je m'en vais donc, car j'aurais bientôt mon tour. (*A part.*) Oh! pour celle-là, elle parle bon français; on ne perd pas un mot de tout ce qu'elle dit.

SCÈNE II.

MONSIEUR PINCÉ, *seul.*

De la manière dont tout se dispose, je crois que nous serons délivrés ce soir de l'esprit… Ah! madame Catau, madame Catau, vous êtes bien aimable; mais vous êtes bien friponne! Quand je réfléchis sur votre caractère, je trouve vingt raisons pour vous ôter mon cœur, et je n'en trouve que deux pour vous le laisser : la première des vingt raisons qui m'engagent à vous l'ôter, c'est que… Mais la voici… L'aimable friponne!… Quand je la vois, les deux raisons qui m'invitent à lui laisser mon cœur étouffent les vingt raisons qui me pressent de le lui retirer. Dieu veuille que je ne sois pas assez fou pour lui tenir les promesses que je lui ai faites, afin de la faire donner dans le panneau que je lui tendais!

SCÈNE III.

MADAME CATAU, MONSIEUR PINCÉ.

Mad. CATAU.

Ah! c'est vous, monsieur Pincé?

M. PINCÉ.

C'est moi-même, que venez-vous faire ici, ma gentille tourterelle?

Mad. CATAU.

J'y viens pour avoir un mot de conversation avec mon esprit. Il est derrière ce lambris. Auriez - vous jamais soupçonné qu'il y eût ici une ouverture?

M. PINCÉ.

Non, ma foi! elle est si artistement pratiquée qu'il est impossible de s'en apercevoir.. Mais je ne comprends pas comment votre esprit peut se tenir entre le mur et le lambris.

Mad. CATAU.

Ce n'est pas là non plus qu'il se tient : il est dans un petit cabinet pratiqué dans l'épaisseur du mur, et qui a deux ouvertures imperceptibles ; l'une dans un souterrain qui va gagner la cave, et l'autre dans cette antichambre, au travers de la boiserie : tout cela s'ouvre et se ferme dans un clin-d'œil, par le moyen d'un ressort qui n'est connu que de moi et de l'esprit. C'est une invention merveilleuse.

M. PINCÉ.

Mais, écoutez donc, ma poule : n'allez pas lui dire au moins que vous m'avez fait confidence du mystère.

Mad. CATAU.

Eh! fi donc! me croyez-vous assez sotte pour publier ce qui se passe entre vous et moi ?

M. PINCÉ.

Mais votre esprit n'entend-il point ce que nous disons ?

Mad. CATAU.

Il n'entend point ce qui se dit ici, à moins que l'on ne crie bien fort, et même en ce cas-là il ne peut attraper que quelques paroles de temps en temps. J'en ai fait moi-même l'expérience.

M. PINCÉ.

J'ai quelques ordres à donner. Il faut que je vous quitte... Adieu, mon étoile polaire.

Mad. CATAU.

Adieu, ma boussole.

M. PINCÉ

Adieu, ma Vénus.

Mad. CATAU.

Adieu, mon Adonis... (*M. Pincé sort.*)

SCÈNE IV.

Madame CATAU, *seule.*

H ! je le tiens, et quand j'aurai les mille écus...
(*On entend frapper trois coups sur le tambour.*) Ah!
ah! le tambour a frappé trois fois... C'est le signal dont
Léandre est convenu avec moi quand il aurait envie de
me parler... (*Le tambour bat encore trois coups.*) Je
vous entends, je vous entends. Sortez, M. le renard,
sortez de votre tanière, et laissez-y votre tambour. (*La
porte secrète s'ouvre, et Léandre paraît.*)

SCÈNE V.

LÉANDRE, Madame CATAU.

LÉANDRE.

Eh bien ! ma chère Catau, quelles nouvelles y a-t-il
dans le monde ?

Mad. CATAU.

Je vous avertis que si vous ne prenez garde à vous,
vous serez conjuré et chassé ce soir.

LÉANDRE.

Je me doutais bien qu'on avait formé cette entreprise ;
car je me suis tenu tout le jour aux écoutes, et j'ai
entendu certains mots qui m'ont fait soupçonner que
quelque charlatan se faisait fort de me bannir du château.

Mad. CATAU.

Vraiment il y a ici un devin qui se pique même d'être
sorcier, et qui promet à madame de la délivrer de vous :
il prépare des conjurations terribles.

LÉANDRE.

Laisse-moi faire, je te réponds que je le conjurerai
lui-même, et qu'il sera bien hardi si je ne le fais pas
mourir de peur. Ce n'est pas lui qui m'inquiète ; c'est le
marquis. Dans le cas où je me trouve, ce petit fat, qui

est toujours auprès de ta maîtresse , est plus à craindre pour moi que vingt sorciers.

Mad. CATAU.

A vous dire le vrai , il pousse vigoureusement sa pointe. Ses impertinences ont fait plus de progrè en deux jours que votre modestie et votre discrétion n'en ont fait en deux mois.

LÉANDRE.

Aussi suis-je bien résolu de changer mon attaque , si une fois tu peux me procurer une autre entrevue.

Mad. CATAU.

Ce sera bientôt , si vous savez profiter de l'occasion. Ma maîtresse doit se rendre ici dans un moment avec le marquis ; et le sorcier y viendra à neuf heures pour vous conjurer.

LÉANDRE.

Je les régalerai l'un et l'autre d'un plat de mon métier.

Mad. CATAU.

Préparez-vous. Un homme averti en vaut deux. Profitez bien de mes avis , et faites-moi gagner mille écus.

LÉANDRE.

C'est comme si tu les avais.

Mad. CATAU.

Rentrez dans votre gîte. Je vais disposer tout pour vous seconder. (*Léandre rentre dans son cabinet secret, et madame Catau s'en va.*)

SCÈNE VI.

M. PINCÉ , *regardant de tous côtés.*

IL n'y a plus personne... Je venais pour savoir ce qui s'est passé entre madame Catau et son associé ; mais ils se sont éclipsés.

SCÈNE VII.

LE MARQUIS, M. PINCÉ.

LE MARQUIS.

Eh ! bonhomme Pincé ?

M. PINCÉ, *à part.*

Bonhomme Pincé ! Je ne croyais pas que nous fussions
si familiers ensemble. Je n'ai jamais été traité de la
sorte, pas même par madame.

LE MARQUIS.

Mon ami, il faut que tu me 'fasses un plaisir.

M. PINCÉ, *avec humeur.*

Quel est-il ?

LE MARQUIS.

Va me chercher le papier-terrier de cette baronnie,
afin que j'en examine un peu les revenus.

M. PINCÉ.

Le papier-terrier ?

LE MARQUIS.

Oui, le papier-terrier. Ne m'entends-tu pas ?

M. PINCÉ.

Est-ce que vous avez dessein d'acquérir la baronnie
de l'Arc ?

LE MARQUIS.

Tu l'as deviné, vieux fou.

M. PINCÉ.

C'est une baronnie très-considérable.

LE MARQUIS.

Aussi la mets-je à fort haut prix, puisque je vais
donner ma personne en échange.

M. PINCÉ.

Apparemment, monsieur le marquis, que votre personne est tout votre bien ?.... (*Riant.*) Hein ! hein
hein ! hein !

Destouches. T. II.   20

LE MARQUIS, *à part.*

Je crois que ce faquin veut me plaisanter. (*Haut.*) Écoute, vieux Pincé : si tu veux que je te conserve dans ton emploi, apprends d'avance à me respecter.

M. PINCÉ, *à part.*

Voilà un insolent personnage.

LE MARQUIS.

Tu es riche comme un Juif, et je compte que tu me prêteras une vingtaine de mille francs, ou je te ferai rendre gorge.

M. PINCÉ, *à part.*

Quelle impudence !

LE MARQUIS.

Oui, si tu te comportes bien à mon égard, j'aurai de la bonté pour toi, et.... je te ferai l'honneur de t'emprunter de l'argent.

M. PINCÉ *à part.*

Je ne puis m'empêcher de rire quand je songe à quel point ce jeune fou va se trouver loin de son compte... Je veux un peu me divertir à ses dépens. (*Haut.*) De sorte donc, monsieur le marquis, que vous me promettez d'avoir bien de la bonté pour moi ?

LE MARQUIS.

Combien me donneras-tu pour être mon intendant ?

M. PINCÉ.

Eh ! mais, si je vous offrais deux mille écus ?

LE MARQUIS.

Fi donc, ce n'est pas assez.

M. PINCÉ.

C'est pourtant plus que je ne vous donnerai... (*riant.*) Hé ! hé ! hé ! hé ! Je m'en vais vous en dire deux raisons. La première, c'est que vous n'êtes point encore mon maître ni le mari de madame, la seconde c'est que vous ne le serez jamais (*Riant.*) Hé ! hé ! hé ! hé !... Je vous baise les mains...

(Il sort.)

LE MARQUIS, *seul.*

Ce fripon-là est aussi insolent que le devin. Je veux être un maraud s'ils ne s'entendent!

SCÈNE VIII.

LA BARONNE, LE MARQUIS.

LA BARONNE.

Ah! vous êtes ici, et tout seul! Vous autres esprits forts, vous aimez la solitude.

LE MARQUIS.

Je n'étais pas seul. Je viens de parler à votre intendant: c'est une figure grotesque; il a l'air d'un vieux cuistre. Comment pouvez-vous vous accommoder de sa conversation?

LA BARONNE.

Je ne l'ai point pour sa conversation, mais pour prendre soin de mes affaires : au reste, il a plus d'esprit que vous ne pensez ; je vous en avertis.

LE MARQUIS.

Tout ce qu'il vous plaira; mais sa personne a l'honneur de me déplaire... Il faudra lui donner son congé : cet homme-là vous pille.

LA BARONNE.

Vous lui faites tort : il a toujours eu la réputation d'un honnête homme.

LE MARQUIS, *lui baisant la main.*

En vérité, vous êtes trop charmante.

LA BARONNE.

En vérité, voilà une réponse bien spirituelle.

LE MARQUIS.

Oh çà! changeons de conversation, et venons à quelque chose de plus important. Comme je vous épouse...

LA BARONNE.

Vous m'épousez?

LE MARQUIS.

Oui, je vous épouse; conséquemment il est nécessaire de prendre ensemble quelques arrangemens.

LA BARONNE.

Mais, monsieur le marquis...

LE MARQUIS.

Je me suis fait rendre un compte exact de tout ce qui va m'appartenir, indépendamment de votre personne. Votre terre est fort bien boisée : j'en suis assez content. Quant à vos quatre services de vermeil, je m'en déferai; cela n'est plus de mode, et je veux que nous mangions dans des assiettes de la Chine : voilà déjà un article terminé. A l'égard de cette prodigieuse quantité de vaisselle d'argent... Je ne fais pas grand cas, moi, de la vaisselle d'argent : je compte d'abord m'en faire un équipage, me donner six chevaux des plus lestes. Le surplus, comme il est juste que je vous donne quelque preuve éclatante de mon amour, je l'emploierai à vous faire faire des diamans dont je vous ferai présent : vous me ferez bien la grace de les accepter.

LA BARONNE.

Mais en vérité, cela est trop généreux. J'ai pourtant une petite prière à vous faire.

LE MARQUIS.

Ah! volontiers.

LA BARONNE.

C'est de ne point disposer de mes effets avant que d'être en possession de ma personne.

LE MARQUIS.

Eh! mais cela ne peut pas me manquer.

LA BARONNE.

Je vois que vous avez pris grande affection pour mes meubles.

LE MARQUIS.

C'est que j'aime tout ce qui vous appartient.

LA BARONNE.

Je le crois; mais ni mes meubles ni moi ne vous appartiendront jamais : c'est moi qui vous l'assure.

LE MARQUIS.

Oh! pour le coup, je crois que vos vapeurs vous reprennent. N'entendez-vous point déjà le tambour?...
(*Riant.*) Ah! ah! ah!

LA BARONNE.

Si vous vous étiez trouvé ici hier au soir, à l'heure qu'il est, vous n'auriez pas été si plaisant que vous l'êtes.

LE MARQUIS.

A l'heure qu'il est, dites-vous? Voici donc le temps où il fait son vacarme? Tant mieux... Asseyons-nous ici pour avoir le plaisir de l'entendre.

LA BARONNE.

Volontiers, pourvu que vous me promettiez d'être sérieux, et de ne rien dire qui puisse offenser l'esprit.

(*Ils s'asseyent tous les deux.*)

LE MARQUIS.

Moi, l'offenser? Ah! j'ai trop de respect pour messieurs les esprits... Attendez; il me semble que j'entends le vôtre.

LA BARONNE.

Mon Dieu, ne faites point le brave d'avance ; il en sera temps quand le tambour battra. Gardez le silence; et, encore une fois, soyez sérieux.

LE MARQUIS, *riant à gorge déployée.*

Sérieux?... Ah! ah! ah! ah! Mais je m'ennuie...
(*Fort haut.*) Holà! monsieur l'esprit, dépêchez-vous donc de nous régaler. (*Le tambour bat de loin.*) Ah! ah! qu'est-ce que ce bruit-là? (*On bat plus fort.*) Ma foi! ceci devient sérieux, en effet.

(*Le tambour redouble son bruit.*)

LA BARONNE.

Ciel! il n'a jamais fait tant de bruit.

LE MARQUIS.

Il faut avouer... que ce bruit... a quelque chose d'horrible. (*A part, en se levant.*) Je ne sais plus qu'en penser.

LA BARONNE, se levant aussi.

Vous vous levez ?... Où allez-vous ? Ne me laissez pas seule.

LE MARQUIS.

Je n'ai garde... Il faut voir la fin de tout ceci.

(Le tambour bat encore plus fort.)

LA BARONNE.

Il approche de plus en plus... L'esprit s'est fâché de vos discours.

LE MARQUIS.

Il a tort... Je parlais contre ma pensée... Ces esprits sont bien formalistes.

(Le tambour bat excessivement fort.)

LA BARONNE.

Ah ! bon Dieu ! il approche encore... On croirait qu'il va passer au travers du mur.

LE MARQUIS   à part.

De quoi diable me suis-je avisé de plaisanter sur son sujet ?

SCÈNE IX.

LA BARONNE, LE MARQUIS, LÉANDRE
sortant de sa cachette à travers le mur.

LA BARONNE, à part.

CIEL ! que vois-je ?

LE MARQUIS, à part.

Je frémis !

LA BARONNE, à part, en s'enfuyant.

C'est lui-même !... c'est le baron !... c'est mon mari !

SCÈNE X.

LE MARQUIS, LÉANDRE.

LE MARQUIS, *à part.*

Je voudrais être hors d'ici pour mille pistoles... (*A Léandre qui s'avance vers lui.*) Je vous demande pardon... Je ne médirai jamais des esprits. (*A part.*) Ah ! c'est le pauvre défunt baron. (*A Léandre.*) Au nom de notre ancienne connaissance, ne prenez pas sérieusement ce que j'ai dit : ayez pitié de ma jeunesse... Je suis un étourdi, un fat... (*Léandre lui fait signe de sortir.*) Eh ! oui, de tout mon cœur, si j'en ai la force.

(*Il s'enfuit en chancelant à chaque pas.*)

LÉANDRE.

Le fat est décampé sans avoir eu le courage de secourir sa maîtresse... Je suis bien trompé s'il remet jamais le pied dans le château. Je n'ai plus affaire qu'au devin, et je me flatte qu'il ne sera pas plus difficile de le mettre en fuite ; après quoi, je serai maître du champ de bataille.

(*Il rentre dans le cabinet secret.*)

FIN DU QUATRIÈME ACTE.

ACTE V.

Le théâtre représente encore l'antichambre de l'appartement de la baronne. Plusieurs domestiques en habit de livrée entrent deux à deux ; un porte deux flambeaux d'argent ; le sommelier entre ensuite : il est suivi de maître Nicolas qui porte une table, et de maître Pierre qui porte un large fauteuil. Le baron entre le dernier en habit de devin.

SCÈNE Ire.

LE BARON, LA RAMÉE, Maître PIERRE, Maître NICOLAS, plusieurs laquais.

LA RAMÉE, *faisant une profonde révérence.*

Monseigneur le devin, nous avons ordre de monsieur l'intendant de vous obéir en tout ce que vous nous commanderez, comme si vous étiez notre maître.

LE BARON, *gravement.*

Voilà qui est bien.

M^{tre}. NICOLAS.

Monseigneur, où votre sorcellerie veut-elle que je pose la table ?

LE BARON, *faisant des cercles avec sa baguette.*

Ici, maître Nicolas.

M^{tre}. NICOLAS, *à part.*

Maître Nicolas ? il a deviné mon nom.

M^{tre}. PIERRE.

Très-révérend seigneur, je vous ai apporté le plus large fauteuil qui soit dans le château ; c'est celui dans lequel notre bailli préside quand il tient ses assises.

LE BARON.

Place-le de ce côté-ci, vis-à-vis de la table.

LA RAMÉE.

Vous plaît-il, monsieur le devin, d'avoir besoin de quelque autre chose?

LE BARON.

Il me faut du papier, une plume et de l'encre.

LA RAMÉE.

Madame a du papier de deuil; qui me paraît tout propre à faire des conjurations; car il est noir par les bords.

LE BARON.

C'est justement ce qu'il me faut.

LA RAMÉE.

Maître Pierre, allez chercher l'écritoire, le papier et la plume : vous trouverez tout cela dans le grand cabinet.

Mtre. PIERRE.

Nicolas, viens avec moi, je te prie : j'ai peur. Tu sais que je t'accompagnai hier au soir au jardin quand la cuisinière te demanda une poignée de persil?

LA RAMÉE, *à maître Pierre, et à maître Nicolas*.

Comment! mes amis, voulez-vous me laisser ici tout seul avec le devin?

Mtre. NICOLAS.

Eh bien! allons tous trois ensemble chercher la plume l'encre et le papier.

(*Ils sortent.*)

LE BARON.

Il n'y a rien, à ce que je vois, qui forme de plus étroites liaisons que la peur. Ces trois idiots sont ligués ensemble contre l'esprit : Dieu sait quels effets une pareille union peut produire chez moi! Mais voici la triple alliance qui revient... Qui aurait jamais cru que ces benêts trouveraient le moyen de se mettre tous trois en besogne pour m'apporter une écritoire et du papier?

Mtre. NICOLAS.

Monsieur, voilà du papier.

Mtre. PIERRE.

Monsieur, voilà une écritoire.

LA RAMÉE.

Monsieur, voilà une plume de corbeau. Vous pouvez maintenant écrire à M. Lucifer... Au reste, c'est ici l'endroit où l'on entend le plus souvent le tambour; et il faut que le revenant ait fait son nid dans ce vieux mur... Si vous pouviez le dénicher?

LE BARON.

C'est à quoi je vais travailler.

Mtre. NICOLAS, *bas*, *à maître Pierre*.

Pour un sorcier, il me paraît bon homme.

LA RAMÉE, *à part*.

Je m'en vais profiter de l'occasion pour découvrir celui qui m'a volé une pièce de ma vaisselle. Puisque madame le paie, il me semble qu'on peut lui faire une ou deux questions par-dessus le marché. (*Au baron à demi-voix*.) Monsieur, je voudrais bien vous dire un petit mot à l'oreille.

LE BARON.

Parle... (*A maître Nicolas et à maître Pierre*.) Éloignez-vous.

LA RAMÉE, *bas*.

Monsieur, je crois que vous savez aussi bien que moi que j'ai perdu la semaine dernière une de mes fourchettes d'argent.

LE BARON, *bas*.

Oh! vraiment oui, je le sais.

LA RAMÉE, *à part*.

Cet homme-là sait tout.

LE BARON, *bas*.

Sur cette fourchette d'argent il y avait des armes?

LA RAMÉE, *à part*.

Cela est étonnant.

LE BARON, *bas*.

Trois têtes de paon, et l'écusson soutenu de deux licornes?

LL RAMÉE , *bas.*

Cela est vrai. (*A part.*) Je suis dans l'admiration.
(*Haut.*) Que me conseillez-vous de faire pour la retrouver ?

LE BARON , *bas.*

Écoute... Il faut....

LA RAMÉE.

Oui , monsieur.

LE BARON.

Que , pendant quinze jours et quinze nuits...

LA RAMÉE.

Oh! je n'y manquerai pas.

LE BARON , *bas.*

Tu ne boives que de l'eau.

LA RAMÉE , *bas.*

Que de l'eau... Ventre-saint-gris!

LE BARON , *bas.*

Si tu bois une seule goutte de vin avant les quinze
jours expirés, tu ne retrouveras jamais ta fourchette.

LA RAMÉE , *bas.*

Oh! j'aime mieux la perdre et en acheter une autre.

Mtre. PIERRE , *à maître Nicolas.*

Vois-tu comme le devin lui parle tout bas? Il y a quelque anguille sous roche.

Mtre NICOLAS.

Morguo! je gage qu'il parle de Nicole.

Mtre. PIERRE.

A propos de Nicole , il faut que je consulte le devin
sur un de mes chevaux qui est malade. Il me donnera de
meilleurs avis que notre maréchal.

Mtre. NICOLAS , *à La Ramée, en montrant le baron.*

Eh bien ! que dites-vous de cet homme-là ?

LA RAMÉE.

Je suis émerveillé ! Il n'y a rien qu'il ne sache.

Mtre. PIERRE, *au baron.*

Monsieur, peut-on, sans vous offenser, vous faire une petite question ?

LE BARON.

Parle.

Mtre. PIERRE.

J'ai un pauvre cheval dans mon écurie, qui est ensorcelé.

LE BARON.

Un cheval bai ?

Mtre. PIERRE, *à part.*

Comment diable peut-il savoir cela ?

LE BARON.

Qui a été acheté d'un maquignon appelé Marandin ?

Mtre. PIERRE, *à part.*

Il l'a deviné. Le grand homme !

LE BARON.

Et qui prend six ans ?

Mtre. PIERRE.

Justement. (*A part.*) Cet homme - là est un démon. (*Haut.*) Or, je voudrais savoir présentement si c'est la bonne femme Jacquette ou la vieille Mathurine qui l'a ensorcelé... Vous savez qu'elles vont au sabbat ?

LE BARON.

Ce n'est ni l'une ni l'autre.

Mtre. PIERRE.

Ni l'une ni l'autre ?... Ah ! c'est donc la bonne femme Macée ? car elle est la plus vieille du village... Je m'en étais, mordié, bien douté.

Mtre. NICOLAS, *à maître Pierre.*

As-tu fini, Pierre ?

Mtre. PIERRE, *montrant le baron.*

Oui ; il te dira tout ce que tu voudras.

Mtre. NICOLAS, *au baron.*

Monsieur le docteur...

LE BARON.

Encore?

Mtre. NICOLAS.

Oh! je vous prie, ne refusez pas de m'écouter un moment.

LE BARON.

Dépêche-toi donc.

Mtre. NICOLAS, *bas.*

Vous savez, monsieur, que le sommelier et moi j'étions tous deux amoureux, sauf correction, d'une jeune drôlesse qui n'est pas marice?

LE BARON, *bas.*

D'une fille?

Mtre. NICOLAS, *à part.*

Comment peut-il savoir cela?

LE BARON, *bas.*

Poursuis.

Mtre. NICOLAS, *bas.*

Or, parce qu'elle avait accoutumé, ne vous déplaise, de venir quelquefois batifoler avec moi dans mon jardin, ils ont tous dit que pour son honneur il fallait...

LE BARON.

Que tu l'épousasses?

Mtre. NICOLAS, *à part.*

Pargué! v'là un homme bian savant!

LE BARON, *bas.*

Après.

Mtre. NICOLAS, *bas.*

Or donc je l'ai épousée; et alle est accouchée de deux enfans.

LE BARON, *bas.*

Jumeaux?

Mtre. NICOLAS, *à part.*

C'est prodigieux comme il devine!

LE BARON, *bas.*

Est-ce tout?

Mtre. NICOLAS, *bas.*

Sauf votre respect, mon bon monsieur, je serais curieux de savoir si effectivement ces deux petits innocens sont de mon estoc ?

LE BARON, *en le faisant tourner plusieurs fois autour de sa baguette.*

Il faut voir... Viens... Tourne... Encore... Vite.

Mtre. PIERRE, *bas à la Ramée.*

Regardez, regardez, maître Nicolas... Que diantre fait-il là ? Je crois qu'il court le garou.

LE BARON, *bas, à maître Nicolas.*

Ces deux enfans, dis-tu, son jumeaux ?

Mtre. NICOLAS, *bas.*

Oui... Suis-je leur père à tous deux ?

LE BARON, *bas.*

Il y en a un...

Mtre. NICOLAS.

Qui n'est pas de moi ?... Je l'ai dit à madame Catau... Mais elle prend toujours le parti du sommelier.

LE BARON, *bas.*

C'est qu'il a la clef de la cave.

Mtre. NICOLAS, *à part.*

Comme il a deviné cela sans rêver !... Ah ! si mon pauvre maître était encore en vie, ça ne se passerait, morgué, pas comme ça.

LE BARON, *bas.*

Feu monsieur le baron était donc un bon maître ?

Mtre. NICOLAS.

S'il était un bon maître ? Il n'y en aura jamais un si bon : demandez à mes camarades.

LE BARON, *à la Ramée et à maître Pierre.*

Dites-moi, mes enfans, aimiez-vous bien monsieur le baron ?

LA RAMÉE, *pleurant.*

Ah ! monsieur, tout le monde l'aimait.

Mtre. PIERRE, *pleurant.*

Quand la nouvelle de sa mort vint dans le pays, chacun se mit à pleurer, hommes, femmes, petits enfans.

Mtre. NICOLAS, *sanglotant.*

C'était le meilleur voisin !

Mtre. PIERRE.

C'était le meilleur ami !

LA RAMÉE.

C'était le meilleur mari !

Mtre. NICOLAS.

On l'appelait le soutien des veuves.

Mtre. PIERRE.

L'appui des orphelins.

LA RAMÉE.

Le père des pauvres.... Ah ! ma pauvre maîtresse ! Elle a bien perdu, aussi bien que nous !

LE BARON.

Fut-elle bien affligée de la mort du baron ?

LA RAMÉE.

Elle a pensé mourir de douleur ; et je suis sûr qu'elle le regrettera toute sa vie.... Nous le pleurons tous les jours avec elle.

LE BARON, *à part.*

Voilà la plus belle oraison funèbre que l'on me fera jamais... Ces pauvres gens me fendent le coeur... Il me tarde de redevenir leur maître pour les récompenser comme ils le méritent.

SCÈNE II.

LE BARON, MONSIEUR PINCÉ, MAITRE NICOLAS MAÎTRE PIERRE, LA RAMÉE.

M. PINCÉ, *aux trois domestiques.*

Avez-vous fourni à monsieur le devin toutes les choses dont il avait besoin ?

LA RAMÉE.

Oui, monsieur.

M. PINCÉ.

Cela étant, retirez-vous.

(Les trois domestiques sortent.)

SCÈNE III.

LE BARON, MONSIEUR PINCÉ.

LE BARON.

POUVONS-NOUS parler ici en sûreté?

M. PINCÉ.

Oui, monsieur, car l'esprit n'est pas dans sa niche. Il en est sorti par l'issue de derrière, pour aller battre le tambour dans la cave et dans plusieurs autres souterrains du château qui y aboutissent. Il lui faut au moins un quart-d'heure pour faire sa tournée, et il se fera entendre ici à son retour.

LE BARON.

Autant que j'en puis juger, monsieur Pincé, il n'y a rien de répréhensible dans la conduite de ma femme. Cependant il me reste des doutes fâcheux pour un homme qui aime aussi délicatement que moi. Je veux profiter de mon déguisement et de l'erreur où elle est pour m'éclaircir à fond, et il est de son intérêt comme du mien que je ne me découvre à elle qu'après que je me serai satisfait. Comment se porte-t-elle depuis son évanouissement?

M. PINCÉ.

J'ai lu quelque part dans un bon auteur qu'il faut qu'une veuve...

LE BARON.

Je vous demande des nouvelles de ma femme, et non point de cet auteur-là. Encore une fois, comment se porte-t-elle? car j'en suis fort en peine.

M. PINCÉ.

Elle est assez bien remise de sa frayeur. Madame Catau l'a fort rassurée, et je lui ai fait concevoir de grandes espérances du pouvoir de votre art.

LE BARON.

En effet, je suis sûr de réussir depuis que vous avez eu l'adresse de tirer le secret de Catau. Je n'aurais jamais cru que Léandre fût capable d'une entreprise si odieuse. Le traître veut tromper ma femme; mais…

M. PINCÉ.

Vous n'avez pas lieu de vous plaindre de lui. Souvenez-vous, s'il vous plaît, que vous êtes mort, et qu'ainsi vous n'avez plus de droits sur madame : car la mort éteint la possession. C'est une maxime établie par la loi *Quòd hanc.*

LE BARON.

Laissez-là votre érudition, et me dites ce qu'est devenu le marquis.

M. PINCÉ.

Il s'est sauvé à perte d'haleine ; et, quand il a été à deux cents pas du château, il a envoyé chercher sa chaise; il a sauté dedans, et l'a fait partir avec tant de vitesse qu'on l'a perdu de vue en un moment.

LE BARON.

L'aventure est plaisante ! En un seul jour ma femme aura eu trois prétendans qui se seront succédés l'un à l'autre. Léandre a chassé le marquis, et je ferai déguerpir Léandre.

M. PINCÉ.

C'est comme un clou qui chasse l'autre… (*Riant.*) Ah ! ah ! ah ! ah !… pardonnez-moi cette petite saillie de gaieté.

LE BARON.

Je vous la pardonne volontiers, pourvu que vous songiez à ce que vous avez à faire. Ce que je vous recommande principalement, c'est la diligence.

M. PINCÉ.

Dans toutes les affaires, il n'y a rien de si essentiel que la diligence.

LE BARON.

Écoutez-moi.

M. PINCÉ.

La diligence est l'ame des affaires, car...

LE BARON.

Écoutez-moi, vous dis-je.

M. PINCÉ.

Aussi Sénèque a judicieusement observé qu'elle produit quatre bons effets. Le premier...

LE BARON.

Il va me faire une énumération des bons effets de la
diligence, quand il est question de la mettre en pra-
tique !

M. PINCÉ.

Mais, monsieur, si vous vouliez m'entendre...

LE BARON, *en colère.*

Tu ne te tairas pas ?

M. PINCÉ.

Je suis muet.

LE BARON.

Pendant que je serai occupé à conjurer l'esprit, vous
ne manquerez pas d'aller trouver ma femme : vous lui
conterez toute mon histoire sans en oublier la moindre
circonstance, afin que la surprise ne lui cause pas un
second évanouissement.

M. PINCÉ.

Soit fait ainsi qu'il est requis... Mais il est bon de
vous avertir, monsieur, que, depuis l'apparition de
l'esprit, madame souhaite ardemment de vous parler
encore avant que vous entrepreniez de le conjurer.

LE BARON.

Je vais l'attendre ici avec impatience. Je me flatte que
vous n'avez fait aucune confidence à Catau sur ce qui
me concerne ?

M. PINCÉ.

Je n'ai eu garde ! madame Catau est femme ; par conséquent, une infinité de raisons m'ont empêché de lui
révéler notre secret. Je ne vous en dirai présentement
que six. La première...

LE BARON.

Paix!... Je crois que voici la baronne... C'est elle-même. (*M. Pincé sort.*)

SCÈNE IV.

LE BARON, LA BARONNE, madame CATAU.

LE BARON, *à part.*

Que j'ai de plaisir à la voir! Que je suis impatient de l'embrasser!... Mais il faut que je suspende les mouvemens de ma tendresse, et que je reprenne la gravité du personnage que je joue.

(*Il se promène, et fait plusieurs-cercles à terre avec sa baguette.*)

LA BARONNE, *bas, à madame Catau.*

En vérité, cet homme est suprenant ; tous mes gens m'ont dit la même chose : ils m'assurent qu'il a connaissance de tout ce qui s'est passé de plus secret dans ma maison. (*Au Baron.*) Très-illustre et savant personnage, puis-je avoir un moment de conversation avec vous ?

LE BARON.

Très-volontiers, madame.... Asseyons-nous. (*Ils s'asseyent.*) Parlez... je vous écoute... Attendez, que je tâte votre pouls.

LA BARONNE.

Quel découverte pouvez-vous faire par ce moyen ?

LE BARON, *lui tâtant le pouls.*

Votre pouls m'a déjà révélé un secret qui va vous étonner.

LA BARONNE.

Quel est ce secret, je vous prie?

LE BARON.

Dans un quart d'heure vous aurez un mari

Mad. CATAU, *à part.*

Bon! ce sera Léandre... Je commence à croire qu'il y a du vrai dans ce qu'il prédit.

LA BARONNE, au Baron.

Ah! Ciel! vous voulez dire apparemment que feu M. le baron m'apparaîtra une seconde fois?

LE BARON.

Rassurez-vous, madame; vous n'aurez plus d'apparition à craindre. Le mari dont je vous parle sera vivant, et de chair et d'os comme je le suis.

Mad. CATAU, à part.

Il parle de mon homme, à coup sûr.

LA BARONNE, au Baron.

Vous me faites une prédiction qui ne s'accomplira point : c'est ce que je vous prédis, moi. J'ai trop aimé mon premier mari pour en pouvoir prendre un second.

LE BARON.

Et moi, je vous assure qu'il n'est pas possible que vous ayez plus aimé le premier que vous aimerez le second.

Mad. CATAU, à part.

C'est assurément monsieur Pincé qui lui fait dire tout cela pour Léandre... J'aurai les mille écus.

LA BARONNE, au Baron.

Ne me tenez plus ce langage, ou je perdrai toute la confiance que j'avais en vous... Si vous aviez connu feu M. le baron de l'Arc!...

LE BARON.

Je l'ai connu comme je me connais moi-même. Le premier jour qu'il vous déclara sa passion, je le vis près de vous dans votre appartement, lorsque madame votre mère, sous prétexte d'aller recevoir une visite, vous laissa tête-à-tête avec lui.

LA BARONNE, à part.

Il m'étonne! (Haut.) Poursuivez, je vous prie... Rappelez-moi ces heureux momens.

LE BARON.

D'abord, vous fîtes rouler la conversation sur l'état de fille; vous soutîntes qu'il était cent fois plus heureux

que celui d'une personne mariée. Le baron réfuta vivement ce discours, et vous ne vous obstinâtes pas long-
temps à défendre votre thèse. Le baron, charmé de cette
docilité, prit une de vos belles mains qu'il baisa avec
transport ; et il pensa mourir de joie quand vous lui
dîtes que, malgré les idées que vous vous étiez faites,
vous ne laisseriez pas d'obéir aux volontés de votre
mère.

LA BARONNE, *à part.*

Il n'omet pas une seule circonstance !

LE BARON.

Venons présentement à la première nuit de vos noces...

LA BARONNE.

Non, non ; cela n'est point nécessaire.

Mad. CATAU, *au Baron.*

Oui ; en voilà assez, en voilà assez.

LE BARON.

Ah ! ah ! madame Catau, vous souvient-il que le baron
vous fit un présent de trente pistoles, parce que vous
aviez parlé en sa faveur ?

Mad. CATAU, *à part.*

La peste soit du babillard ! (*Au baron.*) Mais, monsieur, vous devriez bien ajouter que je refusai de les
prendre.

LE BARON.

Oui, par cérémonie ; car, à la seconde sommation,
vous les mîtes dans votre bourse.

Mad. CATAU, *à part*

Ce diable-là va parler des mille écus que Léandre m'a
promis, si je n'y prends garde. (*Au baron.*) Permettez-
moi de vous dire qu'un homme qui devine tout ne doit
pas être indiscret.

LA BARONNE.

Plus je vous écoute, monsieur, plus j'admire l'étendue
de votre art. C'est pourquoi je vous prie de faire en sorte
que la seconde apparition de mon mari soit moins ter-

rible que la première; car l'esprit qui revient céans ressemble si fort à feu monsieur le baron, que je ne doute plus que ce ne soit lui qui revient. De grace, tâchez de savoir de lui ce qui peut troubler son repos, et ne manquez pas de me le redire, afin que j'y mette ordre.

LE BARON.

Je ne puis y réussir, à moins que vous ne me déclariez bien sincèrement si depuis qu'il est mort vous n'avez point engagé votre cœur à quelque autre. N'avez-vous pas reçu plusieurs amans? N'avez-vous pas écouté leurs protestations depuis son trépas? Gardez-vous de m'imposer: je ne pourrais rien faire pour vous.

LA BARONNE.

J'ai reçu beaucoup de visites par bienséance; mais j'ai congédié tous les amans. Le marquis m'avait été fort recommandé par des personnes d'un haut rang; il a de la naissance, et il doit être un jour puissamment riche.

LE BARON, à part.

Je suis perdu! (Haut.) De sorte donc que vous l'aimiez.

LA BARONNE.

Au contraire, je le méprisais. J'ai trouvé qu'il n'aimait que mon bien, qu'il n'avait point de sentimens, qu'il était libertin, insolent, présomptueux, et, qui pis est, qu'il avait de très-mauvais principes. Jugez s'il pouvait me plaire, puisque l'homme du monde le plus parfait ne pourrait me déterminer à prendre de nouveaux engagemens.

Mad. CATAU, à part.

Nous verrons.

LE BARON.

Dans tout ce que vous venez de me dire, madame, je ne vois rien qui doive troubler le repos de feu monsieur le baron.

LA BARONNE.

Ah! s'il pouvait connaître ce qui se passe dans mon cœur, qu'il serait satisfait du respect et de l'amour que j'y conserverai toute ma vie pour sa mémoire ! Mais aussi jamais époux l'a-t-il mieux mérité que lui ? C'était l'honneur, la probité, la sincérité même. Sa bonté, sa douceur, sa complaisance, ne se sont jamais démenties un seul moment. Il avait pour moi le plus tendre et le plus fidèle attachement… Sa vie lui était moins précieuse que la mienne : j'en étais sûre, et j'avais mille preuves… Mes larmes et ma douleur ne me permettent pas d'en dire davantage.

LE BARON, à part.

Je n'y puis plus tenir, et j'ai peur de me découvrir avant qu'il en soit temps. (Haut.) Madame… cela suffit. Vous pouvez présentement vous retirer : il faut absolument que je sois seul.

LA BARONNE.

Je prie le ciel de seconder votre entreprise.

LE BARON.

Et je le conjure d'exaucer tous vos vœux.

(La baronne sort.)

Mad. CATAU, à part.

Dieu veuille que Léandre se tire des pattes de cet homme-là ! Je commence à l'appréhender furieusement.

(Elle sort.)

SCÈNE V.

LE BARON, seul.

Respirons maintenant. Je n'ai jamais eu tant de plaisir en ma vie que j'en viens d'avoir… Pour rendre mon bonheur parfait, voyons comment Léandre soutiendra ma vue… Abrégeons la cérémonie… (Haut.) esprit qui tourmentes cette maison, je t'ordonne de paraître et de venir me dire ce que tu demandes.

(Il se met dans un fauteuil vis-à-vis de la table, et trace des lignes sur le papier.)

SCÈNE VI.

LE BARON, LÉANDRE, *paraît battant son tambour.*

LE BARON.

Je te prie, monsieur l'esprit, ne fais pas tant de bruit: je suis occupé… (*Léandre s'avance en battant du tambour.*) Voilà une fort belle marche : recommence-la… (*Léandre recommence.*) Parbleu !… tu as bien l'air d'un esprit. On ne peut rien voir de plus majestueux… (*Léandre demeure comme immobile, les yeux fixés sur le baron.*) Comme l'impudent me regarde ! Mais il est temps que tout ceci finisse… Va, va, mon pauvre Léandre, tire le rideau, la farce est jouée.

LÉANDRE, à part.

Léandre ?… Ah ! morbleu ! je suis découvert. La friponne de Catau m'a trahi.

LE BARON.

Foi de grand astrologue, les mille écus que tu as promis à madame Catau ne te mettront point en possession de la baronne.

LÉANDRE, à part.

Je n'en puis plus douter : la coquine lui a tout dit.

LE BARON.

Je n'ai rien su par elle… Mais, écoute-moi, Léandre, et suis le conseil que je vais te donner. Sors de ces lieux à l'instant, ou je vais produire à tes yeux la plus terrible apparition.

LÉANDRE

Va te promener avec tes apparitions. Les charlatans ne m'effraient point…

LE BARON, ôtant sa barbe et son nez postiches.

Voyons donc si tu pourras conserver ton audace et ton sang-froid. Regarde et tremble !…

LÉANDRE, à part.

Que vois-je ?… Juste ciel ! en croirai-je mes yeux ?… C'est lui-même, c'est le baron de l'Arc.

LE BARON.

Eh bien ! t'ai-je trompé ? L'apparition n'est-elle pas terrible ? Ne devrais-tu pas rougir, indigne parent, du moyen dont tu t'es servi pour contraindre ma femme à t'épouser ? Je devrais te punir comme tu le mérites ; mais je suis encore assez généreux pour te pardonner. J'excuse un procédé honteux, que le bruit de ma mort rend moins blâmable. Ta confusion suffit à ma vengeance. J'impute tout à ta jeunesse, et je pourrai même te rendre mon amitié, si à l'avenir tu t'en montres digne.

LÉANDRE.

La générosité dont vous usez à mon égard me rendra votre amitié plus précieuse, et ma conduite à l'avenir vous prouvera combien j'ai de regrets de vous avoir offensé.

LE BARON, *à demi-voix.*

J'entends madame Catau : il faut que je lui fasse autant de peur qu'elle en a causé à la pauvre baronne.

SCÈNE VII.

LE BARON, LÉANDRE, MADAME CATAU.

Mad. CATAU, *à Léandre.*

LÉANDRE ! Léandre ! Je vous fais mon compliment sur votre victoire… Allons, mes mille écus… Vous ne me regardez point… Êtes-vous devenu muet ?

(*Elle le tire par la manche.*)

LE BARON, *venant tout-à-coup derrière elle.*

Que veux-tu ?

Mad. CATAU, *se retournant, et voulant fuir.*

Ah ! c'est mon maître !

LE BARON, *l'arrêtant.*

Doucement, madame Catau, ne courez pas si fort.

Mad. CATAU, *se laissant tomber de frayeur.*

Les jambes me manquent… Je perds la respiration… Je n'en puis plus…

LE BARON.

Tu croyais tromper ta maîtresse en lui faisant croire

que je revenais ; mais tu ne la trompais pas. Me voici : me reconnais-tu ?

Mad. CATAU.

Hélas ! oui, mon cher maître, je vous reconnais. Vous revenez sans doute pour me punir de mes mensonges et de ma perfidie ?

LE BARON.

Malheureuse ! je reviens pour te tordre le cou.

Mad. CATAU, *faisant un grand cri.*

Ah !.... suis-je morte ou vivante ? Je n'en sais plus rien.

LE BARON.

Lève-toi et me suis, ou je t'emporterai.

Mad. CATAU.

En enfer, sans doute ?... Je n'ai pas la force de vous suivre... Je me meurs.

LE BARON, *à part.*

Ceci pourrait aller trop loin.... (*Haut.*) Où est ta maîtresse ?

Mad. CATAU.

Hélas ! je n'en sais rien.... Je ne sais où je suis moi-même... Elle est... Je ne puis parler.

LE BARON.

Tu es donc bien malade ?

Mad. CATAU.

Elle est avec l'intendant...

LE BARON, *à part.*

Tant mieux ! il l'aura sans doute prévenue, et ma vue ne l'effraiera point....

SCÈNE VIII.

LA BARONNE, LE BARON, MONSIEUR PINCE, LÉANDRE, MADAME CATAU.

LA BARONNE.

Où est-il ? où est-il ? que j'aille me jeter entre ses bras !... (*Apercevant le baron.*) Ah ! le voici... lui-

même... (*Au baron.*) Quel bonheur de vous revoir !...
Je suis si charmée, si transportée que je ne puis exprimer ma joie.

LE BARON.

Oui, je respire encore pour vous estimer et pour vous
chérir mille fois plus que moi-même.

Mad. CATAU, *en se relevant promptement.*

Madame, ne l'embrassez point ; il va vous tordre le
cou... C'est un revenant.

LA BARONNE.

Que veut dire cette folle ?

LE BARON.

Pour la châtier de sa fourberie, je me suis un peu diverti à l'effrayer : c'est l'unique vengeance que je veuille
tirer d'elle.

Mad. CATAU.

Monsieur Pincé ne raille-t-il point quand il dit qu'il
n'est pas mort ?

M. PINCÉ.

Non, mon ange ; il dit vrai, par trois raisons : la première...

LA BARONNE, *au baron.*

Comment avez-vous pu avoir la cruauté de différer si
long-temps mon bonheur ? Vous m'avez dérobé des momens précieux, que je regretterai toute ma vie.

LE BARON.

Je ne vous ai trompée que pour rendre notre félicité
plus parfaite : elle ne pouvait l'être si j'eusse conservé
des soupçons ; et les apparences m'en faisaient naître. Je
me suis éclairci par moi-même, et ce qui semblait vous
accuser n'a servi qu'à prouver votre constance. La mort
même n'a pu détruire votre amour.

LA BARONNE.

Et l'absence n'a fait qu'augmenter votre tendresse...
Veuille le ciel que je puisse faire votre bonheur jusqu'au
dernier instant de ma vie !

LE BARON.

Que tout se ressente ici de la joie dont je suis pénétré

Je veux célébrer ce jour comme un second mariage que nous contractons, vous et moi. Que mes domestiques se réjouissent, qu'on appelle tous mes voisins... Monsieur Pincé, pour vous témoigner ma reconnaissance, je sais que vous aimez Catau, mais qu'elle n'a pas assez de bien pour vous. Épousez-la : je lui pardonne, et m'engage à lui donner les mille écus qui lui ont été promis ; et comme je ne veux pas qu'il y ait aujourd'hui chez moi une seule personne qui ait sujet de s'affliger...) *A la baronne.*) Faites grace à Léandre : c'est moi qui vous en prie.

LA BARONNE.

De tout mon cœur.

Mad. CATAU.

Ah ! mon cher maître vous êtes toujours le même.

LA BARONNE, *au baron.*

Non-seulement je pardonne aussi à Catau ; mais je regarde ce que vous faites pour elle comme une nouvelle marque de la tendresse dont vous m'honorez.

Mad. CATAU, à *M. Pincé.*

Mon cœur, vous qui êtes si éloquent, remerciez-les pour nous deux.

M. PINCÉ, *au baron et à la baronne en lui faisant une profonde révérence.*

Monsieur et madame, le présent que vous me faites est de deux espèces : la première, c'est une femme vertueuse ; la seconde, c'est une femme dotée de votre main. Par conséquent ma reconnaissance doit éclater en deux manières : en premier lieu, par mon très-humble remerciement : en second lieu, par les vœux que je fais pour que (*Au baron seul.*) vous ne mouriez plus, et pour que vous trouviez cette nuit-ci aussi délicieuse que la première nuit de vos noces.

FIN DU TAMBOUR NOCTURNE.

L'HOMME SINGULIER,

COMÉDIE

EN CINQ ACTES ET EN VERS,

DE

DESTOUCHES;

Représentée, pour la première fois, en 1764.

<center>~~~~~~</center>

PERSONNAGES.

LE COMTE DE SANSPAIR.

LE MARQUIS D'ARBOIS.

LA COMTESSE, jeune veuve, fille du marquis d'Arbois.

LE COMTE D'ARBOIS, fils du marquis.

JULIE, sœur de Sanspair.

LE BARON DE LA GAROUFFIÈRE, cousin de Sanspair.

LISETTE, femme de chambre de Julie.

GORJU, maître-d'hôtel de Sanspair.

PASQUIN, valet de chambre du comte d'Arbois.

LA FLEUR, laquais de Sanspair.

La scène est à Paris, chez le comte de Sanspair.

L'HOMME SINGULIER,

COMÉDIE

ACTE PREMIER.

SCÈNE Ire.

SANSPAIR, *seul, en robe de chambre*

Holà! quelqu'un! Comment! je vois naître l'aurore,
Et pas un de mes gens ne se réveille encore!
Laquais! Monsieur Gorju! Personne ne répond!
Tout dort, et moi je veille! Un silence profond
Règne dans ma maison à quatre heures sonnées!
Est-ce ainsi qu'à dormir on perd les matinées?
Monsieur Gorju! Laquais! J'ai beau faire fracas,
On ne s'éveille point; et l'on fait peu de cas
D'un maître dont le cœur, trop facile et trop tendre,
A la plus faible excuse est tout prêt à se rendre.
A la fin, c'en est trop; et contre mon penchant
Il faut que je devienne inflexible, méchant,
Dur, hautain, querelleur. Oui, changeons de manière;
Cachons mon naturel sous une morgue fière;
C'est l'unique moyen de se faire obéir.
On se rend respectable en se faisant haïr;
Au lieu que la bonté, quand elle est excessive,
Rend l'ame des valets paresseuse et rétive.
Malheur donc au premier qui tombe sous ma main!
Jamais il n'éprouva maître plus inhumain.
Enfin voici Gorju. Commençons.

SCÈNE II.

SANSPAIR, GORJU.

SANSPAIR, *vivement.*

A quelle heure
Vous levez-vous donc?

GORJU, *d'un air riant.*

Moi?

SANSPAIR, *gravement.*

Vous.

GORJU, *d'un ton familier.*

Monsieur, que je meure
Si j'ai pris tout au plus deux heures de sommeil.
Hier au soir pour minuit j'ai monté mon réveil,
Mais plus d'une heure avant il a fait son vacarme.

SANSPAIR.

Tant mieux.

GORJU.

Tant pis, plutôt.

SANSPAIR.

Ah! ce ton-là me charme;
Il vous sied bien vraiment lorsque vous avez tort!

GORJU, *en souriant.*

Je crois que vous grondez?

SANSPAIR.

Oui, je gronde et bien fort.

GORJU.

Qu'avez-vous donc, monsieur?

SANSPAIR, *fièrement.*

Ce n'est pas votre affaire.

GORJU.

On veille jour et nuit pour tâcher de vous plaire;

Je tourmente vos gens, je les tiens toujours prêts;
Tous vos ordres ici sont comme des arrêts
Dont on n'appelle point, et qu'on suit à la lettre,
Tout singuliers qu'ils sont, sans jamais se permettre
De les interpréter, ni tarder un instant;
Et, malgré tous nos soins, vous êtes mécontent?

SANSPAIR.

Très-mécontent.

GORJU.

Monsieur, souffrez que je vous dise...

SANSPAIR, *d'un ton absolu.*

Taisez-vous.

GORJU.

J'obéis. Mais quelle est ma surprise!
(*A part.*)
Comment un si bon maître a-t-il changé d'humeur?
Qu'est devenue, ô Ciel! sa bonté, sa douceur?

SANSPAIR, *durement.*

Que dites-vous?

GORJU.

Je dis... Je me parle à moi-même.

SANSPAIR.

De quoi vous parlez-vous?

GORJU.

De ma surprise extrême.

SANSPAIR.

Mais qui peut la causer?

GORJU, *attendri.*

Le ton que vous prenez;
Il me perce le cœur. Je m'en vais.

SANSPAIR, *d'un ton doux.*

Revenez.

Quoi! vous n'avez pas tort?

GORJU.

Non, monsieur, je vous jure.

SANSPAIR.

Vous verrez que c'est moi.

GORJU.

          Suivant ma conjecture
Si vous avez raison, j'ai tort certainement ;
Mais si je n'ai pas tort... Il faut qu'en ce moment
Quelque souci secret vous trouble et vous alarme :
Car, quand vous vous fâchez, un seul mot vous désarme ;
La moindre excuse est bonne. Aujourd'hui vous grondez
Sans vouloir écouter.

SANSPAIR.

          Et vous, vous me frondez
Parce que je suis las d'appeler tout mon monde,
Sans que personne vienne, ou tout au moins réponde.

GORJU.

Je vous jure d'honneur qu'on n'a point entendu.

SANSPAIR.

D'honneur ?

GORJU.

    Oui.

SANSPAIR.

        Je vous crois, et me voila rendu.
(*Lui tendant la main.*)
Touchez là, mon ami.

GORJU.

          De bon cœur. Mon cher maître,
Vous avez du chagrin. Qu'est-ce que ce peut-être ?

SANSPAIR, *poussant un profond soupir.*

Ah !

GORJU.

Parlez.

SANSPAIR.

Eh bien donc ! voyez-en le sujet.

GORJU.

Quel est-il ?

SANSPAIR.

Le voici.

GORJU.

Comment ? c'est un portrait !
La peinture en est fine, et ce qui l'environne
En relève le prix. O l'aimable personne !
O les beaux diamans ! Seriez-vous amoureux ?

SANSPAIR.

Hélas ! oui je le suis ; et j'en suis bien honteux.

GORJU.

Et pourquoi ?

SANSPAIR.

Me sied-il d'avoir cette faiblesse ?
Moi, je pourrais livrer mon cœur à la tendresse !
Moi, pousser des soupirs,

GORJU.

Seriez-vous le premier ?
Et voulez-vous en tout être homme singulier ?
Vous l'êtes à l'excès, si j'ose vous le dire.
Mais le cœur sur l'esprit prend quelquefois l'empire :
Il faut que tôt ou tard l'esprit suive la loi ;
Et vous avez un cœur tout aussi bien que moi.

SANSPAIR.

Oui ; mais le croyez-vous faible comme le vôtre ?

GORJU.

Pourquoi non ? Votre cœur n'est différent d'un autre
Qu'en ce que votre esprit par singularité,
L'a tenu jusqu'ici dans la captivité.
Vous avez l'esprit fort ; mais, malgré son courage,
Le cœur veut à son tour le mettre en esclavage :
En dépit de l'esprit vous le sentez vainqueur ;
Et c'est ce revers-là qui vous aigrit l'humeur.
N'est-il pas vrai mon maître ? A coup sûr, je devine,

SANSPAIR.

Oui ; ce fatal portrait a causé ma ruine.

GORJU.

Eh bien ! donnez-le-moi : je vous le cacherai.

SANSPAIR.

Non : je veux le garder autant que je pourrai ;
Il y va de ma vie.

CORJU.

Ah ! monsieur,

SANSPAIR.

J'en enrage ;
Et voilà du hasard le dangereux ouvrage.
Faut-il qu'une peinture ait pour moi tant d'attraits ?
Dans un jardin public j'ai trouvé ce portrait.
Dès que je l'ai trouvé je cherche à qui le rendre,
Comme si j'eusse craint de me laisser surprendre.
Sage pressentiment ! Exprès ou par hasard,
Un laquais me suivait. Il était un peu tard ;
La promenade même avait l'air solitaire,
Et semblait inviter à l'amoureux mystère :
Mais je n'y pensais pas ; je songeais seulement
A rendre ce portrait dès le même moment.
J'appelle le laquais qui m'observait sans cesse ;
Il vient : « Mon cher, lui dis-je, est-ce votre maîtresse
« Qui marche devant nous , et se promène ici ,
« N'a-t-elle point perdu le portrait que voici ?
« Non , monsieur répond-il. J'ai vu passer deux femmes;
« Peut-être est-ce celui de l'une de ces dames :
« Je crois l'y reconnaître, à ne vous point mentir ;
« Mais elle est déjà loin. Je m'en vais l'avertir ,
« Si je puis la rejoindre. » A ces mots il s'éloigne.
Moi , dans le même endroit j'attends qu'il me rejoigne :
Je ne le revois plus.

CORJU.

Le trait est singulier.

SANSPAIR.

J'emporte le portrait, et je fais publier
Qu'il est entre mes mains tombé par aventure ;
Que six gros diamans entourent la figure ;
Et que je suis tout prêt de rendre ce portrait
A celle que mes yeux y verront trait pour trait.
Personne jusqu'ici ne vient et ne réclame

Ce bijou précieux, doux fléau de mon ame,
Que j'ai, pour mon malheur, trop souvent admiré,
Et qui pour m'enchaîner semble avoir conspiré.

GORJU.

A vous dire le vrai votre sort est bizarre.
Un portrait inconnu de votre cœur s'empare,
De ce cœur qui résiste aux plus rares beautés,
C'est là mettre le comble aux singularités.
Rien n'est plus convenable à votre caractère.

SANSPAIR.

Il n'est pour me guérir qu'un moyen salutaire.

GORJU.

En quoi consiste-t-il?

SANSPAIR.

                    A voir l'original
Des traits représentés dans ce portrait fatal.
D'un aveugle penchant je me rendrais le maître
Si j'en voyais l'objet, s'il se faisait connaître;
Bientôt son caractère, offensant ma raison,
Deviendrait pour mon cœur un sûr contre-poison:
Car, bien loin de trouver une femme parfaite,
Je verrais une folle, une franche coquette.

GORJU.

Vous en jugez, monsieur, bien témérairement.

SANSPAIR.

Les femmes aujourd'hui sont-elles autrement?
Dites-moi : trouverais-je une femme prudente,
Sage, spirituelle, éclairée, amusante,
Et qui sût à propos ou se taire ou parler,
Qui me convint enfin?

GORJU.

                    A ne vous rien céler,
Vous trouverez partout d'agréables parleuses;
Mais si vous en cherchez qui soient silencieuses,
A moins que ce ne soit par quinte ou par humeur,
Vous chercherez long-temps, monsieur, sur mon honneur.
Et de plus vous voulez une femme savante!
Ne vaudrait-il pas mieux qu'elle fût ignorante?

SANSPAIR.

Mon ami , l'ignorante ignore son devoir,
Et peut s'en écarter sans s'en apercevoir :
La savante , au contraire, en connaît l'étendue ;
Sa science est pour elle une garde assidue ;
Son esprit , s'élevant aux sublimes objets,
S'occupe tout entier des plus graves sujets ;
Et , loin qu'aux séducteurs il soit prompt à se rendre ,
Jusqu'aux plaisirs permis il a peine à descendre.

GORJU.

Et j'ai ouï dire, moi , par des gens bien sensés...

SANSPAIR.

Par des sots , mon ami. Je pense et vous pensez ;
Mais dans mes sentimens je diffère des vôtres.

GORJU.

Oh ! je le sais , monsieur.

SANSPAIR.

            Vous pensez d'après d'autres.
Et moi d'après moi seul.

GORJU.

            Oh ! rien n'est plus certain.

SANSPAIR.

On vient. Qui peut venir me parler si matin ?

GORJU.

C'est le nouveau laquais.

SCÈNE III.

LA FLEUR, SANSPAIR, GORJU.

SANSPAIR.

            QUE venez-vous me dire ,
Monsieur La Fleur ?

LA FLEUR , *riant.*

Monsieur...

SANSPAIR.

            Qu'avez-vous donc à rire ?

LA FLEUR, *riant encore plus fort.*

Excusez. Je ne puis m'en empêcher.

SANSPAIR.

Pourquoi ?

LA FLEUR, *riant encore.*

Vous m'appelez monsieur.

SANSPAIR, *sérieusement.*

Oui, monsieur.

LA FLEUR.

Par ma foi,

Je ne croyais pas l'être.

SANSPAIR.

Et cependant vous l'êtes.

LA FLEUR.

Moi ? Je suis confondu des façons que vous faites
Avec un pauvre diable...

SANSPAIR.

Allez, j'ai mes raisons,

Mon cher enfant. Cessez de prendre pour façons
Ce que l'humanité prescrit à l'homme sage,
Et ce qui devrait être en tous lieux en usage.
Vous êtes en service ; et moi, par mon bon cœur,
Je veux vous faire ici supporter ce malheur.
Une fois pour toujours que cela vous suffise.

LA FLEUR.

Tout ceci me surprend, et...

SANSPAIR.

Trêve de surprise,

Et venons, s'il vous plaît, à ce dont il s'agit.

(*A Gorju.*)

Que voulez-vous, monsieur ? Il est tout interdit.

GORJU.

On le serait à moins.

LA FLEUR.

Un monsieur vous demande :

Ordonnez-vous qu'il entre, ou faut-il qu'il attende?

LA FLEUR.

SANSPAIR.

Apprenez, mon ami, qu'on n'attend point chez moi:
Je parle sur-le-champ, et m'en fais une loi.

LA FLEUR.

Comme il est si matin...

SANSPAIR.

    Toute heure est convenable.

(*A Gorju.*)

Dès que je serai seul je veux me mettre à table.

GORJU.

C'est assez. A l'instant le dîner sera prêt.

SANSPAIR, *lui faisant la révérence.*

Vous m'obligerez fort. Hâtez-vous, s'il vous plaît.

SCÉNE IV.

LE MARQUIS, SANSPAIR.

LE MARQUIS, *à Sanspair.*

Puis-je entrer ?

SANSPAIR.

  Oui, monsieur.

LE MARQUIS.

     Je m'y prends de bonne heure
Pour vous importuner ; mais, comme ma demeure
Est près d'ici, je sais que dès le grand matin
On peut venir vous voir.

SANSPAIR.

    Vous êtes mon voisin ?

LE MARQUIS.

Si voisin que ma chambre est vis-à-vis la vôtre,
Et que nous pourrions bien nous parler l'on à l'autre
Sans sortir de chez nous, et sans parler bien haut :
Je devrais en avoir profité bien plus tôt ;
Mais, comme l'on m'a dit qu'au milieu de la ville
Vous aimiez à vous voir solitaire et tranquille,
Je n'ai jamais osé troubler votre repos.

Ah ! monsieur, sur mon compte on tient bien des propos !
On me traite partout d'étrange personnage ;
Mais, quoique singulier, je ne suis point sauvage.
Les hommes la plupart me semblent odieux ;
Leur commerce à mon sens est très-pernicieux,
Parce qu'ils ont perdu cette aimable innocence
Qui bannissait loin d'eux le crime et la licence ;
Parce que l'intérêt a corrompu leurs cœurs,
Que le vice a changé leurs modes et leurs mœurs ;
Et qu'un luxe effréné, source de mille crimes,
Leur a fait de l'honneur oublier les maximes.
Oui, tout en eux m'excite à l'indignation ;
Mais leur égarement me fait compassion.
Quoiqu'à mes sentimens en tout ils soient contraires,
Je ne puis les haïr : ils sont toujours mes frères,
Tout homme qui saurait être différent d'eux
Deviendrait mon ami, loin de m'être odieux ;
L'honneur, la probité, la candeur, la sagesse,
Feraient naître en mon cœur la plus vive tendresse ;
Dans le plus vil objet je les adorerais,
Et pour le rendre heureux je me sacrifierais.

Je vois qu'on vous déplaît lorsque l'on dissimule,
Et je m'ouvre avec vous. On vous croit ridicule,
Bizarre, extravagant ; moi-même je l'ai cru,
Et même à vos dépens j'ai souvent discouru.
Mais qu'on vous connaît mal ! et que votre langage
Est différent !...

    Je sais qu'en tous lieux on m'outrage,
Et m'embarrasse peu des discours du public.
L'homme pour son semblable est un vrai basilic ;
Animal vénimeux, son regard empoisonne,
Toujours taupe à l'égard de sa propre personne,
Méprisant tout le monde et n'admirant que lui,
Il a des yeux perçans sur les défauts d'autrui.
Sans vouloir le guérir de son erreur extrême,
Je borne tous mes soins à me guérir moi-même ;

Et , pour joindre aux efforts un salutaire effet ,
Je tâche à devenir son contraste parfait :
Pour être original j'évite sa manière ,
Et crois que la meilleure est la plus singulière.

LE MARQUIS.

Votre projet est beau ; mais , par trop de succès ,
Il pourrait à la fin vous jeter dans l'excès.
Quoiqu'un excès pareil marque un esprit robuste ,
La maxime qui dit , *rien de trop* , est bien juste ;
Et prouve que le sage , en toute occasion ,
Doit l'être avec mesure et modération.

SANSPAIR.

Plus je suis excessif , et plus haut je proteste
Contre ce que je crois ridicule ou funeste.
Je ne redoute rien que la comparaison :
Moins j'aurai de pareils , et plus j'aurai raison.
Vouloir me réformer , c'est prodiguer sa peine.

LE MARQUIS.
Aussi n'est-ce pas là le sujet qui m'amène.

SANSPAIR.
Qu'est-ce donc? Auriez-vous quelque motif secret ?...

LE MARQUIS.
Non , monsieur. Il s'agit seulement d'un portrait
Qui m'intéresse fort ainsi que ma famille.

SANSPAIR,
D'un portrait ? et de qui?

LE MARQUIS.
C'est celui de ma fille.

SANSPAIR.
De votre fille ? O Ciel ! ai-je bien entendu?

LE MARQUIS.
Oui , monsieur.

SANSPAIR.
Soyez sûr qu'il vous sera rendu.

LE MARQUIS.
'y compte ; et vous pouvez à l'instant me le rendre.

SANSPAIR.

Celle qui l'a perdu doit venir le reprendre.
Je vous crois honnête homme, et je n'en doute point ;
Mais vous me permettrez d'insister sur ce point :
C'est la condition que mon affiche impose ;
Elle est essentielle, et j'en sais bien la cause.

LE MARQUIS.

Essentielle ou non, il faut s'y conformer.
Mais le marquis d'Arbois, puisqu'il faut me nommer,
Semblait digne, à mon sens, de plus de confiance.

SANSPAIR.

Je vous crois ; mais en tout j'aime l'expérience.
Nous nous connaîtrons mieux ; c'est mon intention.
Daignez donc vous prêter à ma précaution ;
Elle est juste : au public je l'ai signifiée.

LE MARQUIS.

Il est vrai.

SANSPAIR, *après avoir un peu rêvé.*

Votre fille est-elle mariée ?

LE MARQUIS.

Elle a vécu deux ans avec un vieux mari
Qui, malgré son grand âge, en était fort chéri :
Depuis quatorze mois ma fille le regrette,
Toute jeune qu'elle est, quoique belle et bien faite.

SANSPAIR.

Le trait est tout nouveau. Mais, marquis, entre nous,
Pourquoi l'aviez-vous mise avec un vieux époux ?

LE MARQUIS.

Parce qu'en nos pays le plus riche héritage
Aux filles de son rang ne laisse aucun partage ;
Il faut donc les cloîtrer, ou les marier mal.

SANSPAIR.

J'ai toujours détesté tout partage inégal.
Je suis en même cas. J'ai d'immenses richesses
Dont je veux à ma sœur faire quelques largesses
Pour la doter, malgré notre droit inhumain,
Pourvu qu'elle reçoive un époux de ma main.
C'est un de mes cousins à qui je la destine ;

Mais à le refuser cette folle s'obstine :
Car elle est haute, vaine, et tout son enjoûment
N'a pu la garantir de son entêtement ;
Du moins je le soupçonne. Et...

LE MARQUIS.

       Ma fille, au contraire,
N'a d'autres volontés que celles de son père :
Aussi, c'est un esprit sage, prématuré,
Profond même.

SANSPAIR.

Profond ?

LE MARQUIS.

       Elle a tout pénétré.
Croiriez-vous qu'à son âge elle est physicienne !
Et, pour dire encor plus, grande newtonienne ?
Newton, à son avis, est un divin esprit ;
Et Descartes chez elle a perdu tout crédit.
Que ne sait-elle point ? Prodige de mémoire,
Elle possède à fond chronologie, histoire,
Géographie ; écrit tant en prose qu'en vers,
Et parle également vingt langages divers.

SANSPAIR.

Il faut vous l'avouer, la peinture est charmante.
Quelle femme, grand Dieu ! Belle, sage et savante !
Et dites-moi, marquis, la remariez-vous ?

LE MARQUIS.

Oui : je trouve pour elle un fort aimable époux,
Bien fait, jeune, assez riche et de haute naissance.

SANSPAIR, *vivement*,

Avez-vous tout de bon conclu cette alliance ?

LE MARQUIS.

Il ne tiendra qu'à moi. Le marquis de Beausang
Étant un bon parti par son bien, par son rang...

SANSPAIR.

Beausang ! c'est mon neveu.

LE MARQUIS.

       Votre neveu ?

SANSPAIR.

Lui-même.

Eh ! ne puis-je savoir si votre fille l'aime ?

LE MARQUIS.

A vous dire le vrai, je ne le sais pas bien :
Quand je le lui propose elle ne répond rien.
Mais qu'elle l'aime ou non, l'affaire est résolue,
Et, comme elle convient, sera bientôt conclue.

SANSPAIR.

Voisin, il ne faut point tyranniser un cœur

LE MARQUIS.

Bon !

SANSPAIR.

Si vous m'en croyez...

LE MARQUIS.

Je ne suis pas d'humeur
A recevoir la loi d'une jeune cervelle.

SANSPAIR.

Votre fille est si sage...

LE MARQUIS.

Oh ! je le suis plus qu'elle,
Et veux absolument conclure dès ce soir :
Je m'en vais l'avertir ; elle viendra vous voir.
Serviteur.

SANSPAIR.

Voulez-vous que je vous reconduise ?
Il n'est point, à mon sens, de plus haute sottise
Que cet usage là : jamais je ne le sui :
Mais je veux bien pour vous m'y soumettre aujourd'hui.
Que ne ferais-je point à dessein de vous plaire !

LE MARQUIS, *en souriant.*

J'aime qu'on se soumette à l'usage ordinaire :
Mais je vous en dispense, et souhaite ardemment
Que vous ne sortiez point de votre appartement.
Adieu.

SANSPAIR.

Jusqu'au revoir.

SCÈNE V.

SANSPAIR, *se jetant dans un fauteuil.*

                              ME voilà dans le piége.
De toutes parts l'amour me poursuit et m'assiége.
Je n'en reviendrai point : je suis pris, je suis mort ;
J'aime, je suis jaloux : grand Dieu ! quel est mon sort !
Un malheureux portrait me fascine et m'obsède.
De la source du mal j'attendais le remède ;
Et la source fatale, où j'espérais guérir ;
M'offre mille poisons pour me faire périr.
Quels poisons ! quelle source et plus noble et plus pure !
Charmant original, plus beau que ta peinture,
Si j'en crois mon oreille aussi bien que mes yeux :
Assemblage divin de cent dons précieux,
Le ciel ne t'a-t-il fait que pour me rendre esclave ?
Où faut-il que mon cœur te résiste et te brave ?
S'il le faut, le peut-il ? quoi ! lâche que je suis !
J'ose déjà douter de tout ce que je puis ?
Non, non, en vain l'amour m'aveugle et me transporte ;
Je veux que ma raison soit toujours la plus forte :
Je veux qu'elle triomphe : ah ! qu'elle obéit mal !
Eh quoi ! de mon neveu je serai le rival !
Et rival malheureux, je n'en fais aucun doute.
Il est vif et bruyant ; il soupire, on l'écoute.
Je serai ridicule en m'offrant après lui :
Le marquis le soutient ; il conclut aujourd'hui.
Irai-je m'embarquer, sûr de faire naufrage ?
D'ailleurs suis-je fait, moi, moi, pour le mariage ?
Après avoir long-temps évité le danger,
Sous un joug si commun je pourrais me ranger ?
Semblable à tant de sots, dont j'ai fait la satire,
Faudra-t-il qu'à mon tour je leur apprête à rire ?
Moi marié ! parbleu cela me siérait bien !
Non, mon cœur, taisez-vous ; non, il n'en sera rien.
        (*Il parle au portrait.*)
Vous, séducteur muet, qui voulez me surprendre,
Pour ne vous craindre plus je brûle de vous rendre.
Faisons mieux ; renvoyons-le, et fuyons un objet

Plus dangereux encor que son divin portrait.
Oui ; suivons sans tarder ce dessein magnanime.
Ah ! je me reconnais , et me rends mon estime !
Quelle gloire ! mon cœur en crève de dépit ;
Mais...

SCÈNE VI.

SANSPAIR , GORJU.

GORJU.

Le dîner est prêt.

SANSPAIR.

Je n'ai plus d'appetit.
Qu'on diffère à servir jusqu'à ce qu'il revienne.
(*Il lui présente le portrait sans le lâcher.*)
Tenez. Dans la maison qui fait face à la mienne ,
Chez le marquis d'Arbois reportez ce portrait :
J'apprends que c'est celui de sa fille.

GORJU , *le regardant.*

En effet,
J'y fais réflexion ; je crois la reconnaître ,
Et l'avoir vue un jour long-temps à sa fenêtre
Qui regarde chez vous. Il me semblait...

SANSPAIR , *sans donner le portrait.*

Partez.

GORJU.

Quelle noble victoire enfin vous remportez !

SANSPAIR,

Finissons , s'il vous plaît ; la louange m'assomme.

GORJU.

Renvoyez le portrait est plus du galant homme
Que d'obliger la dame à venir le chercher.

SANSPAIR.

Partez donc.

GORJU.

Mais, monsieur, il faut me le lâcher.

SANSPAIR , *vivement.*

Quoi ?

GORJU , *du même ton.*

Le portrait.

SANSPAIR.

Tenez. Malgré la peine extrême…
Je ferai mieux, je crois, de le porter moi-même;
La politesse oblige à cette honnêteté.

(*Il sort.*)

GORJU.

Mon homme en tient : adieu la singularité.

SCÈNE VII.

LE BARON, GORJU.

LE BARON.

Je ne vois nulle part ma belle matineuse :
Quel caprice aujourd'hui la rend si paresseuse ?

GORJU.

Ah ! je crois que voici notre provincial ;
Voyons ce que me veut cet autre original.

LE BARON.

Ah ! bonjour.

GORJU.

Si matin, quel démon vous lutine ?

LE BARON.

Chez le cousin Sanspair je cherchais la cousine ;
N'a-t-elle point encor paru sur l'horizon ?

GORJU.

Non ; mais elle est levée.

LE BARON.

Et j'en sais la raison.
Depuis qu'elle me voit, entre nous, je soupçonne
Qu'elle a de grands desirs de devenir baronne,
Et que ces desirs-là prennent sur son sommeil.
Le goût qu'elle a pour moi hâte un peu son réveil.
N'est-il pas vrai, Gorju ?

GORJU.

Ma foi, j'en doute encore.

LE BARON.

Moi, je suis caution que la folle m'adore.
Dès qu'elle m'aperçoit elle court se cacher,
Afin, n'en doute point, que je l'aille chercher.
Comme j'ai de l'esprit, j'entrevois sa finesse.

GORJU.

Et vous a-t-elle dit quelques mots de tendresse ?

LE BARON.

A-peu-près. L'autre jour, lui faisant les yeux doux,
Je lui dis : « Vous voyez votre futur époux. »

GORJU.

Bon ! Que répondit-elle ?

LE BARON.

   Elle se prit à rire.
Tu vois bien mon enfant, ce que cela veut dire.

GORJU.

Vraiment ; oui, je le vois.

LE BARON.

   Une fille qui rit
Est bien aise.

GORJU.

   A coup sûr. Morbleu ! vive l'esprit !
D'abord de ce qu'on voit on pénètre la cause.

LE BARON.

Je te dirai bien plus, mon cher ; mais bouche close :
Hier sur mon sujet mon cousin la pressait,

 (*En riant.*)
Elle lui répondit qu'elle me haïssait.

GORJU.

C'est là de l'amour ?

LE BARON.

   Oui ; la fille est comme un songe ;
Croyez ce qu'elle dit, vous croyez un mensonge.
Aussi, lorsque je vois la cousine Sanspair
Faire avec moi la fière, et prendre son grand air,

Aussitôt je m'écrie : « Ah! charmante pouponne !
« Tu caches finement l'amour que je te donne. »

GORJU.

Que répond la cousine à cela ?

LE BARON.

                              Pas le mot ;
Ou bien elle me dit : « Ah! que vous êtes sot !
« L'ennuyeux campagnard ! » Et tout cela m'enchante.

GORJU.

Cette preuve d'amour est subtile et touchante.

LE BARON.

Oui, pudeur enfantine. Un badaud de Paris
Prendrait ces discours-là pour haine ou pour mépris ;
Mais on n'impose pas aux seigneurs de province.
Sais-tu bien que chez moi je suis un petit prince ?

GORJU.

Sans doute, je le sais. Irez-vous à la cour ?

LE BARON.

Oh ! fi ! pour les barons c'est un maudit séjour ,
Et l'on dit qu'ils y font une triste figure.
Je vais dans mes états emmener ma future :
A ses yeux mes vassaux sauront se distinguer ,
Et même mon bailli viendra nous haranguer.

GORJU.

Est-ce un grand orateur ?

LE BARON.

                              Orateur admirable ;
Il parle poitevin comme Cicéron.

GORJU.

                              Diable !

LE BARON.

Les esprits de Poitou sont fins et délicats :
A m'entendre , je crois que tu n'en doutes pas.

GORJU.

Malepeste ! s'ils ont votre délicatesse,
On peut dire qu'ils sont de la plus fine espèce.

La cousine aura lieu de se bien divertir.

LE BARON.

Elle est un peu grossière à ne te point mentir ;
Mais nous la polirons. Ah! qu'elle sera fière
D'être dame d'un lieu tel que la Garoussière !
Elle verra, mon cher, un merveilleux séjour :
Château fortifié, grands fossés secs autour ;
Plus de jardins ni d'eaux , car je hais les vétilles :
J'ai fait couper les bois ; j'ai détruit les charmilles ,
Coupe qui m'a valu près de cent mille écus ;
Et , pour ne plus laisser d'ornemens superflus,
La charrue à présent laboure mon parterre.
D'un parc de mille arpens j'ai su faire une terre,
Afin de ne voir plus mille sots curieux
Qu'attirait tous les jours la beauté de ces lieux.
Nous ne prenons plus l'air que sur une esplanade,
Ou nous allons dehors chercher la promenade.

GORJU.

Vous aimez le champêtre.

LE BARON.

           Oui, c'est ma passion ;
Et tout ce qui sent l'art est mon aversion.

GORJU.

Je ne m'étonne plus si mon maître vous aime ;
Il peut vous regarder comme un autre lui-même.

LE BARON.

Aussi fait-il. Où donc est allé le cousin?

GORJU.

Il s'habille , et s'en va visiter un voisin.

LE BARON.

A la bonne heure. Allons faire un tour de cuisine :
Quand j'aurai déjeûné, j'irai voir la cousine.

FIN DU PREMIER ACTE.

ACTE II.

SCÈNE Ire.

JULIE, LISETTE.

LISETTE.

Deux filles hors du lit au petit point du jour!

JULIE.

Dans le cœur de Paris! En été! Quel séjour!

LISETTE.

O la triste retraite!

JULIE.

O l'affreux esclavage!

LISETTE.

Dans ce lieu renfermé je deviendrais sauvage;
Il faut que j'aille un peu respirer le grand air:
Et je baise les mains à monsieur de Sanspair.

JULIE.

Si tu sors de chez lui tu perdras ta fortune.
Mon frère est libéral; et, quoiqu'il m'importune,
Je tâche à lui complaire autant que je le puis.
Aide-moi; je te prie, à charmer mes ennuis.
Je me contrains bien, moi.

LISETTE.

Mais pas trop, ce me semble:
Et votre frère et vous, vous êtes mal ensemble.

JULIE.

Il est vrai. Pour pouvoir avec lui s'accorder
Jusqu'à nos trisaïeux il faut rétrogader.

LISETTE.

Pour lui que n'avez-vous un peu de complaisance?

JULIE.

Dieu m'en garde! A mon âge, il est permis, je pense,

Et de suivre la mode, et même de l'outrer.
Je fais mon plus grand soin du soin de me parer :
Rien ne me flatte plus qu'une mode nouvelle ;
Car sans être à la mode on ne peut être belle.
La plus extravagante a des graces pour moi ;
Et la mode en un mot est ma suprême loi.

LISETTE.

Du comte de Sanspair vous êtes le contraste ;
La mode lui fait peur ; il abhorre le faste.
Non, je ne comprends pas qu'un frère et qu'une sœur
Puissent à cet excès différer par l'humeur ;
Et l'on peut fort bien dire en cette conjoncture
Que la variété fait briller la nature.

JULIE.

Mon frère me croit folle ; et moi, de mon côté,
Je regarde en pitié sa singularité.

LISETTE.

La moitié des humains rit aux dépens de l'autre.
Monsieur a sa manie, et vous avez la vôtre ;
Mais la sienne du moins a de si beaux motifs,
Que malgré qu'on en ait, ils sont persuasifs.
Le ridicule suit ses façons singulières ;
Mais on aime le fonds en riant des manières.
Et d'ailleurs les grands biens qu'il destine pour vous...

JULIE.

Mais il veut de sa main me donner un époux,
Et quel époux, Lisette ! un grossier personnage,
Un brutal campagnard dont l'air et le langage,
L'esprit, les sentimens, semblent se disputer
L'honneur de me déplaire et de me dégoûter.

LISETTE.

Leur succés est complet.

JULIE.

                    Il est vrai, je l'abhorre.
Ah ! qu'il est différent de celui que j'adore !
Car, il faut l'avouer, j'en suis folle ; et mon cœur...

LISETTE.

Oui , le comte d'Arbois est un joli seigneur.
Mais c'est un petit-maître ; et jamais votre frère
Ne s'accommodera d'un pareil caractère :
Tout homme du bel air est son aversion.

JULIE.

Et pour moi le bel air est la perfection.
Vois si je puis aimer l'homme qu'on me destine.

LISETTE.

Voilà belle matière à votre humeur mutine ;
Elle risquera tout pour le comte d'Arbois.

JULIE.

Oui.

LISETTE.

     Mais si votre frère, entêté de son choix ,
Vous force à l'accepter ?

JULIE.

         Oh ! je connais mon frère,
Il est bon. En tout cas , je fuirai chez ma mère ;
J'irai la retrouver.

LISETTE.

      Elle vous blâmera ,
Je vous le garantis , et vous ramenera.

JULIE.

Eh bien donc ! un couvent me servira d'asile.

LISETTE.

Quel asile pour vous !

JULIE.

      Oui , j'y vivrai tranquille ;
Mon cœur y sera libre.

LISETTE.

      O triste liberté,
Que bientôt votre cœur en sera rebuté !
Allez ; je vous connais , et vous n'êtes point faite
Pour trouver des douceurs au fond d'une retraite ;
Vous y mourriez d'ennuis : un cruel repentir
Vous ferait désirer ardemment d'en sortir ;

Et vous éprouveriez bientôt, je vous assure,
Qu'un sot mari vaut mieux qu'une étroite clôture.
Vous rêvez ?

JULIE.

Il est vrai. Tes discours me font peur.

LISETTE.

Vous voyez que je lis au fond de votre cœur.

JULIE.

Mais enfin dis-moi donc quel parti je dois prendre.

LISETTE.

Tant que vous le pourrez tâchez de vous défendre ;
Puis aux expédiens il faudra recourir.

JULIE.

Le danger est pressant. Veux-tu me secourir ?

LISETTE.

Volontiers. Quel moyen faut-il que je hasarde ?

JULIE.

Regarde-moi, de grace.

LISETTE.

Eh bien ! je vous regarde.

JULIE.

Ne devines-tu point ce que disent mes yeux,
Lisette ?

LISETTE.

Oh ! vraiment oui, je les entends au mieux.
Ne me disent-ils pas qu'ils voudraient que le comte
Pût s'introduire ici ?

JULIE.

Je l'avoue à ma honte,
Je souhaite avec lui deux momens d'entretien.
Ne pourrais-tu m'aider ?

LISETTE.

Moi ? non ; je ne puis rien.
Le portier du logis est un lutin terrible ;
Un Argus à cent yeux, un monstre inaccessible.

JULIE.

Tâche d'amadouer ce dangereux lutin.

LISETTE, *apercevant Pasquin.*

Que vois-je ? Le bonheur nous vient de bon matin.
C'est un homme. Aurait-il quelque chose à me dire ?
Je m'en vais lui parler.

JULIE.

Et moi, je me retire.

SCÈNE II.

LISETTE, PASQUIN.

PASQUIN, *regardant Lisette de loin.*

Je ne la connais point, mais j'aime son minois ;
Et mon air lui revient, à ce que j'aperçois.

LISETTE, *lui faisant la révérence.*

Monsieur... je ne sais qui... je suis votre servante.

PASQUIN.

Belle... je ne sais quoi... dont la mine attrayante
Dès le premier abord m'égratigne le cœur,
Je suis assurément votre humble serviteur.

LISETTE.

Nous nous donnons ici de beaux noms l'un à l'autre.
En vous disant le mien apprendrais-je le vôtre ?

PASQUIN.

Oui-dà. Si par hasard je m'appelais Pasquin ?...

LISETTE.

Et moi Lisette ?

PASQUIN.

Vous ? Je veux être un faquin
S'il fut jamais un nom plus doux à mon oreille.

LISETTE.

A celui de Pasquin il revient à merveille :
Ces noms paraissent faits l'un pour l'autre.

PASQUIN.

A ravir.

Eh bien ! je suis Pasquin , tout prêt à vous servir.

LISETTE.

C'est très-bien fait à vous. Pour moi, je suis Lisette.

PASQUIN.

Vos yeux me l'avaient dit , adorable poulette,
Et je vous avoûrai que je me suis douté
Que vous serviez céans quelque jeune beauté.

LISETTE.

Oui ; mais mon temps est cher ; je crains qu'on ne m'attende.
Venons d'abord au fait.

PASQUIN.

C'est ce que je demande.

LISETTE.

Vous ne m'entendez pas.

PASQUIN.

Pardonnez-moi.

LISETTE.

Comment ?

PASQUIN.

Vous voulez nous lier dès le premier moment
Par un don mutuel de notre confiance.

LISETTE.

Oh ! la mienne ne va qu'après l'expérience :
Pour pouvoir l'obtenir il faut la mériter.

PASQUIN.

Voyons par quel moyen peut-on la cimenter ?

LISETTE.

D'abord apprenez-moi le nom de votre maître.
Aurais-je , par hasard , l'honneur de le connaître ?

PASQUIN.

Cela se peut.

LISETTE.

Fort bien. Sachons à quel dessein
Vous nous rendez visite, et de si bon matin

PASQUIN.

Nous y viendrons.

LISETTE.

Tant mieux. Ensuite il faut m'instruire

Des moyens qui céans ont su vous introduire,
Car on n'y peut entrer que difficilement.

PASQUIN.

Avant que je réponde, il faut premièrement
M'éclaircir sur un point.

LISETTE,
Parlez, je vous supplie.

PASQUIN.

Vous servez céans?

LISETTE.
Oui.

PASQUIN.
Mais... servez-vous Julie?

LISETTE.

Elle-même.

PASQUIN.
Ah! parbleu, j'en suis ravi.

LISETTE.
Pourquoi?

PASQUIN.
Je m'en vais vous le dire. Oh! tout doux. Dites-moi,
Savez-vous son secret?

LISETTE.
A fond.

PASQUIN.
Bonne nouvelle!

LISETTE.

C'est monsieur de Sanspair qui m'a mise auprès d'elle;
Mais, bien loin de répondre à son intention,
Je veux aider sa sœur.. Quelle indiscrétion!
Si vous m'alliez trahir...

PASQUIN.
Rassurez-vous, ma chère.
Je viens servir ici sous votre ministère:
Vous me guiderez bien, à ce que je prévois.
Sachez que j'appartiens...

LISETTE.

Est-ce au comte d'Arbois?

PASQUIN.

C'est toi qui l'as nommé.

LISETTE.

L'agréable aventure!
Et que votre présence en ce lieu nous rassure!
Mais, dans notre prison, par quel secret ressort
Avez-vous pénétré?

PASQUIN, *lui montrant une lettre.*

Voici mon passe-port,

LISETTE, *lisant l'adresse.*

« Au comte de Sanspair. »

PASQUIN.

La lettre est de sa mère;
Elle m'envoie à lui.

LISETTE.

Oh! oh! Pour quelle affaire?

PASQUIN.

Pour être à son service.

LISETTE.

En quelle qualité?

PASQUIN.

Mais... de valet-de-chambre.

LISETTE.

Et vous avez quitté
Le comte?

PASQUIN.

Point du tout. Ce n'est qu'un tour d'adresse.
Ne pouvant s'introduire auprès de sa maîtresse
Que l'on tient renfermée en ce triste réduit,
Près d'elle il a voulu que je fusse introduit,
Afin que par mes soins il pût l'être lui-même.
Nous avons mis en œuvre un plaisant stratagème.
La mère de Sanspair lui cherchait un valet,
Homme d'esprit, alerte, intelligent, bien fait;

Mon maître l'ayant su par une vieille femme
Qui sert depuis long-temps chez cette bonne dame,
A si bien fait sous main qu'elle m'a demandé.
Je me suis présenté si bien recommandé :
Ma figure d'ailleurs, sans me donner de gloire,
M'a si bien appuyé, comme vous pouvez croire,
Que la vieille marquise a pris du goût pour moi,
Et m'envoie à son fils qui comme elle, je croi,
Prévenu par la lettre en ma faveur écrite,
Ne balancera pas à goûter mon mérite.

LISETTE, lui faisant la révérence.

Oh! je n'en doute point.

PASQUIN, d'un ton fier.

Et vous avez raison.

LISETTE.

Recevez cependant une utile leçon,
Et sachez ce que c'est que votre nouveau maître :
Tout ce que l'on n'est point il se pique de l'être ;
Homme particulier dans ses opinions,
Comme dans ses discours et dans ses actions.

PASQUIN.

C'est un original ; je l'ai su par sa mère ;
Et j'ai dressé mon plan suivant son caractère.

LISETTE.

C'est un homme, en un mot, qui ne ressemble à rien.

PASQUIN.

Tout étrange qu'il est, je trouverai moyen
De m'attirer bientôt toute sa confiance.
Gouverner les esprits est ma grande science ;
C'est mon fort. Propre à tout, j'entre dans tous les goûts ;
Et je sais, comme on dit, hurler avec les loups.
Mes talens à vos yeux vont tout d'un coup paraître.
Ici, dans un moment, vous verrez mon vrai maître.

LISETTE.

Comment entrera-t-il? Le portier de céans
Est un diable.

PASQUIN.

Il est vrai; mais vingt louis comptans,
Et vingt autres promis, le rendant plus traitable,
J'ai trouvé le moyen d'apprivoiser le diable;
J'en ai fait un mouton, et mon entrée ici
Pour le comte d'Arbois a déjà réussi.

LISETTE.

C'est débuter pour lui par un beau coup d'adresse.

PASQUIN.

Mais il n'est pas le seul pour qui je m'intéresse

LISETTE.

Et pour qui donc encor?

PASQUIN.

Pour sa charmante sœur;
Et je veux prévenir Sanspair en sa faveur :
J'en ai l'ordre secret. A l'insu de leur père
Je viens ici servir et la sœur et le frère.

LISETTE.

Et que veut cette sœur à monsieur de Sanspair?

PASQUIN.

Le mystère est profond, s'il était découvert
Cela dérangerait des mesures secrètes
Qu'on ne peut confier qu'à des filles discrètes.

LISETTE.

Vous ne comptez donc pas sur ma discrétion?

PASQUIN.

Pas encor tout-à-fait. Mais mon intention
Est de faire avec vous plus ample connaissance :
Différons jusque-là l'entière confidence.

LISETTE.

Quand vous me connaîtrez vous changerez de ton ;
Et... Mais séparons-nous; voici le factoton,
Au revoir.

SCÈNE III.

GORJU, PASQUIN.

PASQUIN.

Je n'ai pas l'honneur de vous connaître,
Monsieur; mais nous allons servir le même maître.
Je suis monsieur Pasquin.

GORJU.

Et moi, monsieur Gorju.

PASQUIN, *lui tendant les bras.*

Soyez le bien trouvé!

GORJU, *l'embrassant.*

Soyez le bien venu!

PASQUIN.

Très-obligé. Gorju! le beau nom!

GORJU.

Ce nom brille
Depuis un siècle au moins dans l'illustre famille
Des Sanspair.

PASQUIN.

Comment diable!

GORJU.

Et vous m'accorderez
Que par là les Gorjus sont assez bien titrés.

PASQUIN.

Peste! voilà pour eux un titre magnifique!
On m'avait dit qu'ici vous étiez domestique.

GORJU.

Domestique, il est vrai, mais de distinction;
J'y suis maître-d'hôtel, et par occasion
Valet-de-chambre.

PASQUIN.

Oh! oh!

GORJU.

Quand la place est vacante
J'en fais les fonctions.

PASQUIN.

Fort bien.

GORJU.

                    Et je me vante
D'être de la maison l'homme le plus actif.

PASQUIN.

Votre poste ordinaire est-il bien lucratif?

GORJU.

Oui, mais très-fatigant; car, dans cette demeure,
Il faut que je sois prêt à servir à toute heure,
Jour ou non; à monsieur cela n'importe pas,
Et son appétit seul est l'heure du repas.
Point de repos pour nous, à moins qu'il ne s'endorme.

PASQUIN.

Eh! comment soutient-il cette dépense énorme?
Il se ruine.

GORJU.

            Lui? Tous les ans, par ses soins,
Mon maître met à part cent mille francs, au moins.
Outre qu'il est très-riche, il garde un si grand ordre
Que sur ses revenus personne ne peut mordre.
Il rit de nos seigneurs qui, faisant les fendans,
Laissent régner chez eux messieurs les intendans,
Et leur donnent le droit de les mettre au pillage.

PASQUIN.

On le traite de fou; moi je dis qu'il est sage:
Se passer d'intendant c'est l'être au dernier point.
En se volant soi-même on ne s'appauvrit point.

GORJU.

Bien dit.

PASQUIN.

Sa garde-robe est-elle magnifique?

GORJU.

Point du tout, car il est amoureux de l'antique.

Bien loin de se régler sur les modes du temps,
Celle dont il se pare a du moins cinquante ans :
Ses poches sont en long, ses perruques crépées.
Les hommes d'aujourd'hui lui semblent des poupées.
Il aime un habit simple et plein de gravité.
Mais, ce qui prouve mieux sa singularité,
Cet homme simple, uni, veut que ses domestiques
Soient tous, selon leur ordre, en habits magnifiques ;
Que la mode surtout les fasse bien briller :
Dès qu'il en paraît une il nous fait habiller.
Vous en pouvez juger par l'habit que je porte ;
Il est fort au-dessus d'un homme de ma sorte.

PASQUIN.

Il vous sied à ravir.

GORJU.

Oh ! votre serviteur.

PASQUIN.

Je vous ai pris d'abord pour un petit seigneur.

GORJU.

J'en ai, sans me vanter, et le port et l'allure.
Mais chut ; voici monsieur.

PASQUIN, à part.

O la bonne figure !

SCÈNE IV.

SANSPAIR, GORJU, PASQUIN.

SANSPAIR, à part, en rêvant.

ELLE n'est pas levée, et son père est sorti.
Ah ! que j'en suis fâché ! j'avais pris mon parti.
Que sais-je si j'aurai toujours la même force !
Mon esprit et mon cœur vont rentrer en divorce ;
Mais qui l'emportera du cœur ou de l'esprit ?

(Apercevant Pasquin.)

Que veut cet homme-là ?

PASQUIN.

Ce petit mot d'écrit

Vous apprendra, monsieur, le sujet qui m'amène.

SANSPAIR.

Ah! ah! c'est de ma mère. Elle a donc pris la peine
De me chercher quelqu'un qui pût me convenir.
Monsieur Gorju!

GORJU.

Monsieur.

SANSPAIR.

Songez à me tenir
Un dîner prêt : je sens mon appétit renaître.

GORJU.

Pour quelle heure, monsieur?

SANSPAIR.

Pour quelle heure? Peut-être
Dans le moment, ou bien un peu plus tard. Enfin,
Je vous avertirai sitôt que j'aurai faim.

GORJU.

Le rôt est presque cuit : je crains qu'il ne se gâte.

SANSPAIR.

Faites-en mettre un autre, et surtout qu'on se hâte.

SCÈNE V.

SANSPAIR, PASQUIN.

SANSPAIR, *ouvrant la lettre.*

Voyons ce qu'on m'écrit sur l'homme que voici.
Je compte que ma mère aura bien réussi ;
Car elle a le goût sûr, et n'est pas fort crédule :
Pour moi, je le suis trop, et j'en suis ridicule.
(*A Pasquin.*)
Couvrez-vous, mon ami.

PASQUIN.

Moi, monsieur?

SANSPAIR.

Entre nous,
Point de cérémonie.

PASQUIN.

Un valet...

SANSPAIR.

Couvrez-vous,
Vous dis-je : je le veux.

PASQUIN.

Vous oubliez, je pense,
Que je suis domestique, et que la bienséance...

SANSPAIR.

La bienséance veut que vous m'obéissiez.

PASQUIN.

J'y serai toujours prêt, quoi que vous m'ordonniez ;
De ma soumission si vous faites l'épreuve,
Je vais en me couvrant vous en donner la preuve.

SANSPAIR.

Ah ! ce trait-là me plaît.

PASQUIN, *se couvrant.*

Quand l'ordre est si pressant,
Il vaut mieux être sot que désobéissant.

SANSPAIR.

On ne peut dire mieux : pour peu qu'on vous entende,
Vous n'avez pas besoin que l'on vous recommande.
Lisons pourtant.

(*Il lit.*)

« Mon fils, vos singularités,
« Quoique j'y sois accoutumée,
« Me paraissent toujours d'étranges nouveautés
« Qui donnent du relief à votre renommée.
« Pour un valet-de-chambre avoir recours à moi,
« C'est une idée assez plaisante :
« N'importe, j'ai trouvé, je crois,
« L'homme qui vous convient, et j'en suis très-contente. »
Le préambule est long ; mais lisons jusqu'au bout.

(*Il lit.*)

« C'est un joli garçon... »

PASQUIN, *faisant une brusque et profonde révérence.*

Ah ! monsieur, point du tout.

SANSPAIR.

Ne m'interrompez plus, et trêve de courbettes :
On ne m'impose point par ces façons discrètes
Dont un orgueil caché sait toujours se munir.
Quand on a du mérite il faut en convenir.

PASQUIN.

(*A part.*)

Je n'y manquerai pas. Cet homme est très-comique,
Et me paraît avoir un coin de lunatique.

SANSPAIR, *lit.*

« C'est un joli garçon, bien sensé, plein d'esprit,
« Et qui ne dément point ce qu'on m'en avait dit. »
Ma mère n'a jamais prodigué la louange.

PASQUIN, *d'un ton modeste.*

Monsieur...

SANSPAIR.

Vous avez donc de l'esprit?

PASQUIN.

Comme un ange.
Puisque vous le voulez, j'en conviens bonnement.

SANSPAIR, *en souriant.*

Un aveu si naïf est un aveu charmant.

(*Il lit.*)

　　« Il est exact, adroit, sincère ;
« De plus, on me répond de sa fidélité ;
　　« Mais ce qui va bien plus vous plaire,
« De ses talens celui qu'on m'a le plus vanté,
　　« C'est qu'il a le don de se taire. »
O merveilleux talent, plus précieux que l'or !
Si vous le possédez vous êtes un trésor,
Mais le possédez-vous, dites-moi? Puis-je croire
Qu'un domestique atteigne à ce genre de gloire?
Vous êtes donc le seul que la faveur des cieux
Ait jamais honoré de ce don précieux?
Êtes-vous ce prodige? Allons, soyez sincère,
Répondez : Est-il vrai que vous savez vous taire?
Morbleu ! répondez donc. Vous vous moquez, je crois.

PASQUIN.

Mon silence, monsieur, vous répondait pour moi.

SANSPAIR.

Par ma foi, ce garçon commence à me confondre.
Un sage de la Grèce eût-il pu mieux répondre ?
Embrassez-moi, mon cher.

PASQUIN.

　　　　Ah! monsieur!...

SANSPAIR.

　　　　　　　　Sans façon.

PASQUIN.

Quoi! mon maître avec moi ferait comparaison ?
Si jusqu'à me couvrir j'ai poussé l'impudence...

SANSPAIR.

Faites ce qu'on vous dit : j'aime l'obéissance.
　　　　　　　(*Ils s'embrassent.*)

Asseyons-nous.

PASQUIN.

M'asseoir ?

SANSPAIR, *vivement.*

　　　　　　Encor ? Au premier mot...

PASQUIN, *s'asseyant brusquement.*

Vous voyez bien, monsieur, que je ne suis qu'un sot.

SANSPAIR.

Je vois tout le contraire, approchez. Mes manières
Ont de quoi vous surprendre : elles sont singulières,
Je l'avoue ; et d'abord vous l'avez dû sentir,
Le vulgaire imbécile ose s'en divertir :
Il me croit ridicule ; et vous-même peut-être
Vous le croyez aussi. Quoi! direz-vous, un maître
Forcer son domestique à s'asseoir près de lui,
Et même à se couvrir? Il est vrai qu'aujourd'hui
Donner à ses valets une telle licence,
C'est pousser la bonté jusqu'à l'extravagance ;
On n'agit point ainsi dans les moindres maisons :
Mais vous avez du sens, écoutez mes raisons.
Je suis homme.

PASQUIN.

À coup sûr.

SANSPAIR.

                          Voilà mon plus beau titre.
Fussé-je des humains ou le maître, ou l'arbitre,
Oui, mon cher, je suis homme ; et vous l'êtes aussi,
N'est-il pas vrai?

PASQUIN.

               Du moins je l'ai cru jusqu'ici :
Mais entre vous et moi la différence est belle.

SANSPAIR.

Moi, je n'en connais point qui soit essentielle :
Un homme en vaut un autre, à moins que par malheur
L'un d'eux n'ait corrompu son esprit et son cœur.
Car quel est des mortels le plus considérable?
C'est le plus vertueux et le plus raisonnable.
Et quel est le plus vil? C'est le plus vicieux.
Il a beau se targuer de ses nobles aïeux,
Beau se croire au-dessus de tous tant que nous sommes,
Dès qu'il est corrompu, c'est le dernier des hommes.
Malgré les préjugés de l'éducation,
Je ne vois point entre eux d'autre distinction ;
Le reste est chimérique aux yeux d'une homme sage :
Par conséquent sur vous je n'ai nul avantage ;
Et je dois oublier ce que vous respectez,
Si nous sommes égaux en bonnes qualités.
Vous ouvrez de grands yeux, et gardez le silence!
Sentez-vous entre nous quelque autre différence?

PASQUIN.

Oui, monsieur, je la sens, ou je serais un fat :
Vous êtes un seigneur ; moi, que suis-je? Un pied-plat.

SANSPAIR.

Mais par quelle raison?

PASQUIN.

               Je ne puis vous la dire.

SANSPAIR.

Ni moi non plus. Le sort, exerçant son empire,
Vous a traité fort mal, et m'a fort bien traité.

Mes ancêtres jadis ont beaucoup éclaté,
Et par des actions brillantes, héroïques,
M'ont acquis de grands biens, des titres magnifiques,
Qui par succession sont venus jusqu'à moi.
Vos ancêtres à vous...

PASQUIN.

                    Mes ancêtres? Ma foi !
Je n'ai pas, comme vous, l'honneur de les connaître.

SANSPAIR.

Mais vous en avez eu ?

PASQUIN.

                    Cela pourrait bien être.

SANSPAIR.

Le fait est très-certain. Mais qu'est-il arrivé ?
Ce que les plus puissans ont souvent éprouvé.
Comme du genre humain la fortune se joue,
Elle a mis vos aïeux au plus haut de sa roue,
Puis s'est fait un plaisir de les mettre au-dessous ;
Les miens, après avoir essuyé son courroux,
De degrés en degrés sont montés à leur place ;
Pur effet du hasard ou d'une heureuse audace,
Vrai jeu de la bascule. Un côté penche en bas,
En faisant monter l'autre ; et je ne comprends pas
Qu'un grand qui voit régner cette vicissitude,
Puisse de la hauteur contracter l'habitude.
Tout homme que le sort fit naître d'un haut rang,
Doit se dire en secret : « Je suis d'un noble sang,
« Un autre est d'un sang vil, à ce que j'imagine ;
« Nous remontons pourtant à la même origine. »
Voilà comme je pense, et la raison pourquoi
Je veux que sans contrainte on agisse avec moi.
Toujours les premiers temps présens à ma mémoire
Étouffent de mon cœur et l'enflure et la gloire :
Je me fais un plaisir de le mortifier,
Et c'est ce qui surtout me rend très-singulier.
Les hommes sont si fous, qu'on ne peut être sage
Qu'à force d'éviter ce qu'on voit en usage.

PASQUIN.

Vous dites vrai, monsieur ; tous les hommes sont fous

Il n'est plus ici-bas d'homme sage que vous.

SANSPAIR, *se levant brusquement.*

Ah! fi! vous me flattez : quelle indigne bassesse !

PASQUIN.

Je croyais que des grands vous aviez la faiblesse :
La louange est pour eux un si friant ragoût,
Que je la prodiguais pour flatter votre goût ;
Mais la vérité simple est le seul mets qu'il aime :
J'ai cru vous prendre au piége, et j'y suis pris moi-même,

SANSPAIR, *lui prenant la main.*

Oh! parbleu, mon enfant, vous resterez ici.
Holà ! monsieur Gorju, paraissez.

SCÈNE VI.

SANSPAIR, PASQUIN, GORJU.

GORJU.

Me voici :
Le dîner vous attend.

SANSPAIR.

Tout à l'heure.

GORJU, *à part.*

J'enrage.

SANSPAIR.

Qu'on donne à ce garçon l'habit et l'équipage
Que j'avais destinés pour son prédécesseur :
Cet homme est justement de la même hauteur.

SCÈNE VII.

SANSPAIR, PASQUIN.

SANSPAIR.

DITES-MOI, s'il vous plaît, quel était votre maître ?

PASQUIN.

Il logeait ici près ; vous pourriez le connaître.

SANSPAIR.

Je ne connais personne.

PASQUIN.

Il allait quelquefois
Ou dîner, ou souper chez le marquis d'Arbois.

SANSPAIR.

Ah ! ah ! de ce marquis connaissez-vous la fille ?

PASQUIN.

Mais j'en ai ouï parler. O l'étrange famille !

SANSPAIR.

En quoi donc ?

PASQUIN.

Ce seigneur a deux enfans : un fils,
Aussi grave et posé qu'un homme à cheveux gris ;
Plus singulier que vous, à la fleur de son âge.

SANSPAIR.

Est-il possible ?

PASQUIN.

Oui

SANSPAIR.

Cet homme est né bien sage !

PASQUIN.

C'est un Caton sans barbe ; et sa sœur, à mon sens,
Est encor plus bizarre. Elle a vingt et deux ans
Tout au plus ; à cet âge, au lieu d'être galante,
Vive, enjouée...

SANSPAIR.

Eh bien ?

PASQUIN.

Elle fait la savante ;
Elle lit jour et nuit les plus anciens auteurs :
Elle en sait plus, dit-on, que les plus grands docteurs.

SANSPAIR, *transporté*.

Tout de bon ?

PASQUIN.

Oui, monsieur.

SANSPAIR.

Fort bien! et sa figure?

PASQUIN.

Charmante, à ce qu'on dit.

SANSPAIR.

L'aimable créature!

PASQUIN.

Oh! oui. Mais toujours lire est un tic rebutant.

SANSPAIR.

Plût au Ciel que ma sœur eût le même penchant!
Mais, loin d'étudier, c'est une jeune folle
Qui n'aime que le faste; et cela me désole.
Un homme simple, uni, bien loin de le toucher,
Est un monstre à ses yeux, et n'ose l'approcher.
Lorsqu'en vos beaux habits je vous ferai paraître,
Je veux que vous preniez les airs de petit-maître.
Les possédez-vous bien?

PASQUIN.

Monsieur, sans vanité,
J'ai de rares talens pour la fatuité.

SANSPAIR.

Je l'avais deviné par votre contenance.
Livrez-vous hardiment à votre impertinence;
De vos talens exquis je m'en vais m'amuser,
Pour plaisanter ma sœur et la désabuser.
Son goût est déclaré pour les airs à la mode:
Je n'imagine point de plus sûre méthode
Pour les lui faire enfin haïr et détester,
Que d'avoir un valet propre à les imiter.
Par cette comédie elle pourra connaître
Que d'un homme de rien on fait un petit-maître;
Et qu'un jeune seigneur, sous ce fade maintien,
D'un homme d'un haut rang fait un homme de rien.

FIN DU SECOND ACTE.

ACTE III.

SCÉNE Ire.

LE COMTE, PASQUIN.

PASQUIN, *menant son maître par la main.*
Entrez vite et sans bruit.

LE COMTE.
                          Voilà bien du mystère.

PASQUIN.
Pour venir à vos fins rien n'est plus nécessaire.

LE COMTE.
Bon! Sanspair est-il donc un homme à redouter ?

PASQUIN.
Par vos airs étourdis vous allez tout gâter.

SCÈNE II.

LE COMTE, LISETTE, PASQUIN.

LISETTE.
C'est vous, monsieur le comte ?

PASQUIN.
                          Oui, grâce à mon adresse.

LISETTE.
Soyez le bien venu.

LE COMTE.
                          Montons chez ta maîtresse.

LISETTE.
Tout doux, elle viendra dans un petit moment.

LE COMTE.
Mène-moi sans tarder à son appartement.

LISETTE.
Du sang-froid, s'il vous plaît.

LE COMTE.

Le sang-froid m'importune.

PASQUIN.

Croyez-vous donc céans être en bonne fortune ?

LE COMTE.

Non pas ; mais, ennemi de la formalité,
J'aime que l'on réponde à ma vivacité.

LISETTE.

L'excès de votre feu pourrait ici vous nuire.

PASQUIN.

Soyez plus circonspect.

LE COMTE.

Ce faquin me fait rire.
Circonspect ? Eh ! fi donc ! ce n'est pas le bon air.

LISETTE.

C'est celui qui convient chez monsieur de Sanspair.

LE COMTE.

Mais tu ne sais donc pas que j'aime à la folie ?
Le moyen ?... Ah ! je vois ma charmante Julie.

SCÈNE III.

JULIE, LE COMTE, PASQUIN, LISETTE.

LE COMTE, *prenant la main de Julie*

Eh bien ! mon adorable, enfin voici le jour
Où nous pourrons en forme exprimer notre amour ;
Car je crois qu'entre nous il est très-réciproque,
Et que de vous à moi tout est sans équivoque.

JULIE, *bas, à Lisette.*

Ah ! qu'il est différent de ce vilain baron !

LISETTE, *bas, à Julie.*

D'accord ; mais il a l'air un peu trop fanfaron.

JULIE, *bas, à Lisette.*

C'est le bon air.

LISETTE, *bas, à Julie.*

Tant pis.

LE COMTE, *à Julie.*

Vous balancez, me semble ?
Quoi ! la consultez-vous ?

JULIE.

Non, mais c'est que je tremble.

LE COMTE.

Et de quoi tremblez-vous ?

JULIE.

Mon frère peut venir.

LE COMTE.

Qu'il vienne. Ne songeons qu'à nous entretenir
En pleine confiance : et s'il survient un frère,
Pour le rendre traitable on sait ce qu'on doit faire.

JULIE.

Bon Dieu ! que dites-vous ? Il faut le ménager :
Mon sort dépend de lui.

LE COMTE.

Je saurai l'engager
A m'être favorable ; et, selon l'apparence,
Il ne peut ignorer mon rang et ma naissance :
Un homme de ma sorte ose se présenter,
Et ne sent rien en soi qu'on puisse rebuter.

JULIE.

Je ne vois rien en vous qui n'ait le don de plaire ;
Mais peut-être est-ce assez pour dégoûter mon frère.

LE COMTE.

Pour le dégoûter ?

LISETTE.

Oui.

LE COMTE.

Parbleu ! vous m'étonnez.
Quel travers est-ce là ?

JULIE.

Le ton que vous prenez,

Vos manières , vos airs, que je trouve admirables ,
Pourraient bien à ses yeux paraître insupportables.

LISETTE.

Oh ! je vous en réponds.

LE COMTE.

Ma foi ! tant pis pour lui.
Je suis précisément ce qu'on est aujourd'hui.

PASQUIN.

Précisément voilà ce qu'il ne faut pas être
Devant lui. Savez-vous comment il faut paraître
Pour s'emparer du cœur du comte de Sanspair ?
Prudent, sage, en un mot, renoncer au bon air.

LE COMTE, *en riant.*

Prudent! sage! Oh! parbleu, le projet est risible.

LISETTE.

Pour un amant bien tendre il n'est rien d'impossible.

LE COMTE.

La maxime est touchante; elle a le tour nouveau;
Et jamais l'opéra n'a rien dit de plus beau:
Je veux la mettre en chant.

LISETTE.

Si vous êtes bien sage ,
Vous songerez plutôt à la mettre en usage.

LE COMTE.

Comment diable! voilà de la précision.
Cette fille a l'esprit plein de réflexion ,
Et je vous avoûrai qu'elle me persuade.
Votre frère, ma belle, a donc l'esprit malade ?

JULIE.

Un peu visionnaire; et, s'il faut dire tout,
Vous êtes trop charmant pour être de son goût.

LE COMTE.

Il faut m'en consoler, puisque je suis du vôtre;
Car nous avons le don de nous charmer l'un l'autre;
N'est-il pas vrai? Du moins vos beaux yeux me l'ont dit:
Expliquez-vous comme eux.

JULIE.

              Leur langage suffit.

LE COMTE.

Non ; j'attends un aveu de votre aimable bouche.
Ma proposition, je crois, vous effarouche ?

JULIE.

Il est vrai ; car enfin...

LE COMTE.

            Ah ! vous faites l'enfant !
Dites-moi, je vous aime ; et je suis triomphant.

JULIE.

Moi, vous dire cela ? Dites-le-moi vous-même.

LE COMTE.

Oh ! parbleu, volontiers, et cent fois : Je vous aime ;
Et je vous fais serment que mon fidèle amour
Éclatera pour vous jusqu'à mon dernier jour ;
Les transports que je sens vont jusques à l'extase :
Si je ne vous dis vrai, que la foudre m'écrase !
Puissé-je en cet instant mourir à vos genoux !
      (*En se levant.*)
Est-ce là s'expliquer ? Allons, ma reine, à vous.

JULIE, *d'un air confus.*

Monsieur, en vérité...

LE COMTE.

          La réponse est gentille

LISETTE.

C'est vous répondre assez pour une honnête fille.
Vous aimez, on vous aime, et j'en suis caution.

LE COMTE.

Corps pour corps ?

LISETTE.

        Oui, monsieur. Il n'est plus question
Que de gagner son frère ; et c'est là l'enclouure.

LE COMTE.

Que faire pour cela ?

LISETTE.

Changer votre figure,
Vos manières, vos tons, vos discours.

LE COMTE.

                              Oh! ma foi,
Tu me demandes trop.

LISETTE.

                    Et je vous soutiens, moi,
Qu'avec beaucoup d'esprit et beaucoup de tendresse
On sait se retourner. Songez que le temps presse.

LE COMTE, *en riant*.

Oh! je n'en doute pas.

JULIE.

                    Vous l'interprétez mal :
Le temps est précieux quand on craint un rival.

LE COMTE.

Quel est-il?

PASQUIN,

     Un baron.

JULIE.

               Appuyé de mon frère.

LE COMTE.

Un baron, dites-vous?

LISETTE.

               Oui, de la Garoussière.

JULIE.

Je le hais, je l'abhorre, et mon frère en est fou.

LE COMTE.

D'où sort cet animal?

LISETTE.

               Il nous vient de Poitou.

LE COMTE.

Laissez-moi faire, allez, et vous verrez merveilles.
Je veux devant Sanspair lui couper les oreilles.

PASQUIN.

Belle expédition!

LISETTE.

Voilà le vrai moyen
De vous faire une affaire et de n'y gagner rien.

LE COMTE.

Quoi ! j'aurai pour rival un pareil personnage ?
Un campagnard, un sot ?

LISETTE.

Il est à triple étage ;
Et c'est par là qu'il plaît au comte de Sanspair,
Qui le détesterait s'il avait le bon air.

PASQUIN.

Voulez-vous obtenir votre aimable maîtresse ?
Usez avec Sanspair et d'esprit et d'adresse ;
Sous de graves habits cachez l'air cavalier,
Pour paraître à ses yeux bizarre et singulier,
Et, de la tête aux pieds, tout autre que vous n'êtes.
Vous gagnerez son cœur si vous le contrefaites ;
Sinon, tenez-vous sûr qu'il vous rebutera.

LE COMTE.

Je veux bien l'imiter ; mais qui me l'apprendra ?

PASQUIN.

Moi. Je le sais par cœur ; et je vais vous instruire :
Soyez sage un quart-d'heure, et laissez-vous conduire.

LE COMTE, *à Julie.*

Pour m'assurer de vous, je vais me transformer ;
Et vous éprouverez que je sais l'art d'aimer.

PASQUIN, *à Julie.*

Madame, il faut aussi nous aider.

JULIE.

Que ferais-je ?

PASQUIN.

Sanspair va m'employer pour vous dresser un piége.
Il veut me transformer en seigneur important,
Armé de ces grands airs que vous estimez tant ;
Mais, loin de m'admirer comme vous pourriez faire,
Traitez-moi comme un fat, et trompez votre frère.

A la ruse on peut bien se prêter décemment
Lorsque l'hymen en doit être le dénoûment.

JULIE.

C'est assez. Prenons donc une forme nouvelle.

LISETTE.

Quelqu'un vient.

LE COMTE.

C'est ma sœur. Jusqu'au revoir, ma belle
J'espère par mes soins mériter votre cœur.

SCÈNE IV.

LE COMTE, LA COMTESSE, JULIE, PASQUIN
LISETTE.

LA COMTESSE.

J'ENTRE un peu librement.

LE COMTE, *à la comtesse.*

Chez votre belle-sœur,
Ou du moins peu s'en faut, point de cérémonie.
Approchez.

LA COMTESSE.

J'en aurais une joie infinie.

LE COMTE.

Eh bien donc ! vous l'aurez. D'avance embrassez-vous :
Et vivement.

LA COMTESSE, *embrassant Julie.*

Pour moi c'est un plaisir bien doux.

JULIE.

Et moi, madame...

LE COMTE.

A l'air dont la scène commence,
Je vois que vous aurez bientôt fait connaissance.
Plus vous vous aimerez, plus je serai content.
Sans adieu.

LA COMTESSE.

Vous sortez ?

LE COMTE.

Je reviens à l'instant.

SCÈNE V.

LA COMTESSE, JULIE, LISETTE.

LA COMTESSE.

Je ne m'étonne plus si mon frère vous aime.

JULIE.

Le croyez-vous, madame ?

LA COMTESSE.

Et j'en suis sûre même.

JULIE.

Vous êtes obligeante.

LA COMTESSE.

Et sincére.

JULIE.

Entre nous,
De son penchant pour moi quelle preuve avez-vous ?

LA COMTESSE.

Quelle preuve ? Il refuse un parti très-sortable,
Fille puissament riche, et même assez aimable.
Mon père en est outré, sans avoir deviné
La cause d'où provient ce refus obstiné.
Pour moi, je la savais, et l'ai si bien cachée…

JULIE.

Votre frère m'a plu, je lui suis attachée ;
Je crois lui plaire aussi : mais, par ce que j'apprends,
Pour traverser nos vœux nous avons deux tyrans.
Il cédera peut-être au pouvoir de son père :
Ma mère m'a soumise à celui de mon frère
Qui me destine un sot que je hais à la mort.
Des plus tendres amans voilà quel est le sort !
Toujours leur passion trouve un injuste obstacle ;
Et pour les rendre heureux il faut quelque miracle.

SCÈNE VI.

SANSPAIR, *écoutant sans paraître*, LA COM-
TESSE, JULIE, LISETTE.

LA COMTESSE, *à Julie*.

Vous pouvez l'espérer.

JULIE.

Ah ! je n'ose.

LA COMTESSE.

Et pourquoi ?

JULIE.

Mon frère est bien bizarre.

SANSPAIR, *apercevant la comtesse*.

Est-ce elle que je voi ?

LA COMTESSE.

Pour moi, j'en juge mieux. Quoique dans son système
Il me paraisse outré, c'est la sagesse même.

SANSPAIR, *à part, sans être vu*.

C'est ma belle comtesse ; oui : je n'en puis douter.
Un moment à l'écart je m'en vais l'écouter,
Il faut me mettre au fait avant que de paraître.

JULIE.

Vous le connaissez mal.

LA COMTESSE.

Je crois le bien connaître.

JULIE.

Mon frère n'es pas tel que vous vous le peignez :
Lui, la sagesse même ? Ah ! bon Dieu ! vous craignez
De vous ouvrir à moi sur ses bizarreries ;
Mais je sais qu'on en fait mille plaisanteries.

LA COMTESSE.

Je le sais comme vous ; et je sais bien aussi
Que l'on a très-grand tort. Mais n'est-il pas ici ?
Je voudrais lui parler. Vous êtes interdite ?

JULIE.

Oui , madame , il est vrai. Vous , lui faire visite ?
Vous m'étonnez.

LA COMTESSE.

Pourquoi ?

JULIE.

Les femmes lui font peur.

LA COMTESSE.

Si nous lui déplaisons , c'est pour nous un malheur.
Mais il a mon portrait, on vient de me l'apprendre ;
Et je viens le prier de vouloir me le rendre.

JULIE.

Il a votre portrait ? Rien n'est plus surprenant.
Eh ! comment l'a-t-il eu ?

LA COMTESSE.

Comme en me promenant
J'ai perdu ce portrait sans m'en être aperçue ,
Il faut que de Sanspair il ait frappé la vue ;
Et de là je conclus qu'il l'aura ramassé.

JULIE.

Jamais portrait si beau ne fut si mal placé :
A le ravoir de lui vous n'aurez pas de peine.

LA COMTESSE, *en souriant.*

Vous me mortifiriez si j'étais assez vaine
Pour croire que mes traits eussent pu le frapper.

JULIE.

Lui , d'un portrait de femme il pourrait s'occuper !
D'une telle faiblesse il est très-incapable,
Quoiqu'il eût dû d'abord vous trouver adorable.
Vos traits sont accomplis , piquans et gracieux ;
Mais rien de tout cela n'aura flatté ses yeux.

(*Considérant la comtesse.*)

Ah ! madame !

LA COMTESSE.

Quoi donc ?

JULIE.

                Que cette étoffe est belle !

LA COMTESSE.

Le dessin m'en a plu : c'est la mode nouvelle.
Cela coûte fort cher ; mais , pour me contenter ,
Je ne regrette point ce qu'il m'en peut coûter :
Je cours au plus nouveau.

JULIE.

                C'est très-bien fait , madame.

SANSPAIR , *à part.*

Pour une philosophe elle paraît bien femme !

LA COMTESSE , *à Julie.*

Et ces dentelles-ci, qu'en dites-vous ?

SANSPAIR , *à part.*

                        Encor ?

JULIE.

Ah ! rien n'est plus parfait.

LA COMTESSE , *regardant la robe de Julie.*

                Que j'aime ce fond d'or
Sous ces brillantes fleurs si bien distribuées !
Elles sont à mon sens artistement nuées.

JULIE.

Cette robe me plaît , et je la mets souvent.
Mais suis-je bien coiffée ?

LA COMTESSE.

                Un peu trop en avant :
Coiffez-vous désormais un peu plus en arrière,
Vos traits sortiront mieux. Pour moi, c'est ma manière.

SANSPAIR , *à part.*

Je tombe de mon haut.

JULIE , *à Lisette.*

                Suivez cette leçon.

SANSPAIR , *à part , plus haut.*

La femme la plus sage a bien peu de raison !

LA COMTESSE.

J'entends quelqu'un parler.

JULIE.

C'est mon frère, sans doute.

LISETTE.

C'est lui-même vraiment: je crois qu'il nous écoute.

SANSPAIR, *se montrant.*

Oui, j'écoute, Lisette ; et j'ai tout entendu.

JULIE.

Ce que j'ai dit de vous ?

SANSPAIR.

Je n'en ai pas perdu
Le moindre petit mot.

JULIE.

Tant pis pour vous, mon frère :
Voilà des curieux l'aventure ordinaire.

LA COMTESSE.

Vous savez donc, monsieur, ce qui m'amène ici ?

SANSPAIR.

Oui, madame. Et c'est moi...

JULIE.

Je le sais bien aussi ;
Et j'ai promis pour vous...

SANSPAIR.

Promettez pour vous-même,
(*A la comtesse.*)
Ma sœur, et point pour moi. Mon bonheur est extrême
De trouver le moment de vous entretenir,
Madame. J'ai voulu tantôt vous prévenir ;
Mais on m'a dit...

JULIE.

Oh ! oh ! de la galanterie !
C'est du fruit tout nouveau.

SANSPAIR, *à Julie et à Lisette.*

Laissez-nous, je vous prie.

JULIE.

Volontiers.

LA COMTESSE.

Non; restez. Nous laissez-vous tous deux?

JULIE, *en sortant.*

Je réponds de mon frère; il n'est pas dangereux.

SCÈNE VII.

SANSPAIR, LA COMTESSE.

SANSPAIR.

Je débute, madame, en marquant ma surprise.

LA COMTESSE.

Eh! de quoi, s'il vous plaît?

SANSPAIR.

        De vous voir si bien mise;
De voir dans vos cheveux ce docte arrangement;
De vous voir affecter cet air, cet enjoûment,
Ces petites façons, ce gracieux langage
Dont les femmes du monde ont raffiné l'usage;
Usage qui corrompt les esprits et les cœurs,
Et qui ne peut manquer d'influer sur les mœurs.
Quoi! vous savez parler d'étoffes, de dentelles,
Et vous vous abaissez jusqu'à ces bagatelles?
Ou monsieur votre père a voulu me tromper,
Ou la mode jamais n'a dû vous occuper:
Vous devez l'ignorer, si vous êtes savante,
Et sentir de l'horreur pour tout ce qu'on invente.

LA COMTESSE.

Avez-vous dit, monsieur?

SANSPAIR.

      Je pourrais ajouter...

LA COMTESSE.

Tout ce qu'il vous plaira. Je sais l'art d'écouter,
Même certains discours qui pourraient me déplaire;
Et j'ai, quand il le faut, la force de me taire.

SANSPAIR, *à part.*

Ciel! aurait-elle encor cette perfection,
Jointe si rarement à l'érudition?

Une femme d'esprit se forcer au silence !
Rien ne me paraît plus contre la vraisemblance.
  (*Ils se regardent sans rien dire.*)
Elle se tait pourtant. Vous ne répondez point ?

LA COMTESSE.

Continuez, monsieur : j'attends le second point.

SANSPAIR, *à part.*

Voilà certainement une étonnante femme !
  (*Ils gardent encore le silence.*)

LA COMTESSE, *en souriant.*

Eh bien ! vos argumens sont-ils prêts ?

SANSPAIR.

                        Non, madame :
Je n'ai plus rien à dire, et je suis confondu.

LA COMTESSE.

Vous répliquerez donc quand j'aurai répondu :
Or voici ma réponse. Une femme savante
Doit cacher son savoir, ou c'est une imprudente.
Si la pédanterie est un vice d'esprit,
Que la société de tout temps a proscrit,
Et si contre un pédant tout le monde déclame,
Souffrira-t-on son air, ses tons dans une femme ?
Je me le tiens pour dit : mon sexe est condamné
A se borner aux riens pour lesquels il est né ;
Je sais que s'il en sort il paraît ridicule,
Qu'il faut qu'une savante en public dissimule,
Et s'impose la loi de n'y briller jamais,
Pour contraindre l'envie à la laisser en paix.
Se tenir au niveau des femmes ordinaires,
Se prêter, se livrer à des sujets vulgaires,
S'asservir à la mode, en parler doctement :
Voilà ce qu'elle doit affecter poliment.
Au lieu que son savoir la fait passer pour folle,
S'il ne se masque pas sous un dehors frivole.
J'ai dit.

SANSPAIR.

    Votre discours, avec sincérité,
Me prouve votre amour pour la société.

LA COMTESSE.

À mon âge, monsieur, faut-il que j'y renonce?

SANSPAIR.

Je vous en convaincrai bientôt par ma réponse.

LA COMTESSE.

Nous allons voir. J'écoute avec attention.

SANSPAIR.

Tout esprit devient fort par l'érudition.
Une femme qui joint le savoir à ses charmes,
Des discours du public ne prend jamais d'alarmes ;
Elle laisse en partage à de faibles esprits
La mode et le bon air, objets de son mépris.
Loin de chercher à plaire, elle craint cette gloire ;
Son esprit sur son cœur emporte la victoire ;
Aux faibles de son sexe elle sait s'arracher,
Et le mépris des sots ne saurait la toucher.

LA COMTESSE.

Cette maxime-là me paraît un peu fière :
Pour me persuader elle est trop singulière ;
Et je hais, je vous parle avec sincérité,
Toute affectation de singularité.

SANSPAIR.

Vous voulez ressembler, et vous êtes savante?

LA COMTESSE.

Si l'on n'est singulière est-on donc ignorante ?
Erreur. Je vois souvent de sublimes esprits,
Des savans dont le monde admire les écrits ;
Mais je ne leur vois point affecter des manières
Qu'on puisse avec raison prendre pour singulières :
Je trouve qu'au contraire ils font tous leurs efforts
Pour cacher leur savoir sous d'aimables dehors.
Et si chez les anciens de doctes fanatiques
Ont cru se distinguer sous les haillons cyniques,
Les plus sages mortels ont toujours méprisé
Les écarts singuliers d'un orgueil déguisé ;
Et Socrate, et Platon, et les sages de Grèce,
D'un doux extérieur ont orné la sagesse.

On ne les a point vus par singularité
Rompre tous les liens de la société ,
Affecter des façons qui n'ont point de semblables,
Et pour se distinguer se rendre insupportables.

SANSPAIR, *vivement.*

Je verrais de sang-froid tant d'erreurs , tant d'abus ?
Je pourrais fréquenter des hommes corrompus ?

LA COMTESSE.

Eh ! qui parle de vous ? Ma thèse est générale.

SANSPAIR.

Ah ! je ne sens que trop où tend votre morale.

LA COMTESSE.

Comment ! Vous êtes donc un homme singulier ?

SANSPAIR.

Oui : je respire l'air en mon particulier ;
En tous lieux la raison est ma seule compagne.
Quand le beau monde accourt je fuis à la campagne :
Le plaisir d'être seul m'y fait braver le nord ;
Et j'accours à Paris quand le beau monde en sort.

LA COMTESSE.

Moi , je veux qu'à son siècle un sage s'accommode.
Une sagesse outrée est toujours incommode ,
Dégoûte , irrite , offense , au lieu de corriger.
De sa mauvaise humeur on cherche à se vanger ;
Pour la rendre odieuse il n'est rien qu'on ne fasse :
Je pourrais le prouver par un beau trait d'Horace ;
Mais il me sîrait mal de citer les auteurs.
Rien n'est plus innocent ni plus pur que vos mœurs :
Je vous mets au-dessus de la plupart des hommes :
Mais vivons , croyez-moi , pour le siècle où nous sommes.
Tâchons de nous sauver de la corruption ,
Sans donner toutefois dans l'affectation.
Imiter dans ce temps la candeur du vieux âge ,
Ses modes , ses façons , c'est être outrément sage.
Pour moi, qui hais le monde , et qui ne le fuis pas ,
Je me borne à des vœux , et je me dis tout bas :
« Puissent la foi , l'honneur et la pudeur antique ,

Reprendre sur les cœurs un pouvoir despotique !
    Après tant de rebuts qui t'ont fait soupirer,
    Vertu trop négligée, ose te remontrer. »
Ces souhaits, que je forme et répète sans cesse,
Avec humanité font parler la sagesse ;
Ils peuvent à la fin pénétrer jusqu'aux cieux,
Et faire plus d'effet que des cris odieux.

SANSPAIR.

Plus vous parlez, madame, et plus je vous admire ;
Mais vous ne m'étonnez que pour me contredire.
C'est un crime à vos yeux d'oser se distinguer ;
Pour leur paraître sage, il faut extravaguer.

LA COMTESSE.

Distinguons, s'il vous plaît : cas je hais l'équivoque.
Un sage suit la mode, et tout bas il s'en moque ;
Il déteste l'erreur, le vice, les abus,
Mais sans rompre en visière aux hommes corrompus :
Ce qu'on admire à tort lui paraît pitoyable ;
Mais son goût ne doit pas le rendre insociable.

SANSPAIR.

Je ne m'attendais pas à ces doctes leçons.
Ainsi donc vous blâmez mon habit, mes façons ?

LA COMTESSE.

Oh ! très-absolument : j'ose même vous dire
Que, si sur votre cœur j'avais le moindre empire,
Car pour guider l'esprit il faut gagner le cœur,
Je voudrais que d'abord vous me fissiez l'honneur
De me sacrifier vos façons singulières,
Pour prendre du beau monde et l'air et les manières.

SANSPAIR, très-vivement.

Moi, devenir un fat, un étourdi, madame,
Quand vous m'inspireriez la plus ardente flamme,
Vous ne me feriez pas varier un moment.
Vous êtes, je l'avoue, un prodige charmant ;
Un instant m'offre en vous tant de rares merveilles,
Qu'avec peine j'en crois mes yeux et mes oreilles.
Vous savez être sage avec vivacité,
Et la science en vous relève la beauté :

Mais tous nos sentimens s'accordent mal ensemble ;
Et je ne puis aimer que ce qui me ressemble.

LA COMTESSE, *en souriant.*

Je n'ai plus rien à dire après un si beau trait.
Pour ne plus disputer, venons à mon portrait :
M'y reconnaissez-vous ? Y trouvez-vous quelque autre ?

SANSPAIR.

Madame, il est trop beau pour n'être pas le vôtre.

LA COMTESSE, *en riant.*

Vous êtes très-galant, quoique très-singulier.
Il m'appartient donc ?

SANSPAIR.

Oui : je ne puis le nier.

LA COMTESSE.

Vous savez que chez vous je viens pour le reprendre.
Vous ne refusez pas, je crois, de me le rendre ?

SANSPAIR, *tirant le portrait de sa poche.*

Madame, le voici.

LA COMTESSE.

Donnez.

SANSPAIR.

Oh ! doucement :
Laissez-moi, s'il vous plaît, l'admirer un moment.
      (*En regardant le portrait.*)
Les beaux traits ! Ah ! quels yeux ! quelle admirable
      bouche !
Voilà de quoi charmer le cœur le plus farouche.
      (*Il baise le portrait.*)
Adieu, divin portrait, dont mes yeux enchantés...

LA COMTESSE, *lui voulant ôter le portrait.*

Monsieur, vous prenez là d'étranges libertés.

SANSPAIR, *lui rendant le portrait.*

Puisque j'ai fait le crime, il faut que je l'expie.
      (*Il la considère.*)
Mais que l'original surpasse la copie !
Oui, plus je vous regarde, et plus je le ressens,

Quoique votre portrait ait des traits ravissans.

LA COMTESSE, *regardant le portrait.*

L'art du peintre y paraît plus que la ressemblance.

SANSPAIR, *reprenant brusquement le portrait.*

Voilà pourtant vos yeux.

LA COMTESSE, *voulant le reprendre.*

Rendez-moi...

SANSPAIR.

Patience :

Je veux vous comparer à loisir trait pour trait.

(*Il regarde la comtesse et le portrait tour-à-tour.*)

Madame, croyez-moi, laissez-moi ce portrait :
J'aime à le regarder, j'en ai pris l'habitude ;
La séparation serait pour moi trop rude.

LA COMTESSE.

N'importe, il me le faut.

SANSPAIR.

Ah ! si vous prétendez...

Quoi ! sérieusement vous le redemandez ?

LA COMTESSE

En pouvez-vous douter ? J'ai peine à vous comprendre.

SANSPAIR, *tendrement.*

Ah ! vous m'entendriez si vous vouliez m'entendre.

LA COMTESSE.

J'y fais tout mon possible.

SANSPAIR, *à part.*

En vain je me combats.

O ma faible raison, ne m'abandonnez pas !
Jamais femme pour moi ne fut si dangereuse.

LA COMTESSE, *à part.*

Ah ! s'il pouvait m'aimer, que je serais heureuse !
Mon portrait m'aurait-il procuré ce bonheur ?
Cessez, fière raison, de défendre son cœur.

SANSPAIR, *sortant de sa rêverie,*

Eh bien ! madame ?

LA COMTESSE.

Eh bien?

SANSPAIR.

Perdrai je l'espérance
De garder ce portrait?

LA COMTESSE.

Et sur quelle apparence
Oserai-je, monsieur, le laisser en vos mains?
Expliquez-vous du moins.

SANSPAIR.

Ah! c'est ce que je crains.

LA COMTESSE.

Finissons donc, monsieur : j'attends ici mon père;
Que lui dirai-je?

SANSPAIR.

Eh! mais... dites-lui sans mystère
Que j'ai refusé de... Non, ne lui dites rien :
La chose irait trop loin; car vous comprenez bien
Qu'il voudrait pénétrer la véritable cause
De ce refus.

LA COMTESSE.

Sans doute.

SANSPAIR.

Et si je lui propose
Quelque accommodement... car on en peut trouver.

LA COMTESSE.

Je ne le prévois pas.

SANSPAIR.

Je vais vous le prouver.

SCÈNE VIII.

LE MARQUIS, SANSPAIR, LA COMTESSE.

LE MARQUIS.

Je vous surprends tous deux, et m'en fais une fête :

Vous avez dû former un plaisant tête-à-tête ?

SANSPAIR.

Pas trop plaisant.

LE MARQUIS.

Comment ! avez-vous disputé ?

LA COMTESSE.

Mais, oui : j'ai combattu la singularité.

LE MARQUIS.

De quoi vous mêlez-vous ? Chacun a sa folie :
La vôtre, par exemple, est la philosophie :
Toujours Locke, Leibnitz, Descartes ou Newton ;
Mais songez que bientôt il faut changer de ton,
Et nous raccoutumer au langage ordinaire,
Car j'espère ce soir conclure notre affaire.
Vous aurez un époux tout simple et tout uni,
Qui d'érudition me paraît peu muni ;
Et qui désirera, selon toute apparence,
Que tout votre savoir se borne à sa science.
Avez-vous ce portrait ? Vous ne répondez rien !

SANSPAIR.

Êtes-vous si pressé ? Vous me permettrez bien
De le garder encor.

LE MARQUIS.

Je ne puis le permettre,
Au marquis de Beausang je viens de le promettre.

SANSPAIR.

A Beausang ?

LE MARQUIS.

Oui, monsieur.

SANSPAIR.

Je le lui remettrai.

LE MARQUIS.

Quand cela, s'il vous plaît ?

SANSPAIR.

Quand je consentirai
Qu'il épouse madame.

LE MARQUIS.

En voici bien d'un autre!
Songez-vous ?...

SANSPAIR.

Mon aveu doit confirmer le vôtre :
Beausang , vous le savez, n'est pas encor majeur ;
Et vous savez aussi que je suis son tuteur.

LE MARQUIS.

Oui ; mais des deux côtés l'affaire est convenable ,
Et ne saurait manquer de vous être agréable.

SANSPAIR.

C'est selon.

LE MARQUIS.

C'est selon ?

SANSPAIR.

D'abord il faut savoir
Si madame y consent.

LE MARQUIS.

Je n'ai qu'à le vouloir ,
Elle y consentira.

SANSPAIR.

Par pure complaisance ,
Peut-être.

LE MARQUIS.

Ah! je voudrais qu'elle fît résistance !

SANSPAIR.

Moi, je veux que son cœur décide de son sort :
Nous devons l'établir juge en dernier ressort.

LE MARQUIS, *à la Comtesse.*

Eh bien! prononcez donc.

LA COMTESSE.

Je ne le puis encore.

LE MARQUIS.

Mais quand le pourrez-vous ?

LA COMTESSE.

Voilà ce que j'ignore.

LE MARQUIS.

Je crois qu'ils sont d'accord pour me faire enrager :
On établit un juge, il ne veut pas juger.

LA COMTESSE.

Eh bien ! puisque monsieur prétend que je prononce,
Il aura la bonté de dicter ma réponse.

SANSPAIR.

Moi, madame ?

LA COMTESSE.

Oui, monsieur : je m'en rapporte à vous.
Je veux de votre main recevoir un époux :
Votre décision sera ma loi suprême,
Et vous me guiderez beaucoup mieux que moi-même.
Je suis d'un sexe faible et sujet à l'erreur :
Vous avez trop de sens, de vertu, de candeur,
Pour ne me pas donner un conseil salutaire.
Vous connaissez Beausang, son bien, son caractère ;
Et si vous décidez qu'il est digne de moi,
Dès ce soir, je lui donne et mon cœur et ma foi.

LE MARQUIS.

C'est bien dit. Je reviens à l'avis de ma fille.
Eh bien ! servez-nous donc de père de famille :
Prononcez.

SANSPAIR.

Je ne puis.

LE MARQUIS, *à part.*

Quel mystère est ceci ?

SANSPAIR, *après avoir un peu rêvé.*

Voulez-vous revenir dans deux heures d'ici ?
Ce n'est pas demander trop de temps, ce me semble.

LE MARQUIS.

Dans deux heures d'ici nous reviendrons ensemble.
A l'égard du portrait...

LA COMTESSE.

Monsieur le gardera ;

Et, suivant son arrêt, il en disposera.

LE MARQUIS.

Allons donc.

SANSPAIR, *donnant la main à la comtesse*

Permettez que je vous reconduise.

LE MARQUIS.

Il n'est point, disiez-vous, de plus haute sottise
Que cette façon-là ?

SANSPAIR.

Je l'ai dit en effet ;
Mais on peut varier pour un si beau sujet.

FIN DU TROISIÈME ACTE.

ACTE IV.

SCÈNE Ire.

SANSPAIR, *vivement*.

Après un long combat j'ai gagné la victoire.
   (*Parlant au portrait*.)
Enfin je vais te rendre et rétablir ma gloire.
Trop dangereux appas qui m'imposez la loi,
Je saurai triompher et de vous et de moi.
Lâche ! je me voyais à deux doigts de ma perte ;
La raison frémissait, et ne l'a pas soufferte,
Grace au Ciel, ses leçons m'empêchent de tomber :
Je m'étonnais aussi de la voir succomber ;
Mais dans mon faible cœur elle s'est raffermie,
Et je puis sans danger revoir son ennemie.
Revenez, revenez, douce tranquillité.
Déjà je sens en moi renaître la gaîté :
Suivons ses mouvemens. Que l'aimable sagesse

Rétablisse en ces lieux le calme et l'allégresse,
Et que jamais l'amour ne trouble mon repos.
Que vois-je ? Est-ce Pasquin ? Il arrive à propos.

SCÈNE II.

SANSPAIR, PASQUIN, *en habit de petit-maître.*

PASQUIN.

Je viens vous étaler ma nouvelle figure.

SANSPAIR.

Voyons.

PASQUIN.

Considérez ces graces, cette allure ;
Voyez ce coude-pied hors de mon escarpin ;
Et ce panier bouffant qui donne un air poupin :
Cela marque la taille, et dégage à merveille.
La perruque nouée au niveau de l'oreille,
Cette bourse qui couvre un dos qu'on poudre exprès,
Ont un air familier qui fourmille d'attraits.
L'équipage est complet, et suivant l'ordonnance.

SANSPAIR.

Savez-vous l'étayer d'un air de suffisance,
D'un ton impérieux, railleur et décisif ?

PASQUIN.

Peste ! c'est le moyen de n'être pas oisif.
Ces brillantes façons font un homme à la mode :
Les plus achalandés n'ont pas d'autre méthode,
S'ils joignent à ces dons le précieux secret
De rendre le public leur confident discret :
Pour en venir à bout, leurs communes allures
Sont de se confier chacun leurs aventures.
Morbleu, les bons propos ! sans beaucoup méditer ;
Pour vous desennuyer, je vais les imiter.

SANSPAIR.

Vous avez donc servi sous d'excellens modèles ?

PASQUIN.

Ah ! monsieur, leurs façons me sont si naturelles,

Qu'il ne me manque rien qu'un peu de qualité
Pour être le seigneur le plus accrédité.
(*Il se jette au cou de Sanspair et le serre étroitement.*)
Eh! bonjour, cher marquis

SANSPAIR.

Tubleu, quelle caresse!

PASQUIN.

Comment gouvernes-tu cette pauvre comtesse?
Entre nous, elle aurait quelques desseins sur moi :
Mais je sais menager un ami tel que toi;
D'ailleurs, en tant de lieux mes pas sont nécessaires,
Que je n'ai pas le temps de troubler tes affaires.
La Dorville à la fin a fixé tous mes soins ;
Je crois qu'elle m'aura deux grands mois tout au moins :
Oui, parbleu, deux grands mois, et je lui sacrifie
La beauté du Marais qui m'aime à la folie.
J'en suis un peu honteux ; mais, pour la nouveauté,
Tu sais qu'on ne plaint pas une infidélité.
Ma petite maison est propre au tête-à-tête :
J'y régale demain ma nouvelle conquête.
Dans ces sombres réduits je redouble d'ardeur;
Car, moi, je hais l'éclat, et j'ai de la pudeur.
La marquise voulait étaler sa victoire ;
Mais je n'ai pas voulu lui donner trop de gloire.

SANSPAIR.

Tels sont donc les propos de nos jolis seigneurs?

PASQUIN.

Je les rends mot pour mot.

SANSPAIR.

O temps! ô siècle! ô mœurs!
Qui rendez la raison, la vertu singulières...
(*Il tire le portrait et lui parle, après s'être jeté dans
un fauteuil.*)
Et vous me forceriez à changer de manières!
De ce monde effréné, ridicule, pervers,
J'adopterais pour vous et le ton et les airs!
Eussiez-vous mille fois plus de graces, de charmes,
Ma raison contre vous prendra toujours les armes.

Et je vais à Beausang vous céder sans regret.

PASQUIN, *en riant.*

A qui parlez-vous donc ?

SANSPAIR.

Je parle à ce portrait.

Approchez, admirez.

PASQUIN, *regardant le portrait.*

Ah ! monsieur, qu'elle est belle !
Voilà de quoi tourner la meilleure cervelle.
(*A part.*)
C'est la sœur de mon maître : employons tout notre art
A la bien seconder.

SANSPAIR.

Ce front et ce regard
Annoncent un esprit profond, vaste et sublime ;
Cet air modeste inspire et l'amour et l'estime ;
Ces traits fins, réguliers qui ravissent les yeux ;
S'accordent pour former un tout délicieux.
Ouvrage favori de la docte nature,
L'original encor surpasse la peinture.
Cependant cet objet, si gracieux, si beau,
Serait de la raison l'écueil et le tombeau :
Je l'admire et le crains ; et la sagesse encore
Sait préserver mon cœur des charmes qu'il adore.

PASQUIN.

A votre place, moi, je m'y serais rendu.
Pourquoi leur résister ?

SANSPAIR.

Vous l'avez entendu.

PASQUIN.

L'amour excuse tout.

SANSPAIR, *en souriant.*

Excellente morale.

PASQUIN.

Ne dit-on pas qu'Hercule a filé pour Omphale ?

SANSPAIR.

Hercule était un fou.

PASQUIN.
Vous avez beau parler,
Il faut que tôt ou tard on se mette à filer.

SANSPAIR, *vivement.*
Je ne changerai point, la chose est résolue.

PASQUIN.
Vous baisserez le ton dès que vous l'aurez vue.

SANSPAIR.
Je l'ai vue, admirée, et me suis soutenu,

PASQUIN.
Ah! c'est que le moment n'est pas encor venu :
Je le sens qui vient.

SANSPAIR.
Paix.

PASQUIN.
Vous m'imposez silence ;
Mais si vous vouliez bien me donner audience,
Je vous dirais, monsieur, que vous avez trente ans,
Même un peu par-delà, selon ce que j'entends :
Riche comme un Crésus, dans la vigueur de l'âge,
Ma foi, vous devriez songer au mariage.

SANSPAIR.
J'y renonce à jamais ; j'en jure à tous momens.

PASQUIN.
Tenez, ce portrait-là se rit de vos sermens.

SANSPAIR.
Sachez...

PASQUIN.
Contre l'hymen votre raison déclame ;
Mais je gagerais bien que voilà votre femme.

SANSPAIR.
Je gagerai bien, moi, que vous êtes un fat.

PASQUIN.
Ma foi, vous gagneriez. Mais, sans bruit, sans éclat
Raisonnons.

SANSPAIR, *lui tendant la main.*

Excusez un terme un peu trop rude :
Je me reconnais mal à cette promptitude ;
Mais aussi contre moi pourquoi vous obstiner ?

PASQUIN.

C'est que j'ai quelquefois le don de deviner.

SANSPAIR.

Encor ? Je rends justice à cette aimable veuve ;
Mais contre ses appas je me sens à l'épreuve.
Qui ? moi, prendre une femme, en qui je vois régner
Tous les goûts dépravés qu'elle doit dédaigner,
Et qui mettrait en œuvre une adresse profonde
Pour me faire rentrer tôt ou tard dans le monde !
J'aimerais mieux cent fois mourir sans héritier,
Que de cesser de vivre en homme singulier.

PASQUIN.

Si vous étiez aimé par hasard ?

SANSPAIR.

                          Si l'on m'aime
On doit sans balancer adopter mon système ;
A l'objet de ses vœux il faut immoler tout,
Le penchant, les desirs, l'habitude, et le goût.

PASQUIN.

Pour le coup je vous tiens. Suivant votre maxime,
La veuve aurait sur vous un droit plus légitime.
Si vous l'aimez, monsieur, elle peut exiger
Ce que vous exigez.

SANSPAIR.

                    Je veux la corriger.
Elle veut que d'un fat j'arbore l'apparence ;
De nos prétentions voilà la différence.
Mais de son mauvais goût je préserve mon cœur,
Et d'un goût tout pareil je veux guérir ma sœur :
Semblable à la comtesse, elle est esclave et folle
Des modes, des grands airs; le monde est son idole ;
En un mot. Dites-moi, vous connait-elle ?

PASQUIN.

                                             Non.

SANSPAIR.

Je vais vous employer à guérir sa raison.

PASQUIN.

Je ne m'en mêle plus.

SANSPAIR.

                    Pourquoi, je vous supplie ?

PASQUIN.

En venant vous trouver j'ai rencontré Julie ;
Et d'abord, honoré de son attention,
J'ai lâché mes grands airs avec profusion :
De nos jeunes seigneurs affectant le langage,
Aussi bien qu'eux du moins j'ai fait leur personnage ;
Pour qu'elle m'admirât j'ai tout dit, tout tenté

SANSPAIR.

Qu'a produit tout cela ?

PASQUIN

                    Mes grands airs ont raté.

SANSPAIR.

C'est qu'elle a soupçonné...

PASQUIN.

                    Non ; mais, sur ma parole,
Elle a changé de goût.

SANSPAIR.

                    Quoi ! ma sœur n'est plus folle ?

PASQUIN.

« J'admire, a-t-elle dit, messieurs les courtisans :
« Pensent-ils qu'on n'ait plus ni bon goût, ni bon sens ?
« Bon Dieu, quelle fadeur !—Comment donc, mon infante,
« Ai-je dit d'un ton fier ; vous êtes méprisante !
« Sachez... » Mais, sans vouloir m'écouter un moment,
Elle m'a planté là fort impertinemment.

SANSPAIR.

Son procédé me cause une surprise extrême ;

Et j'ai peine...

PASQUIN.

Elle vient : jugez-en par vous-même.

SCÈNE III.

SANSPAIR , JULIE , PASQUIN ,

JULIE.

Mon frère , d'où nous vient cet aimable seigneur ?
Est-il de vos amis ?

SANSPAIR.

Assurément , ma sœur ;
Un seigneur si bien fait , si galant , doit vous plaire ,
Ne dissimulez plus.

JULIE.

Détrompez-vous , mon frère ;
De grace , ayez de moi meilleure opinion.
Sur vos sages discours j'ai fait réflexion :
De tous mes goûts pervers à la fin revenue ,
Contre les faux brillans je me sens prévenue ;
Je me moque à présent de ce que j'admirais ;
J'aime de tout mon cœur ce que je haïssais.
Vous qui me paraissiez bizarre , insupportable ,
A mes yeux maintenant vous êtes admirable ;
Ce qui les effrayait me devient familier :
Rien ne leur paraît beau s'il n'est pas singulier ;
Et , bien loin que nos goûts s'accordent mal ensemble ,
Pour qu'un homme me plaise il faut qu'il vous ressemble.

SANSPAIR.

Vous me trompez , Julie , un pareil changement
Ne peut être à coup sûr l'ouvrage d'un moment.

JULIE.

Aussi pendant long-temps me suis-je combattue ;
Et j'ai fait tant d'efforts que je me suis vaincue.

PASQUIN.

Ma foi , la pauvre enfant me fait compassion :
A vingt ans se livrer à la réflexion !
Sanspair , en vérité , vous la rendez maussade.

Destouches. T. II.   29

JULIE, *à Pasquin.*

Vous vous croyez charmant, et vous êtes bien fade.

PASQUIN.

Bien fade, ma princesse? Adieu, sage Sanspair :
Je ne veux plus chez vous prodiguer le bon air.

(*Pasquin sort.*)

JULIE.

Vous nous obligerez. D'un homme sage, grave,
J'aspire désormais à me rendre l'esclave :
Je vivrais avec lui dans un obscur séjour,
Plus contente cent fois qu'au milieu de la cour.

SANSPAIR.

Ma sœur, je n'en crois rien.

JULIE.

           Pour en avoir la preuve
Il ne tiendra qu'à vous de me mettre à l'épreuve :
Si quelque philosophe a du penchant pour moi,
Me voilà toute prête à lui donner ma foi.

SANSPAIR.

Vous le direz cent fois avant que je le croie ;
Mais, si vous disiez vrai, que j'en aurais de joie !
Aimez de bonne foi la singularité,
Et vous éprouverez ma libéralité.

SCÈNE IV.

SANSPAIR, JULIE, PASQUIN, LISETTE.

LISETTE, *à Sanspair.*

Je viens vous annoncer un grave personnage
Qui peut vous disputer le titre d'homme sage.

SANSPAIR.

Comment s'appelle-t-il?

LISETTE.

C'est le comte d'Arbois.

SANSPAIR, *d'un air empressé*

Qu'il vienne.

LISETTE, *au comte.*

Entrez, monsieur.

SCÈNE V.

LE COMTE, *vêtu singulièrement,* SANSPAIR,
JULIE, PASQUIN, LISETTE.

LE COMTE, *entre gravement, s'appuyant sur une canne,*
et parle d'un ton empesé.

ENFIN donc je vous vois,
Cher comte de Sanspair, prototype des sages,
Ennemi courageux des modernes usages,
Des vices et des mœurs judicieux frondeur;
Embrassez votre émule et votre admirateur.

SANSPAIR, *après l'avoir embrassé.*

Je n'avais pas, monsieur, l'honneur de vous connaître.

LE COMTE.

Moi, je connais en vous mon voisin et mon maître.
En dépit de mon âge et de ma qualité,
Vous m'avez inspiré la singularité :
Ce grave ajustement en est la forte preuve.
Vous avez vu tantôt une assez belle veuve,
La comtesse, ma sœur ; elle a beaucoup d'esprit,
Du savoir encore plus? mais rien ne la guérit
Du fol entêtement des usages du monde :
J'en suis au désespoir. Pour moi, plus je me sonde,
Plus je me trouve né pour être singulier,
Quoiqu'il me reste un air un peu trop cavalier.

LISETTE, *bas à Julie.*

Pour un fou c'est fort bien jouer son personnage.

JULIE, *bas.*

A ravir.

LE COMTE.

Votre sœur passe pour être sage,

Et pourrait me servir de consolation
Dans mon petit réduit , sombre habitation ,
Mais charmante à mes yeux. Et comme à la campagne
Un jeune solitaire a besoin de compagne ,
En homme singulier , brusquement , sans fadeur ,
Je viens vous demander cette prudente sœur.

SANSPAIR, en souriant

Très-prudente !

LE COMTE.

   Je crois que l'humeur singulière
Va m'en gratifier de la même manière ;
Et deux originaux se conviennent si fort
Que , dès le premier mot , ils se trouvent d'accord.
De mon bien , de mon rang on a su vous instruire ;
Et vous n'êtes pas homme à vouloir m'éconduire.

SANSPAIR.

Si j'ose statuer sur votre extérieur ,
Il vous donne le droit de prétendre à ma sœur.
Je ne m'en cache point : j'aimerais un beau-frère
Qui saurait soutenir un si beau caractère ;
Mais un homme à votre âge est toujours inégal.
A l'égard de ma sœur , vous la connaissez mal :
Loin de vous consoler dans votre solitude ,
Elle n'y porterait qu'ennui , qu'inquiétude ;
Tout comme votre sœur elle aime le fracas,
Et l'esprit singulier ne l'amuserait pas.

JULIE.

Mon frère , des grands airs je suis désabusée ;
Je vous l'ai déjà dit, la preuve en est aisée :
Si monsieur vous convient , excepté le cousin,
Tout époux me plaira venant de votre main.

SANSPAIR.

Qu'on nous laisse tous deux.

SCÈNE VI.

SANSPAIR, LE COMTE.

SANSPAIR.
Parlons avec franchise.

SCÈNE VII.

SANSPAIR, LE COMTE, LE BARON.

LE BARON, *entrant brusquement*.
Oh çà! cousin Sanspair, dès ce soir, sans remise
Je veux de la cousine assurer le bonheur.
Vous savez comme moi que j'ai déjà son cœur;
Qu'elle brûle d'envie...

SANSPAIR.
Elle dit le contraire;
Mais de notre projet rien ne peut me distraire:
Vous êtes mon parent, simple, naïf, humain;
Vous avez de grands biens.

LE COMTE, *à Sanspair*.
Est-ce là ce cousin
Dont on vient de parler?

SANSPAIR.
Oui, monsieur: c'est lui-même;
Homme plein de candeur, que j'estime, que j'aime,
Parce que du vieux temps il rappelle les mœurs,
Et qu'il est ennemi du faste et des grandeurs.
Il est vif, il est prompt; marque d'un cœur sincère;
C'est des honnêtes gens le défaut ordinaire,
Et l'unique défaut que je remarque en lui.

LE COMTE, *d'un air vif et surpris*.
Vous lui donnez Julie?

LE BARON.
On contracte aujourd'hui,

Et demain on épouse.

SANSPAIR, *au baron.*

Attendons, je vous prie.

LE BARON.

Cousin, je n'en puis plus : il faut qu'on me marie
Ou qu'on m'assomme.

LE COMTE, *gravement.*

Eh bien ! on vous assommera.

LE BARON.

Cet homme est admirable ! Eh , qui s'en chargera?

LE COMTE, *gravement.*

Mais… moi, si vous voulez.

LE BARON.

L'offre est fort obligeante.
Vous êtes donc, mon cher, d'une humeur assommante?

LE COMTE, *toujours gravement.*

Quand quelqu'un me déplaît, je m'en fais un régal.

LE BARON ! *à Sanspair.*

Que faites-vous-vous ici de cet original?
Ose-t-il plaisanter avec cette figure ?

LE COMTE, *du même ton.*

Me traiter de plaisant c'est me faire une injure :
Un homme singulier est toujours sérieux

LE BARON.

Sais-tu bien , mon ami, que je suis bilieux ?

SANSPAIR.

Parlez mieux, mon cousin, ou gardez le silence :
Apprenez que monsieur est homme de naissance.

LE BARON.

Ce visage serait homme de qualité.

LE COMTE, *frappant du pied et de la canne.*

Morbleu, si ce n'était la singularité…

SANSPAIR, *au comte.*

Eh ! pour l'amour de moi…

LE COMTE, *vivement.*

Que le diable m'emporte...

SANSPAIR, *au comte.*

Un homme singulier s'emporter de la sorte !

LE BARON.

Il croit donc m'effrayer avec son œil hagard ?
Savez-vous qui je suis ?

LE COMTE, *gravement.*

Un très-plat campagnard.

LE BARON.

Moi, campagnard, moi, plat ! Ah ! si j'entre en furie...

LE COMTE, *d'un air menaçant.*

Eh bien ?

LE BARON, *se reculant près de Sanspair.*

Retenez-moi, mon cousin, je vous prie;
Car il arriverait ici quelque accident.

LE COMTE, *lui faisant une révérence.*

Ah ! monsieur le baron, je vous crois trop prudent.

LE BARON.

A quatre pas d'ici tu verrais ma prudence.

LE COMTE, *le prenant par le bouton.*

J'en veux dès ce moment faire l'expérience :
Venez, brave baron.

LE BARON, *entraîné par le comte.*

Séparez-nous, cousin :
Je sens que je m'échauffe.

SANSPAIR, *retenant le comte.*

Eh ! de grace, voisin...

LE COMTE.

Eh bien! promettez-moi de m'accorder Julie.

SANSPAIR.

Je ne le puis.

LE COMTE, *toujours gravement.*

Songez que je vous en supplie.

LE BARON.

Oser la demander, c'est me faire un affront;

Et si je n'étais pas aussi sage que prompt...

LE COMTE, se jetant sur le baron.

Que feriez-vous ?

SANSPAIR retenant le comte.
Monsieur...

LE COMTE, reprenant sa gravité.

Pardon, mon cher confrère.
Il a mis en défaut mon humeur singulière ;
Mais je suis très-surpris, pour trancher en un mot,
De vous voir entêté d'un cousin aussi sot :
Vous allez vous donner le plus grand ridicule...

LE BARON.

Sortons.

LE COMTE.
Soit.

LE BARON.

Attendez, il me vient un scrupule :
(A Sanspair.)
Est-il bien gentilhomme ?

SANSPAIR, l'éloignant du comte.

Eh ! baron, croyez-moi.

LE BARON.

Mais vous ne le croyez que sur sa bonne foi,
Et je suis délicat sur de pareils chapitres.
(Au comte.)
Avant que de nous battre apportez-moi vos titres.

LE COMTE.

(Lui montrant son épée.) (Montrant son cœur.)
Vous voyez le premier, et voici le second.

LE BARON, faisant mine de tirer l'épée.

Oh ! parbleu, mon ami, tu baisseras le ton ;
Et sur-le-champ...

LE COMTE, tirant son épée.
Voyons.

(Le marquis et la comtesse paraissent.)
LE BARON, toujours la main sur la garde de son épée.

Cousin, laissez-moi faire ;

Ne me retenez plus.

LE COMTE, *apercevant le marquis.*

Ah! j'aperçois mon père.
(*A part.*)
A tantôt, cher baron. Je m'esquive sans bruit.

LE BARON, *transporté de joie.*

J'ai gagné la bataille, et le poltron s'enfuit.

SCÈNE VIII.

LE MARQUIS, LA COMTESSE, SANSPAIR, LE BARON.

N'EST-CE pas là mon fils qui disparaît si vite?

SANSPAIR.

Oui, monsieur, c'est lui-même.

LE BARON.

Il s'en retourne au gîte,
Après avoir appris ce que c'est qu'un baron.

LE MARQUIS, *à Sanspair.*

Que dit monsieur?

LE BARON.

Je dis qu'il n'est qu'un fanfaron.

LE MARQUIS.

Pour l'amour de monsieur je veux bien me contraindre;
Mais sachez que mon fils n'est pas homme à vous
  craindre.

LE BARON, *mettant la main sur son épée.*

Prenez-vous son parti?

LE MARQUIS.

Oui, monsieur, je le prends.
(*A Sanspair.*)
Quel est cet homme-là?

SANSPAIR.

C'est un de mes parens
Que monsieur votre fils a mis fort en colère;
Grace au ciel, mon cousin a l'humeur débonnaire.

LE BARON.

Ah! vous verrez beau jeu.

SANSPAIR, *le poussant.*

Baron, retirez-vous.

LE BARON.

Pour me remettre un peu, je vais boire deux coups,
Et dormir là-dessus, attendant le notaire.
Cousin, plus de délais, ou si non plus d'affaire :
Je vous le dis tout net, et j'en jure d'honneur,
Moi, moi, la Garoussière, et votre serviteur.

SCÈNE IX.

SANSPAIR, LE MARQUIS, LA COMTESSE

LE MARQUIS.

Vous avez un parent bien brutal, ce me semble?
Mais que pouvaient avoir à démêler ensemble
Mon fils et lui?

SANSPAIR.

Ma sœur a causé leurs débats.
Ils la veulent tous deux; cela ne se peut pas :
J'ai dit à votre fils que je l'avais promise;
Loin de se désister...

LE MARQUIS.

Ah! quelle est ma surprise!
Il sait que j'ai pour lui d'autres engagemens

SANSPAIR.

Il s'accordent donc mal avec ses sentimens.

LE MARQUIS.

Je les mettrai d'accord à coup sûr.

SANSPAIR.

C'est dommage
Qu'il soit un peu trop vif, car il paraît bien sage.

LE MARQUIS.

Lui?

SANSPAIR.

Jenne comme il est, se choisir un réduit
Pour fixer son séjour loin du monde et du bruit!
Se vêtir simplement, être grave et modeste!...

LE MARQUIS.

Parlez-vous de mon fils?

SANSPAIR.

      Oui, vraiment. Je proteste
Que si je n'étais pas engagé....

LE MARQUIS.

        Par ma foi,
Je crois que vous voulez vous divertir de moi.
Lui, grave! lui, modeste!

SANSPAIR, *vivement.*

     Eh! oui.

LE MARQUIS.

      Sur ma parole,
Il n'est pas dans Paris une tête plus folle.
Le fripon devant vous se sera contrefait
Pour vous en imposer... Mais croyez....

SANSPAIR.

       En effet,
Plus je rappelle ici cette métamorphose...

LE MARQUIS.

Hypocrite fieffé. Mais parlons d'autre chose.
Vous avez eu le temps de vous déterminer:
Quelle décision allez-vous nous donner?
Quoi donc? Vous pâlissez! D'où peut venir ce trouble?

SANSPAIR, *à part.*

Quand il faut triompher ma faiblesse redouble:
Je tremble.

LA COMTESSE, *à part.*

Je frémis.

SANSPAIR, *à part.*

     O terrible moment!
J'ai peine à revenir de mon saisissement.

LE MARQUIS.

Eh bien ! vous dites donc ?...

SANSPAIR.

Vous voulez bien permettre
Qu'avant que de parler je tâche à me remettre.
Monsieur...

LE MARQUIS.

Quoi ?

LA COMTESSE, *à part.*

Juste ciel ! que va-t-il prononcer ?

LE MARQUIS.

Je ne vois pas sur quoi vous pouvez balancer.

SANSPAIR, *d'un ton entrecoupé.*

Madame... je me suis rappelé la manière
Dont vous m'avez parlé sur l'humeur singulière ;
Et par les sentimens que j'ai trouvés en vous,
Je conclus... que Beausang vous convient pour époux.
C'est un homme à la mode : il est brillant, aimable ;
Et je le crois pour vous un parti très-sortable.
Je ne m'oppose plus à l'hymen projeté ;
Et voilà le portrait qu'il a bien mérité.

(*Il rend le portrait à la comtesse.*)

LA COMTESSE, *à part.*

Conclusion funeste ! Hélas ! je suis perdue.

LE MARQUIS, *à la comtesse.*

Donnez-moi ce portrait. Vous voilà bien émue !

LA COMTESSE, *avec un souris forcé.*

Moi, monsieur ! point du tout : qui pourrait m'émouvoir ?

LE MARQUIS, *à Sanspair.*

Je puis donc désormais user de mon pouvoir,
Aller chercher Beausang, amener un notaire,
Et devant vous enfin terminer cette affaire ?

SANSPAIR, *vivement.*

Devant moi ? devant moi ? Suffit que vous sachiez...

LE MARQUIS.

Oh ! non pas, s'il vous plaît : il faut que vous signiez

SANSPAIR.

Je ne signerai point.

LE MARQUIS.

Eu voici bien d'un autre ;

SANSPAIR.

Pourquoi ma signature ? Il suffit de la vôtre,

LE MARQUIS.

Eh ! non.

SANSPAIR , *d'un grand sang-froid.*

J'en suis fâché.

LE MARQUIS.

N'êtes-vous pas tuteur ?

SANSPAIR.

La parole suffit entre des gens d'honneur.

LE MARQUIS.

Un tuteur doit signer : c'est la loi, c'est l'usage.

LA COMTESSE , *au marquis.*

Je crois qu'il ne faut pas insister davantage ;
Il ne signera pas.

SANSPAIR.

Ne vous ai-je pas dit
Qu'entre des gens d'honneur la parole suffit ?

LE MARQUIS.

Le contrat serait nul.

SANSPAIR.

Nul ou non , que m'importe ?

LE MARQUIS.

Il faut extravaguer pour parler de la sorte.
Je vous dis que les lois, en dix mots comme en un...

SANSPAIR.

Citez vos lois, monsieur , à des gens du commun ;
Ma parole est ma loi : je veux que l'on s'y fie,
Sans qu'un notaire écrive et vous la certifie.
Écrire sa promesse est une indignité
Qui fait , à mon avis , honte à l'humanité.

LA COMTESSE.

Ce noble sentiment me paraît un oracle.

LE MARQUIS.

Si je n'étouffe pas , ce sera grand miracle.

LA COMTESSE.

Les singularités sont mon aversion ;
Mais celle-ci ravit mon admiration.

LE MARQUIS.

Courage !

LA COMTESSE.

      Oui : la maxime est digne qu'on l'admire ;
Et, non plus que monsieur, je ne veux point écrire.

LE MARQUIS , *à la comtesse.*

Vous ne signerez pas , vous ?

LA COMTESSE.

        Non , absolument ;
Vous vous contenterez de mon consentement.

LE MARQUIS

La voilà folle aussi ! Trève de raillerie.

LA COMTESSE.

C'est vous qui prétendez que je me remarie ,
Que j'accepte Beausang , vous m'imposez la loi :
C'est à vous à signer et pour vous et pour moi.

LE MARQUIS.

Parbleu , nous allons faire un acte bien valable !
   (*A Sanspair.*)
Ayez le procédé d'un homme raisonnable ,
Ma fille signera ; j'en jure mon honneur.

LA COMTESSE , *au marquis*

Voulez-vous me contraindre à signer mon malheur ?

SANSPAIR , *à part.*

Son malheur !

LE MARQUIS , *à la comtesse d'un air menaçant.*
    Ah !

LA COMTESSE.

      Du moins que monsieur me prévienne,
Et que ce soit sa main qui dirige la mienne.
Si vous signez, monsieur , je vous imiterai.

LE MARQUIS.
Ah! passe pour cela.

SANSPAIR.
Moi, je vous préviendrai?
Ne vous en flattez pas. Pour finir votre affaire,
Amenez, s'il le faut, ici votre notaire;
S'il croit avoir besoin de mon consentement,
Je le lui donnerai de bouche seulement.
Pour signer, je veux être écrasé de la foudre
Si vous venez jamais à bout de m'y résoudre.

LA COMTESSE, *au marquis.*
J'irai jusqu'à ce point, et jamais plus avant.

LE MARQUIS.
Oui? Préparez-vous donc à rentrer au couvent.
Si vous m'y faites voir la moindre résistance,
Ma malédiction hâtera ma vengeance.

LA COMTESSE.
Que le ciel m'en préserve! Ah! loin de l'encourir,
Où vous me conduirez je veux vivre et mourir.
Dans l'état où je suis, la plus sombre retraite
Est ce qui me convient, et ce que je souhaite.

LE MARQUIS.
Nous allons voir. Venez: je vais vous consigner
En lieu sûr. Vous, monsieur, apprenez à signer.

SCÈNE X.

SANSPAIR, *seul.*

Ciel! faut-il qu'un couvent renferme tant de charmes
Malheureux que je suis! Je sens couler mes larmes.
Quelle faiblesse indigne! Un philosophe; Eh quoi!
Je verrais de sang-froid qu'elle se perd pour moi?
  Dans l'état où je suis, la plus sombre retraite
  Est ce qui me convient, et ce que je souhaite. »
Et dans ces termes-là je méconnais l'amour!
Comtesse, vous m'aimez. Ah! funeste retour!
Dois-je causer sa perte, assuré qu'elle m'aime?
Ou faut-il la sauver en me perdant moi-même?

FIN DU QUATRIÈME ACTE.

ACTE V.

SCÈNE Ire.

LE BARON, PASQUIN.

LE BARON.

Il demande à me voir pour nous raccommoder ?

PASQUIN.

Oui , monsieur.

LE BARON.

Et Julie ? Il va me la céder ?
Sans doute ?

PASQUIN.

Vous allez vous ajuster ensemble.
Le voici.

LE BARON.

Mon aspect le fait frémir : il tremble.

SCÈNE II.

LE COMTE, LE BARON, PASQUIN.

PASQUIN , *au comte.*

J'ai rencontré monsieur ; je vous l'amène ici.

LE BARON.

Vous voulez me parler , m'a-t-on dit ? Me voici.

LE COMTE , *à Pasquin.*

Empêche que quelqu'un ne vienne nous surprendre.

LE BARON , *d'un air inquiet.*

Nous ne nous dirons rien que l'on ne puisse entendre ,
Je crois ?

LE COMTE , *à Pasquin.*

Va , laisse-nous, et chasse les fâcheux.

PASQUIN.

Fiez-vous à mes soins ; et poussez bien tous deux.
(*Il allonge une botte au baron.*)

LE COMTE, *à Pasquin.*

Ferme la porte.

SCÈNE III.

LE COMTE, LE BARON.

LE COMTE.

Allons ; nous voici tête-à-tête,
Et nous ne craignons plus que Sanspair nous arrête.

LE BARON,

Comment ! Je n'entends rien à votre procédé :
On m'a dit qu'avec vous j'étais raccommodé.

LE COMTE.

Pas encore : il y manque une cérémonie.

LE BARON.

Quoi ? Que faut-il ?

LE COMTE.

Vous battre, ou me céder Julie.

LE BARON, *voulant sortir.*

Je vais tenir conseil, puis nous verrons.

LE COMTE, *l'arrêtant.*

Tout doux ;
Il faut que ce procès se décide entre nous.

LE BARON,

Eh bien ! une autre fois : je ne vois rien qui presse.

LE COMTE.

Je suis trop offensé...

LE BARON.

Fausse délicatesse.
Tenez, pardonnons-nous.

LE COMTE

Non, l'épée à la main.

LE BARON.

(*A part.*)

Ah ! que vous êtes vif ! Où diable est le cousin ?

LE COMTE.

En garde , ou , par la mort...

LE BARON.

Bride en main , je vous prie.
Vos singularités passent la raillerie.
A toute ma valeur je pourrais me livrer
Si nous avions quelqu'un qui pût nous séparer :
Du moins que mon cousin vienne nous voir combattre ;
Car jusqu'au dernier sang je ne veux pas me battre.
Convenons de nos faits , ensuite vous verrez...

LE COMTE.

Vous céderez Julie , ou bien vous vous battrez :
Voilà tout en deux mots.

LE BARON.

L'aimez-vous ?

LE COMTE.

Oui , je l'aime ;
Et l'aurai malgré vous , malgré Sanspair lui-même.

LE BARON.

Ah ! c'est une autre affaire. En êtes-vous aimé ?

LE COMTE.

Autant... qu'elle vous hait.

LE BARON.

Parbleu ! j'en suis charmé.
C'est mon cousin qui veut que j'épouse Julie :
Moi qui suis complaisant , j'en faisais la folie,
Le tout pour l'obliger , entre nous ; mais , ma foi,
Vous aurez la bonté de la faire pour moi.
Ainsi donc qui voudra vous dispute la belle ;
Je veux être pendu si je me bats pour elle :
Sur tout autre sujet on pourrait s'éprouver.

LE COMTE.

Vous me la cédez donc ?

LE BARON.

Sans en rien réserver.

LE COMTE.

Quand vous en allez-vous ?

LE BARON.

Ce soir je me retire.

LE COMTE.

Je veux qu'avec Sanspair vous alliez vous dédire,
Sans avoir avec lui nulle explication :
N'y manquez pas au moins.

LE BARON.

C'est mon intention :
Vous verrez à quel point ira ma complaisance.

LE COMTE.

Agissez sans détour, et faites diligence.

LE BARON, *fièrement*

Un baron tient toujours tout ce qu'il a promis,
Surtout quand il s'agit d'obliger ses amis.
Serviteur.

LE COMTE, *faisant mine de le reconduire.*

Permettez....

LE BARON.

Sans façon, je vous prie :
Adieu. Mes complimens à la belle Julie.
Si jamais vous avez quelque affaire d'honneur,
   (*Mettant la main sur la garde de son épée.*)
Vous pouvez disposer de votre serviteur.

SCÈNE V.

LE COMTE, *seul.*

VOILA mes fanfarons ! Présentement j'espère
Que j'obtiendrai Julie en dépit de mon père.

SCÈNE V.

LE COMTE, PASQUIN.

PASQUIN, *accourant.*

Eh! vite, décampez : votre père me suit.

LE COMTE.

Je l'attends.

PASQUIN.

Non pas moi. Je n'aime point le bruit ;
Je m'esquive au plutôt ; et si vous étiez sage...

SCÈNE VI.

LE MARQUIS, LE COMTE.

LE MARQUIS.

Que faites-vous ici dans ce bel équipage ?

LE COMTE.

Vous voyez : je m'amuse.

LA MARQUIS.

Ah! vraiment, c'est bien fait.
D'un procédé si fou quel peut être l'objet ?

LE COMTE.

Mais... d'obtenir Julie.

LE MARQUIS.

Eh! que devient Hortense ?

LE COMTE.

Elle aura la bonté de prendre patience.

LE MARQUIS.

Vous savez que son père est de mes grands amis ;
Que j'ai promis tantôt...

LE COMTE.

Moi je n'ai rien promis.

LE MARQUIS.

L'impudent ! Savez-vous que je suis votre père ?

LE COMTE.

Oh! je n'en doute point; mais une telle affaire
Exige tout au moins que je sois consulté.

LE MARQUIS.

Je ne dois consulter que mon autorité.

LE COMTE.

Mon cœur ne convient pas d'une telle maxime.

LE MARQUIS.

Vous aimez donc Julie?

LE COMTE.

Oui, je l'aime. Est-ce un crime?

LE MARQUIS.

Sans doute. Elle n'est pas assez riche pour vous.

LE COMTE.

Ah! j'aurai trop de bien si je suis son époux.

LE MARQUIS.

D'un jeune extravagant voilà le sot langage :
Il s'en mord bien la langue après le mariage.

LE COMTE.

Je n'en accuserai que moi seul en ce cas.

LE MARQUIS.

Sanspair à cet hymen ne consentira pas.
N'est-il pas engagé?...

LE COMTE.

Je crains peu cet obstacle.

LE MARQUIS.

Sachez que pour le vaincre il faudrait un miracle.

LE COMTE.

Eh bien! je le ferai.

LE MARQUIS.

Quelle présomption!
Je suis bien informé de son intention.
Sa parole est donnée, et sa parole est sûre :
Ainsi, retirez-vous.

LE COMTE.

Un mot, je vous conjure.
Supposons un moment qu'il m'accorde sa sœur,
Y consentirez-vous?

LE MARQUIS.

Oui, j'en jure d'honneur,

Et je ne risque rien.

LE COMTE, *à part.*

Beaucoup plus qu'il ne pense.

LE MARQUIS.

Mais, si vous échouez, acceptez-vous Hortense?

LE COMTE.

Oui, je vous le promets.

LE MARQUIS.

Me voilà satisfait.
Je vous avertis donc que Sanspair est au fait

LE COMTE.

Et de quoi?

LE MARQUIS.

Du beau tour que vous vouliez lui faire.
Il vous connaît à fond, et sait tout le mystère :
Ainsi, loin d'avancer par ce déguisement,
Vous n'avez inspiré que de l'éloignement.

LE COMTE.

Eh ! qui l'a mis au fait?

LE MARQUIS.

C'est moi, ne vous déplaise.

LE COMTE.

Ah ! c'est vous?

LE MARQUIS.

Oui, moi-même.

LE COMTE.

Eh bien! j'en suis fort aise.
Dans mon air naturel il faut donc me montrer.

LE MARQUIS.

Ce qui vous reste à faire est de vous retirer;

Et je ne suis venu, puisqu'il faut vous le dire,
Que pour vous emmener. Allons.

LE COMTE.

                        Je me retire;
Mais je vous avertis que je vais revenir
Pour demander l'aveu que j'espère obtenir.

LE MARQUIS.

Vous ne l'obtiendrez point.

LE COMTE.

                        Je vous demande en grace
De permettre du moins que je me satisfasse.

LE MARQUIS.

Oh! je vous le permets du meilleur de mon cœur.

LE COMTE, *en s'en allant.*

Je suis content.

LE MARQUIS.

                (*D'un air de surprise.*)
Sortons. Ah! voici votre sœur.

SCÈNE VII.

LE MARQUIS, LA COMTESSE.

LE MARQUIS.

Que faites-vous encore ici, je vous supplie?

LA COMTESSE.

J'y viens faire, monsieur, mes adieux à Julie.

LE MARQUIS.

Vous pouviez vous passer de semblables adieux;
Et quelque autre raison vous attire en ces lieux.

LA COMTESSE.

Je l'avoue; et, s'il faut vous parler sans mystère,
Je viens la conjurer de tenir pour mon frère.

LE MARQUIS.

De quoi vous mêlez-vous?

LA COMTESSE.

                    Leur sort me fait pitié ;
Et j'ai cru leur devoir ces marques d'amitié.

LE MARQUIS.

Cette pitié va loin : je vois couler vos larmes.

LA COMTESSE.

Du sexe dont je suis ce sont les seules armes,
Les seules que je puisse employer contre vous.
Vous ne me verrez plus. Je jure à vos genoux
Que je quitte le monde et sans trouble et sans peine ;
Mais mon cœur ne saurait soutenir votre haine.
Mon père, laissez-vous désarmer par mes pleurs :
Votre haine est pour moi le comble des malheurs.
Daignez me pardonner ma désobéissance.
A vos intentions si j'ai fait résistance ,
Croyez que je suis plus à plaindre qu'à blâmer.
Punissez-moi , monsieur , sans cesser de m'aimer.

LE MARQUIS.

Je vous trouve indocile et désobéissante ;
Mais je vous aime encore.

LA COMTESSE , *se levant avec transport.*

                    Ah ! je suis trop contente ;
Et sans aucun regret je cours à ma prison ,
Si je puis de mon frère obtenir le pardon.
Accordez à mes pleurs cette grace nouvelle.

LE MARQUIS.

Ne les prodiguez point pour un frère rebelle.
Je viens de lui parler : nous touchons au moment
Qui le punira bien de son entêtement.

LA COMTESSE.

Je le plains , et je pars. Mais souffrez , je vous prie ,
Qu'avant que de partir j'aille embrasser Jolie ;
Ensuite je viendrai vous rejoindre en ce lieu ,
Pour vous dire , mon père , un éternel adieu.

LE MARQUIS.

Vous me faites frémir. Je suis vif et sévère ;
Mais j'ai toujours pour vous des entrailles de père.

Votre discrétion vous trahit et vous perd.
Une fois avec moi parlez à cœur ouvert.
Pourquoi haïr Beausang ? C'est un jeune homme aimable.

LA COMTESSE.

Et c'est ce qui pour moi le rend plus redoutable.
De tous nos jeunes gens vous connaissez les mœurs ;
Elles m'exposeraient aux plus cruels malheurs.
Ce que j'ai vu me cause une frayeur mortelle.
Fidelle à mon époux, je le voudrais fidèle ;
Mais, loin que de mon cœur son amour fût le prix,
Je verrais l'inconstant m'accabler de mépris,
Et me laisser bientôt, par son indifférence,
L'affreuse liberté qui produit la licence,
Et qui rend la vertu si gothique aujourd'hui
Qu'elle porte partout le dégoût et l'ennui.
Tels sont mes sentimens, qui vous feront comprendre
Qu'aux desirs de Beausang mon cœur ne peut se rendre.
Il est trop délicat pour vouloir s'exposer
Aux tourmens infinis qu'on pourrait lui causer :
Et j'aime bien mieux vivre et mourir renfermée,
Que de souffrir l'horreur d'aimer sans être aimée.

LE MARQUIS.

Votre discours me frappe, et j'aime la vertu.
Contre vos sentimens j'ai long-temps combattu,
Parce que j'ignorais qu'elle en était la source :
Pour combattre les miens quelle heureuse ressource !
L'estime enfin triomphe et vous rend mon amour ;
Mais j'exige de vous le plus parfait retour.

LA COMTESSE.

Mériter vos bontés est ma plus forte envie.
Fallût-il immoler mon repos et ma vie,
Me voilà prête à tout. Mon cœur n'est plus à moi ;
Mais vous pouvez enfin disposer de ma foi.

LE MARQUIS.

Non ; je n'exige plus un pareil sacrifice :
Je demande un aveu sans fard, sans artifice.
J'ai lu dans votre cœur, ou je me suis trompé ;
Des vertus de Sanspair il me paraît frappé.

LA COMTESSE.

Elles m'ont inspiré la plus profonde estime :
Vous avoûrez, je crois, qu'elle est bien légitime.

LE MARQUIS.

Dites plus : vous l'aimez. Oui, par votre rougeur,
Je conçois que l'estime a pénétré le cœur.

LA COMTESSE.

Vous n'avez que trop vu jusqu'où va ma faiblesse,
Si c'est faiblesse en moi que d'aimer la sagesse ;
Car elle est dans Sanspair au suprême degré.
Vous sentez qu'à le rendre on a trop balancé,
Pour ne pas présumer qu'un peu de complaisance
Aurait bientôt pour moi fait pencher la balance.

LE MARQUIS.

Et sur quel point Sanspair a-t-il donc insisté ?

LA COMTESSE.

Que j'imitasse en tout sa singularité ;
Mais, loin d'y consentir, je voulais au contraire
Que lui-même il cessât d'être extraordinaire.
Comme il croirait par là tomber du premier rang,
De peur du succomber il me livre à Beausang.
Mais, loin de lui céder une victoire entière,
L'amour a fait agir son humeur singulière :
Son refus de signer vous a déconcerté ;
L'exemple m'invitait, et j'en ai profité.

LE MARQUIS.

Plus je suis éclairci, plus je vous trouve à plaindre.
A changer de façons pourrez-vous le contraindre ?

LA COMTESSE.

Mœurs, sentimens, façons, on m'a tout confié.
Lisant, sans qu'il le sût, jusqu'au fond de son âme,
J'ai vu qu'il était né pour une honnête femme ;
Et, voulant assurer son bonheur et le mien,
Pour lui donner mon cœur j'ai recherché le sien.
Mais comment l'attaquer et me faire connaître ?
A ses yeux vainement j'affectais de paraître ;
Il ne me voyait point. Pour venir à mes fins
J'ai su faire tomber mon portrait en ses mains.
Voilà de mon amour l'innocent stratagème.

J'ai fait redemander ce portrait par vous-même ;
Et si vous rappelez tout ce qui s'est passé,

LE MARQUIS.

J'en demeure d'accord ; mais c'est un sage outré.

LA COMTESSE.

Un excès de folie est bien moins supportable ;
Et Sanspair est au fond un caractère aimable.
Il est doux, complaisant ; sa singularité,
Effet de sa candeur et de sa probité,
Ne met dans son esprit ni travers ni caprice.
Ami de la vertu, fier ennemi du vice,
Il ose ouvertement pratiquer la vertu ;
Ouvertement par lui le vice est combattu.
Son cœur, noble et hardi, jamais ne dissimule :
Aimant mieux être cru bizarre et ridicule
Que de paraître aimable et charmant comme il l'est,
En feignant d'applaudir à ce qui lui déplaît.
Pour moi, c'est mon héros ; et, malgré ses manières,
J'idolâtre en secret ses vertus singulières.
Pour le connaître à fond je n'ai rien oublié ;

LE MARQUIS.

Ne vous en flattez plus après ce qu'il a fait.

LA COMTESSE.

Il donne son aveu ; mais il en rompt l'effet.

LE MARQUIS.

Vous vous verrez forcée à suivre son système.

LA COMTESSE.

Il m'en coûterait peu. Mais, mon père, s'il m'aime
Autant que je le crois, autant que je le veux,
Il doit m'immoler tout pour devenir heureux.
En un mot, je veux voir jusqu'où va sa tendresse ;
Et je dois cette épreuve à ma délicatesse.

LE MARQUIS.

C'est penser sagement. Mais comment le revoir,
Puisqu'il croit qu'au couvent je vous mène ce soir ?
Il ne vous convient pas, selon la bienséance,
Ni pour vos intérêts, de faire aucune avance.

LA COMTESSE.

Non : pour me satisfaire il faut qu'auparavant

Il tâche d'empêcher que je n'aille au couvent.
Je venais voir sa sœur, me flattant que peut-être
Il surviendrait chez elle. Ah! je le vois paraître.
Sortons.

SCÈNE VIII.

SANSPAIR, LE MARQUIS, LA COMTESSE.

SANSPAIR, *à la comtesse.*
Ciel! est-ce vous? En croirai-je mes yeux?

LA COMTESSE.
J'allais chez votre sœur lui faire mes adieux.

SANSPAIR.
Vos adieux! quoi! monsieur a-t-il l'ame assez dure?...

LE MARQUIS.
Elle doit m'obéir.

SANSPAIR.
Eh! je vous en conjure,
Différez quelques jours. Je m'en allais chez vous
Pour tâcher de calmer votre injuste courroux.

LE MARQUIS.
Mon courroux était juste; et vous êtes trop sage
Pour ne pas convenir qu'un père qu'on outrage...

SANSPAIR.
Ah! si vous saviez tout!... Monsieur, voulez-vous bien
Lui permettre avec moi deux momens d'entretien?

LE MARQUIS.
Je ne suis point de trop, ce me semble; et je compte...

SANSPAIR.
M'expliquer devant vous! Sauvez-moi cette honte,
Si vous avez pour moi quelque ménagement.

LE MARQUIS.
Pour vous faire plaisir je m'éloigne un moment.

SANSPAIR.
Vous m'épargnez, monsieur, une peine mortelle:
C'est bien assez pour moi de rougir devant elle.

SCÈNE IX.

SANSPAIR, LA COMTESSE.

SANSPAIR.

Quoi ! vous partez, madame, et vous m'abandonnez ?
Voulez-vous m'accabler ?

LA COMTESSE.

                    Monsieur, vous m'étonnez :
J'ai cru que ma retraite, au lieu de vous déplaire,
Était le seul parti qui pût vous satisfaire.

SANSPAIR.

Me satisfaire, ô ciel ! je pourrais sans regret
Vous perdre pour jamais,

LA COMTESSE.

                    Me rendre mon portrait,
Me livrer à Beausang, c'est me prouver, je pense,
Que vous voyez ma perte avec indifférence.
J'épargne à votre cœur la honte de m'aimer.
Le soin de votre gloire a droit de vous charmer :
Vous avez sur cela des graces à me rendre ;
Et c'est à quoi, monsieur, j'avais lieu de m'attendre.

SANSPAIR.

Moi, vous remercier d'un dessein si cruel,
Qui m'expose au tourment d'un remords éternel !

LA COMTESSE.

Vous vous condamnez donc vous-même à ce supplice ?
Soit que je me renferme, ou soit que j'obéisse,
C'est vous qui me mettez dans la nécessité
De me jeter dans l'une ou l'autre extrémité.
Loin de vous opposer au dessein de mon père,
Ce qu'un heureux hasard vous permettait de faire,
Vous donnez votre aveu quand je vous fais sentir
Qu'à ce cruel arrêt je ne puis consentir ;
Et que, loin que Beausang puisse me rendre heureuse,
Une retraite obscure est pour moi moins affreuse.

SANSPAIR.

J'ai lu dans votre cœur, je ne m'en cache pas ;

Mais j'ai craint le pouvoir de vos divins appas ;
Et j'aimais mieux vous perdre, et mourir de tristesse,
Que de vous immoler la raison, la sagesse.
Quelle félicité pourrait m'en consoler ?

LA COMTESSE.

Eh ! vous ai-je pressé de me les immoler ?
Penser ainsi de moi c'est me faire un outrage.
Je vous détesterais si vous étiez moins sage.
Cessez d'être excessif, et vous serez parfait :
Voilà ce que j'exige, et j'en verrai l'effet,
Si mes faibles appas ont sur vous quelque empire.
Mais si vous résistez à ce que je desire,
Si vous balancez même à recevoir mes lois,
Vous me voyez, monsieur, pour la dernière fois.

SANSPAIR.

Vos lois ! Vous voulez donc agir en souveraine ?

LA COMTESSE.

C'est être, direz-vous, et bien haute et bien vaine.
Ne vous alarmez point : j'éprouve votre amour ;
Et mon règne, monsieur, ne durera qu'un jour.

SANSPAIR.

Qu'un jour, ah ! sur mon cœur vous régnerez sans cesse.
Que faut-il pour vous plaire ?

LA COMTESSE.

                    Une simple promesse ;
C'est un engagement si sûr de votre part
Que qui peut s'y fier ne court aucun hasard.

SANSPAIR.

Vous m'obligez, madame, et me rendez justice.
Avant que de vous faire un si grand sacrifice,
Je veux lire une fois au fond de votre cœur.
M'aimez-vous ?

LA COMTESSE.

             De vous seul dépend tout mon bonheur :
Ou passer avec vous le reste de ma vie,
Ou renoncer à tout : c'est toute mon envie.

SANSPAIR, *se jetant à ses pieds.*

O bonheur trop parfait ! ô sagesse ! ô vertu !

Laissez agir mon cœur : il a trop combattu.
Oui, madame, à vos pieds ma raison s'humilie;
Et vous méritez bien qu'on fasse une folie.
Eh bien! qu'exigez-vous?

LA COMTESSE.

      D'abord j'exigerai
Que vous vous habilliez comme je le voudrai.

SANSPAIR.

N'allez pas me jeter dans quelque extravagance.

LA COMTESSE.

Fiez-vous à mon goût sans nulle résistance.

SANSPAIR.

Je vois bien qu'il le faut. O ma chère raison !
Est-ce tout?

LA COMTESSE.

    Non, monsieur ; dans la belle saison,
Nous quitterons Paris pour vivre à la campagne.

SANSPAIR.

Nous irons dans ma terre au fond de la Bretagne.

LA COMTESSE.

Point du tout; vous avez une terre ici près :
C'est là que nous irons pour respirer le frais.

SANSPAIR.

Volontiers; mais du moins nous n'y verrons personne.

LA COMTESSE.

Tous les honnêtes gens.

SANSPAIR.

    O ciel!

LA COMTESSE.

      Après l'automne
Nous reviendrons ici.

SANSPAIR.

    Pour nous y renfermer.

LA COMTESSE

Pour y voir le beau monde, et vous raccoutumer

A la société des personnes d'élite
Qui nous feront l'honneur de nous rendre visite.

SANSPAIR.

Je l'avais bien prévu : vous aimez le fracas.

LA COMTESSE.

Le nombre en est petit, ne vous effrayez pas,
En un mot, je prétends, si vous voulez me plaire,
Que tout rentre céans dans l'usage ordinaire.
Me le promettez-vous ?

SANSPAIR, *après avoir rêvé.*

Je vous en fais serment.

LA COMTESSE, *lui présentant la main.*

Vous pouvez donc sur moi compter absolument.

SANSPAIR.

Mais, madame, il nous faut l'aveu de votre père :
Pourrons-nous l'obtenir, dites-moi ?

LA COMTESSE.

Je l'espère.
Le voici qui revient très à propos.

SCÈNE X.

LE MARQUIS, SANSPAIR, LA COMTESSE.

LE MARQUIS.

Eh bien !
Quel est le résultat d'un si long entretien ?

SANSPAIR.

La tête m'a tourné ; ma raison en soupire :
Vous entendez, monsieur, ce que cela veut dire.

LE MARQUIS.

Eh bien! le mal n'est pas si grand que vous pensez.
Êtes-vous bien d'accord ?

LA COMTESSE.

Oui, monsieur.

LE MARQUIS.

C'est assez.

Vous aimez donc ma fille ?

SANSPAIR.

Ah! monsieur, je l'adore :

Daignez me l'accorder.

LE MARQUIS.

Votre choix nous honore :

Je ne balance pas entre Beausang et vous ;
Mais il nous reste un point à traiter entre nous.

SANSPAIR.

Quel est-il ?

LE MARQUIS.

Il s'agit d'appeler un notaire ;

Il faut pardevant lui stipuler un douaire.

SANSPAIR.

Un douaire, monsieur ? Je ne m'en mêle point.

LE MARQUIS.

Eh ! qui voulez-vous donc qui décide ce point ?

SANSPAIR.

Vous. A cent mille écus mon revenu se monte,
Posez sur cette base, et faites votre compte :
Douaire, préciput, tout ce qu'il vous plaira,
Sur votre bon plaisir tout se décidera ;
Et je serai content si madame est contente.
Réservez seulement vingt mille francs de rente
Que je veux dès ce soir assurer à ma sœur.

LE MARQUIS.

Vingt mille francs !

SANSPAIR.

Sans doute.

LE MARQUIS.

Avec un si bon cœur

On peut bien vous passer une humeur singulière.

LA COMTESSE, *au marquis.*

Souffrez que mon époux devienne mon beau-frère ;
Cet accord maintenant peut être ménagé.

LE MARQUIS.

Cela ne se peut pas. Monsieur est engagé.

LX COMTESSE.

Il se dégagera.

SANSPAIR.

Non, j'en suis incapable.
J'ai donné ma parole, elle est inviolable :
Si j'osais y manquer... Eh bien ! que me veut-on ?

SCÈNE XI.

SANSPAIR, LE MARQUIS, LA COMTESSE, LISETTE.

LISETTE, *présentant une lettre à Sanspair.*
C'EST un petit poulet de monsieur le baron.

SANSPAIR.

De quoi s'avise-t-il de m'écrire ?

LISETTE.

Je pense
Que pour la Garoussière il part en diligence.
En grosse redingote, et le fouet à la main,
Sur sa vieille jument il s'est mis en chemin,
Après avoir écrit cette éloquente lettre,
Que pour vous en partant il vient de me remettre.

SANSPAIR.

Voyons ce qu'il m'écrit.
(*Il lit.*)
« Adieu, cousin Sanspair.
« Je suis las de la ville et je vais prendre l'air.
« Je pars sans délai ni remise,
« Et vous rends votre sœur tout comme je l'ai prise.
« J'en suis fâché pour vous ; mais tout homme, cousin,
« Qui prend femme à Paris, n'a pas l'esprit trop sain.
« Au revoir. » D'où lui vient une telle boutade ?
Et qui peut m'attirer cette sotte incartade ?

LE MARQUIS.

Cet incident m'a l'air d'un exploit de mon fils :
Il a fait un miracle ; il me l'avait promis.

LA COMTESSE, *à Sanspair.*
Vous pouvez maintenant vous tourner vers mon frère.

SANSPAIR.

Daignez m'en dispenser, il est d'un caractère
Qui me répugne trop.

LE MARQUIS.

C'est un jeune éventé ;
Mais il a le cœur noble, et d'une probité
Qu'on ne peut justement comparer qu'à la vôtre.

LA COMTESSE, à *Sanspair.*

Songez que de son sort va dépendre le nôtre.

SANSPAIR.

Le nôtre ?

LA COMTESSE.

Oui, monsieur. Aucun engagement
Ne peut plus retarder votre consentement :
Si vous le refusez quand je vous le demande,
Quel droit sur votre cœur faut-il que je prétend ?
Et puis-je me flatter...

SCÈNE XII.

LE COMTE, SANSPAIR, LE MARQUIS, LA COMTESSE, LISETTE.

LE COMTE.

Enfin, mon cher voisin,
Je viens de voir partir votre brave cousin ;
Il m'a cédé ses droits : ainsi je vous supplie
De vouloir vous hâter de m'accorder Julie.
Quoique vous me voyez en habit cavalier,
Comptez qu'à ma façon je suis très-singulier.

LA COMTESSE.

Si vous l'êtes, mon frère, il faut cesser de l'être ;
Car monsieur m'a juré de ne le plus paraître :
Il vous donne sa sœur en recevant ma foi.

LE MARQUIS.

Vous deviendrez donc sage ?

LE COMTE.

Eh ! qui l'est plus que moi ?
J'ai l'air d'un étourdi ; mais, ô futur beau-frère,
L'air ne décide pas toujours du caractère ;
Même en beaucoup de gens il cache l'opposé ;

Et souvent les plus fous ont l'air le plus posé.

SANSPAIR.

Sur ce principe-là vous êtes donc bien sage ;
Et nous allons conclure un double mariage.
  (*A la comtesse.*)
Voyez jusqu'où sur moi s'étend votre crédit.

LA COMTESSE.

Mon bonheur est complet.

LE COMTE, *à son père.*

                              Je vous l'avais bien dit,
Monsieur. Consentez-vous que j'épouse Julie ?

LE MARQUIS.

Il faut donc me dédire ?

LA COMTESSE.

                              Eh ! je vous en supplie.

LISETTE, *au marquis.*

Les marier tous deux, c'est faire leur bonheur
Ils ont le même goût, ils ont la même humeur,
Tous les deux n'en font qu'une ; et, quand on se res-
    semble,
Le diable est bien malin s'il vous met mal ensemble.

LE MARQUIS.
  (*A Sanspair.*)

Allons donc stipuler. Vous, ne refusez pas,
Au moins cette fois-ci, de signer aux contrats ?

SANSPAIR.

Eh ! mais... Absolument voulez-vous que je signe ?

LE MARQUIS.

Oui.

SANSPAIR.

      L'indigne coutume ! Allons, je m'y résigne.
Il ne faut plus douter du pouvoir de l'amour,
Après tous les effets qu'il opère en ce jour.
  (*A la comtesse.*)
Vous voulez qu'au dehors je change de système,
Mais permettez qu'au fond je sois toujours le même.

LISETTE, *à la comtesse.*

Laissez penser monsieur en toute liberté :
Il sera bon mari par singularité.

FIN DE L'HOMME SINGULIER.

TABLE DES MATIÈRES

CONTENUES DANS CE VOLUME.

FIN DU TOME DEUX.